대통령의 변호인

金平祐

조갑제닷컴

책을 내면서

박근혜(朴槿惠) 대통령 탄핵(彈劾) 사건은 무엇인가? 그것을 좁게 보면 하나의 헌법 소송 사건이다. 2016년 12월9일, 대한민국 국회(國會)가 박근혜 대통령을 헌법 위반과 법률 위반으로 탄핵 소추함에 따라, 헌법재판소가 2017년 2월27일까지 17차 변론을 한 끝에 그해 3월10일 유죄로 인정하여 대통령 직에서 파면(罷免)한다고 결정한 헌법 재판 사건인 것이다.

헌법재판소의 이 파면 결정으로 박근혜 대통령은 헌법이 규정한 5년 임기 가운데 1년을 못 채우고, 임기 중에 헌법재판소의 결정에 의하여 대통령 직을 잃은 최초의 대통령이 되었다.

피상적으로 보면, 국가 원수(元首)인 대통령도 헌법이나 법률을 위반하면 대통령 직에서 파면되어 일반 국민과 똑같이 평등하게 법의 적용을 받는다는 법치주의(法治主義)를 실현한 사건이다. 그로 인해 그것은 한국의 법치주의와 민주주의가 크게 발전한 증거이자 상징(象徵)으로 해석할 수 있다.

그러나 유감스럽게도 실제는 전혀 반대이다. 법치주의의 발전이 아니라 퇴보이다. 무엇보다도 법치주의는 적법 절차(適法節次)가 생명인데, 박근혜 대통령 탄핵 사건은 국회의 소추(訴追) 과정, 검찰의 수사 과정, 헌법재판소의 재판 과정이 모두 졸속(拙速)으로 진행되어 기본적인 적법 절차가 전혀 지켜지지 않았다.

실체적(實體的) 정의(正義)와 진실의 면에서 보더라도 그렇다. 전국경제인연합회가 관례에 좇아 정부의 권유를 받아 법적으로 아무 하자(瑕疵) 없이 공개 설립한 공익(公益) 재단법인을, 박근혜 대통령과 친구 최순실이 재단의 기본 재산을 횡령할 목적으로, 마치 폭력배들처럼 폭행과 협박을 하여 설립한 불법 단체라고 인정하여 직권 남용 및 강요죄, 그리고 수백억 원의 특수 뇌물죄를 적용하여 검찰과 국회가 나누어서 두 사람을 소추했다. 그리고 헌법재판소는 이를 유죄로 인정하여 탄핵을 결정하였다.

군사 독재 정부라고 알려진 박정희(朴正熙), 전두환(全斗煥) 정부에서도 없었던 엉터리 사실 인정이고, 법률 해석이었다. 더욱이 그 대상이 현직 대통령이므로 일종의 정치재판이자 인민재판(kangaroo court)이었다. 그것은 한국사회에서 법치주의가 송두리째 무너지는 것을 의미했다. 그러니 '법치주의의 종언(終焉)'이라는 표현이 정확하리라.

훗날 역사는 정권 탈취를 목적으로 한 정치인들의 불법적인 정변(政變)에, 법조인들이 공범(共犯)으로 가담하여 협력한 것이라고 해설할 것이다.

나는 탄핵 심판이 진행 중이던 2017년 1월 말경 『탄핵을 탄핵한다』는 탄핵 비판서를 써서, 법조인들이 법치주의를 준수하지 않으면 한국이 중국이나 북한 같은 사회주의 독재 체제로 퇴보할지 모른다고 경고하였다.

그리고 졸속 탄핵을 막자고 국민들에게 알리고, 후배 법관들에게 호소하기 위하여 박 대통령의 변호인으로 헌법재판소 법정(法廷)에 나가 두 차례나 공개 변론을 하였다. 일반 국민들 가운데 많은 이들이 나의 경고를 경청하고, 졸속 탄핵에 반대하는 '반탄(反彈) 태극기 운동'에 동참하였다.

그러나 한국사회를 지배하는 언론과 정치, 법조계의 절대 다수가 법치주의보다는 민주주의, 특히 그 중에서도 북한과 중국식 인민 민주주의를 선호하는 '촛불 문화 혁명'의 열풍에 휩쓸려 민주주의의 이름으로 법치주의를 파괴하는 자기모순(自己矛盾)을 범하였다.

단적인 예로 헌법재판소의 탄핵 심판 도중에 헌법재판소장이 임기 만료로 퇴임하자, 나머지 8명의 재판관이 신속한 재판이 국가 이익에 부합한다는 순전히 정치적 이유를 앞세워, 9명의 재판관 정원(定員) 규정과 선례를 간단히 무시한 채 후임 재판소장의 임명 절차도 기다리지 않고 전원 일치로 탄핵 결정을 내렸다.

또한 검찰과 법원은 탄핵 결정으로 대통령의 직위를 잃은 박근혜 대통령을 도주 및 증거 인멸의 우려가 있다며 긴급 구속하여 구치소에 수감(收監)하고, 뇌물죄 등 10여 개의 범죄 혐의로 형사 재판을 시작하였다. 박근혜 대통령뿐이 아니다. 이재용 삼성 부회장, 신동빈 롯데그룹 회장과 김기춘 비서실장, 조윤선 장관 등 수십 명의 정·재계 지도층 인사들이 도주 및 증거 인멸의 우려가 있다는 이유로 긴급 구속되어 재판을 받았다.

이러한 공포 분위기 속에서 대통령 보궐선거가 치러지고, 촛불 혁명을 내세워 탄핵 열풍을 주도한 문재인(文在寅) 씨가 대통령에 당선되었다.

많은 국민들은 보궐선거를 통한 문재인 정부의 등장으로 일단 탄핵 열풍이 사라지면, 한국 사회가 탄핵 이전의 정상적인 법치 사회로 복귀할 것으로 막연히 기대하였다. 그러나 이 기대는 완전히 빗나갔다. 문재인 정부는 탄핵 운동과 보궐선거 캠페인 과정에서 공약(公約)으로 내세운 '적폐 청산(積弊淸算)'을 실행한다면서 전직 국정원장(남재준, 이병기 씨), 전임 대통령(이명박 씨), 전 대법원장(양승태 씨)을 비롯하여 100여 명의 사회 지도층을 줄줄이 구속하여 국민들을 완전히 공포 분위기로 몰아넣었다.

이제 한국 언론에서는 과거처럼 정부를 비판하는 어떠한 기사나 보도도 찾아보기가 어렵게 되었다. 그만큼 자유와 민주는 멀어지고, 공포와 독재가 가까워진 것이다.

결국 내가 2년 전에 펴낸 『탄핵을 탄핵한다』는 책에서 "박근혜 대통령이 아무런 구체적 증거도 없이 친구 최순실의 비리를 이유로 정치적 탄핵이 되면, 법치주의가 무너져 한국이 자유와 민주주의를 잃고 중국이나 북한과 같은 사회주의 독재가 올 것”이라고 했던 불길한 예언이 적중하고 있는 것이다.

한국은 1988년 서울올림픽을 개최하면서 지난 30년간 눈부신 경제 발전과 동시에 자유 민주주의가 활짝 피어, 일본과 더불어 아시아의 선진 민주 국가로 자타가 인정하였다. 그러한 한국이 어떻게 갑자기 군사 독재 시절만도 못한 법치 후진 국가로 역주행(逆走行)하게 되었을까?

소득이 높고 자유가 보장되는 선진 민주국가라고 하여 당연히 법치가 지켜지는 것이 아니다. 법조인들이 법치주의의 수호자라는 직분과 사명을 망각하고 정치적 이데올로기와 사익(私益)을 우선하면, 법치는 간단하게 정치 권력의 시녀(侍女)로 전락(轉落)할 수 있다. 최근 남미(南美)의 베네수엘라 사태를 보라! 그리고 전쟁 전의 독일과 일본을 상기하여 보라! 한국도 법조인들이 잠깐 한눈을 파는 사이에 그 덫에 빠진 것이다.

이 책에 나온 글들은 원래 2018년 봄 일본의 한 법률서적 출판사로부터 요청을 받고 일본 독자(주로 일본의 변호사)들에게 한국의 탄핵재판을 객관적인 입장에서 법적으로 설명하여 주기 위해 작성하였다. 당시에는 2018년 12월 일본어 출판을 목표로 하였다. 그리고 일본어 출판 이후에 한국어 출판을 하려고 생각하였다. 그런데, 예상외로 일본어 번역, 출판이 자꾸 늦어졌다. 그러던 중, 마침 조갑제 선생께서 한국어 출판을 수락, 한국어 출판부터 먼저 하게 되었다. 글의 내용 중 일부는 2019년 2월 시점에 맞추어져 있어 업데이트가 안 되어있다. 이 점을 매우 죄송스럽게 생각한다. 혹시 후편을 쓰게 되면 업데이트할 것을 약속드린다.

2019년 12월 미국 로스앤젤레스에서

김평우(金平祐)

차 례

박근혜 대통령에 대한 헌법재판소의 탄핵 판결은 정치재판이자 인민재판(kangaroo court)이었다. 그것은 한국사회에서 법치주의(法治主義)가 송두리째 무너지는 '법치주의의 종언(終焉)'을 뜻하는 것이었다.

훗날 역사는 정권 탈취를 목적으로 한 정치인들의 불법적인 정변(政變)에, 법조인들이 공범(共犯)으로 가담하여 협력한 것이라고 해설할 것이다.

01

탄핵 재판에
변호인으로 나서다

1 | 가뭄에 단비 같았던 법률 설명

내가 박근혜 대통령의 변호인으로 탄핵 재판에 참여한 것은 2017년 2월 중순이다. 당시 나는 그 전 해 11월30일경부터 박근혜 대통령 탄핵의 부당성을 주장하는 글을 매일 인터넷과 조갑제닷컴에 올려 많은 팔로워를 가진 꽤 유명한 인사였다.

하긴 탄핵 사건이라는 지극히 생소한 사건을 맞아 대다수 국민들은 탄핵이 무엇인지 그 개념조차 잘 이해하지 못하여 어리둥절하고 있었다. 그럴 때 내가 나서서 탄핵 제도의 역사와 법리(法理)를 상세히 설명해주었다.

그리고 나는 아무런 구체적 증거나 선례(先例)도 없이 박근혜 대통령을 친구 최서원(언론은 이 같은 그녀의 좋은 본명을 고의로 피하고 최순실이라는 촌스러운 개명 전의 이름을 사용했다)과 공모하여, 수백억 원의 뇌물을 받은 파렴치한 인간이라고 몰아 대통령 자리에서 쫓아낸 뒤, 권력을 노린 선동(煽動)과 정치 공작(工作)에 나선 주류(主流) 언론과 검찰을 규탄하였다.

아울러 저들의 선동과 정치 공작에 속아 거리를 메우는 촛불 집회 대중들의 어리석음도 개탄(慨嘆)하였다. 더 나아가 모든 국민들에게 헌법이 정한 5년 단임(單任)의 대통령 임기를 준수하는 것이 1987년부터 유지하여온 자랑스러운 헌정(憲政) 질서를 지키는 기본임을 역설(力說)하였다.

그럼에도 불구하고 국회의원들이 대통령 5년 임기 준수의 정치적 중요성을 망각한 채, 권력 쟁탈에 눈이 멀어 2016년 12월9일 졸속(拙速)으로 탄핵 소추안을 의결한 것을 통탄(痛歎)하였다.

구체적으로 탄핵 소추 의결의 어떤 점이 왜 헌법의 적법 절차에 위배되는지도 쉽게 설명하였다. 나의 쉽고 상세한 법률 설명은 마치 가뭄에 내리는 단비처럼 올바른 법률 지식과 진실한 정보에 목마른 국민들의 갈증(渴症)을 해소하여 주었다. 그 때문에 내가 쓴 책은 단번에 베스트셀러가 되었다.

특히 수많은 법학 교수나 변호사, 전직(前職) 판·검사들 가운데 대통령 탄핵이 왜 잘못인지 공개적으로 알려주는 사람이 아무도 없던 때에 나 혼자 그런 글을 썼으니 돋보였으리라. 더구나 나는 한국에서 판사와 변호사, 법학 교수로 30년의 법조 생활을 마치고 은퇴한 후 미국에서 연구 생활하며 미국 변호사 자격도 취득하였다.

그런 내가 한국과 미국법을 비교하여 탄핵의 잘못과 위법성을 설명하였기 때문에 많은 국민들이 나의 객관성과 전문성, 그리고 나라를 걱정하는 애국 충정을 믿어주었다. 그로 인해 많은 국민들이 나를 '국민 변호사'라고 부르며 사랑하고 격려하고 따랐다.

그 중에는 당시 박근혜 대통령의 변호인단이 법조 경험이 적고, 거기다 헌법의 적법 절차(due process) 개념을 잘 몰라 제대로 변호하지 못한다는 불만에서, 내가 한국에 들어와 변호인단에 합류하여 달라고 페이스북이나 카톡으로 호소하는 사람들도 많았다.

그러지 않아도 나는 친구들이 보내주는 카톡과 유튜브를 통해, 탄핵에 반대하는 태극기 집회에 나이든 불쌍한 서민들이 많이 나와 추운 겨울날에 태극기를 흔드는 감동적인 장면들을 듣고 보았다. 그래서 나 혼자 미국에서 편히 있는 것이 미안해 "우리도 하루 빨리 태극기 집회에 참여하자"며 집사람을 설득하던 중이었다.

그러던 어느 날, 박근혜 대통령의 측근이 나에게 전화로 변호인단을 도와 달라고 정중하게 요청하여 왔다. 나는 기꺼이 돕겠다고 대답한 뒤, 마침내 집사람의 승낙을 받아 2017년 1월29일 비행기에 올라 서울로 향했다. 그리고 바로 태극기 집회에 나가 강연을 하여 뜨거운 호응을 받았다.

2 | 너무나 소극적이던 변호인단

그 후 매주 토요일 계속하여 태극기 집회에 나갈 때마다, 갈수록 참여자 수가 급격히 늘어나고 열기가 나날이 뜨거워지는 것을 느꼈다. 군중의 이런 뜨거운 호응이 있으면 헌법재판소 판사들도 졸속한 국회의 탄핵 소추를 기각해주겠다는 자신이 생겼다.

다만 변호인단이 대부분 20~30년 법조 후배들이라 내가 직접 그들과 함께 법정에서 변론하기보다는, 뒤에서 젊은 후배들에게 자문(諮問)을 해주는 형태로 돕겠다고 생각하였다. 그리고 될수록 많은 변호사들이 변호인단에 참여하는 것이 좋겠다 싶어, 매일 법조계의 선후배와 동료들을 만나 참여를 열심히 권유하였다.

그런데 의외로 그들의 반응이 소극적이었다. 태극기 집회에 참여한 일반 시민들이 보여준 뜨거운 열기와는 전혀 달랐다. 변호인단에 참여하겠다는 변호사가 거의 없었다. 그들의 이야기를 쉽게 풀면 이랬다.

"박근혜는 자기 정당의 동료 국회의원들조차 자기편으로 포섭하지 못한

옹졸한 지도자인데, 어떻게 대통령 자격이 있느냐? 대통령으로서의 능력이 없으니 탄핵되는 게 당연하다. 국민의 인기가 땅에 떨어졌으니 지금이라도 재판을 포기하고 스스로 사퇴하고 물러나는 게 국가적으로도 좋고 박근혜 본인을 위해서도 좋은데, 어리석게 고집을 부리니 딱하다."

나는 이들에게 이렇게 반론(反論)을 했다.

"박근혜가 정치적으로 잘못이 많고 인간적으로 실수가 많았다 하더라도, 돈을 먹은 것도 아닌데 수백억 원의 뇌물을 받았다고 누명을 씌우고, 세월호 피해자를 고의적으로 죽인 것도 아닌데 살인범과 같은 법적 책임을 지우니 말이 되느냐? 탄핵은 정치적 불신임 제도가 아니라 법률 앞에 만민이 평등하다는 법치주의 정신에서 대통령의 직무상 위법 행위에 대해 법적 책임을 묻는 제도인데, 아무 위법 행위도 없는 대통령을 정치 논리로 탄핵하는 것은 법치주의에 맞지 않는다."

특히 국회가 탄핵을 준비하기 위해 특별검사까지 임명해놓고 나서, 탄핵 소추안 발의 후 단 일주일도 안 되어, 특검의 조사 결과도 기다리지 않고 신문기사와 국회 청문회 자료만 가지고, 그것도 찬반 토론도 없이 탄핵 사유별 제안 설명과 표결도 없이, 일괄하여 탄핵 소추안을 의결한 것은 헌법상의 적법 절차에 위배되는 것 아니냐고 되물었다.

이런 나의 법률론에 대하여는 다들 동조하였다. 반론하는 사람은 아무도 없었다. 그러면서도 "헌법이란 원래 형식만 법이지 실질은 정치이고, 헌법재판소란 곳도 명칭만 재판소이지 실제는 정치재판소이다, 헌법재판소 판사들이 정치적으로 아무 인기가 없고 임기도 1년여밖에 안 남은 박근혜 대통령의 편을 들어줄 리가 없다, 한국의 헌법재판소 판사들을 종신직(終身職)인 미국의 최고재판소 대법관과 같이 보면 안 된다, 아무 승산이 없는데 헛수고하지 말고 빨리 미국에 돌아가라"고 권했다.

어떤 분들은 보다 솔직하게 안타까운 사정을 고백했다.

"내가 김 변호사처럼 미국에 살면 나도 변호인단에 참여하여 투쟁한다. 그러나 나는 아직 한국에서 변호사 사무실의 대표나 고문으로 일하는데, 만일 내가 변호인단에 참여하면 동료들이 모두 나보고 사퇴하고 떠나라고 한다. 세무서에서 당장 사무실과 파트너 변호사들의 본인 및 친족의 세무 조사, 재산 조사를 할 터인데 그때 누가 나와 가족을 지켜주느냐?"

그때서야 나는 깨달았다. 그렇다. 한국의 법조인들이 왜 법적으로 말이 안 되는 박근혜 대통령에 대한 탄핵을 공개적으로 반대하지 못하고, 오히려 막무가내로 마녀 사냥을 하는 언론과 국회, 검찰의 탄핵 드라이브에 침묵하며 따라가는가? 그것은 기본적으로 법치주의에 대하여 막연한 지식은 있으나 신념이 없는데, 덧붙여 현실적으로 언론 및 정부 권력의 무법(無法)한 횡포(橫暴)에 대한 공포가 가깝고 크기 때문이다. 쉽게 말해 '법은 멀고 주먹은 가깝다'는 안타까운 한국의 현실 때문이었다.

그리고 동시에 깨달았다. 추운 겨울날 힘없는 서민 노인네들이 태극기 집회에 나와 나의 글과 강연에 공감하며 탄핵 반대를 외치는 것은, 저들이 재산도 지위도 없어 정부의 세무조사나 검찰과 언론의 협박 대상에서 자유스러우므로 진실과 정의의 편에 용감하게 서는 것이다. '부자가 천국에 들어가기는 낙타가 바늘구멍으로 들어가기처럼 어렵다'는 성경의 말씀이 떠올랐다.

법조인들의 정의감과 법치 의식이 이런 상태라면, 지금 변호인단에 있는 변호사들 중에도 상당수가 소신껏 싸우지 못할 수도 있겠다는 생각이 들었다. 그러면 내가 저들의 뒤에서 자문만 해가지고는 안 되고, 직접 법정에 나가 변론을 해야 박근혜 대통령을 도울 수 있겠다고 마음을 고쳐먹었다.

3 | 대통령과 함께 흘린 눈물

나는 박 대통령 측근에게 대통령을 직접 면담하여 위임장을 받겠다고 요청했다. 이렇게 해서 나는 2017년 2월14일 청와대로 가서 박근혜 대통령을 직접 만나 위임장을 받았다. 같이 사진도 찍었다. 위임의 증거를 남긴 것이다.

면담 시 처음 인사를 나누자마자 사실상 유폐(幽閉) 상태에서 극도로 초췌해진 대통령의 병자(病者)같은 나약한 모습을 보니, 조선(朝鮮) 말기에 마치 볼모처럼 대궐 안에서 불안에 떨며 살던 고종(高宗) 임금을 보는 것 같아 나도 모르게 눈물이 흘렀다. 대통령도 같이 눈물을 흘렸다. 비서관은 "대통령께서 아주 오랜만에 말씀도 많이 하시고 웃음도 지었다"고 말했다. 그러면서 "변호사님이 자주 와서 위로해주시면 고맙겠다"고 했다.

대통령의 변호인이 된 이후 나는 즉시 지금까지의 변론 과정을 파악하였다. 기존의 변호인들은 지난 두 달간 대부분의 변론을 형사 재판하듯이 증거 싸움과 사실 다툼에 다 바쳤다. 탄핵 소추인인 국회 측이 적법한 증거도 아닌 신문기사와 국회 청문을 근거로 억지 사실 주장을 하니, 피소추인(被訴追人)인 박근혜 대통령의 변호인 측도 증거와 사실 주장으로 반박할 수밖에 없었으리라.

그러나 내 입장에서는 이런 증거 싸움이나 사실 다툼보다는 탄핵 사유의 불명확성과 불특정, 섞어찌개 식 혼합 등 탄핵 소추 결의의 형식과 내용의 위법성, 소추 과정에서의 증거 조사 및 토의 절차의 흠결과 표결 절차의 위법 등 많은 적법 절차 문제에 대한 항쟁(抗爭)이 보다 효율적이고 중요한 쟁점으로 보였다.

왜 이런 점들을 다투지 않느냐고 물어보니 천만뜻밖의 대답이 돌아왔다. 주심(主審) 법관이 준비 절차 기일에서 탄핵 소추의 의결 과정은 국회의 자율 사항이니, 헌법 재판의 쟁점에서 배제시킨다고 결정하였다는 것이다. 기가 막혔다.

탄핵 재판에서 탄핵 소추 과정과 소추장 내용의 적법 절차 문제를 다투지 못하도록 지시하였다니 이것이 말이 되나? 헌법 재판에서 적법 절차의 흠결을 다투지 못하고 증거와 사실 다툼만 하라면, 헌법 재판이 아니라 형사 재판을 하겠다는 이야기 아닌가? 헌법 재판과 형사 재판의 차이도 모르는 사람이 헌법재판소 판사라니 너무 기가 차서 말이 안 나왔다.

4 │ 헌법재판소의 일방적인 선언

나는 이런 상식 밖의 재판에 승복할 수 없으므로 법원의 지시에 불구하고 적법 절차를 쟁점으로 다투겠다고 다른 변호인들에게 알렸다. 그리고 정기승(鄭起勝) 변호사, 조원룡(趙源龍) 변호사와 함께 따로 변론 팀을 만들어 밤을 새우며 변론을 준비하였다.

더 큰 문제가 있었다. 이미 헌법재판소는 2월 초에 탄핵 재판을 이정미 재판관의 퇴임 예정일인 3월13일 전에 끝내겠다고 일방적으로 선언하였다. 그러면 나에게 주어진 변론 기회는 2월22일로 지정된 마지막 변론 기일과, 2월27일로 지정된 최후 진술 기일 두 번뿐이었다. 헌법재판소법이 정한 재판시한이 6개월로 아직 3, 4개월 남았는데 무조건 3월13일 전에 재판을 끝낸다고 재판 일정을 정하는 게 말이 되는가?

나는 도저히 이해가 되지 않아 법정에서 다투었으나, 법원은 오히려 나에게 재판을 지연시키지 말라고 경고하였다. 재판 거부라는 마지막 카드밖에 없었다. 그러나 판사들의 태도를 보니 재판을 거부하면 오히려 반가와 할 태세였다.

헌법재판소가 이렇게 변호인들이 법정 투쟁할 수 있는 사항과 시간을 극도로 제한한 재판에서 좋은 결과를 기대하기는 객관적으로 불가능하였다. 재판을 포기하지 못한다면 '진인사대천명(盡人事待天命)'의 자세로 최선을 다해볼 수밖에 없었다. 나는 기적을 기다리면서 재판 결과를 신(神)에게 맡기기로 하고, 후세(後世) 사람들을 상대로 변론한다는 각오를 했다.

나는 탄핵 소추의 잘못과 재판 절차의 위법을 집중적으로 지적하고, 이 주장을 입증할 증인을 신청하였다. 예상대로 헌법재판소는 이미 결정한 법정 스케줄을 바꿀 수 없으니 더 이상 변론이나 증거 조사를 받아줄 수 없다면서 즉석에서 증거 신청을 모두 기각하였다.

형사소송법이 준용(準用)되는 탄핵 재판 절차에서, 시기에 늦은 증거 신청이라고 피소추인의 증거 신청을 모조리 기각하다니 어이가 없었다. 도리 없이 주심 판사에게 대하여 법관 기피 신청을 제기하였다. 역시 예상대로 10분 뒤 즉석에서 각하되었다. 재판을 고의로 지연시키려는 작전이라 들어줄 수 없다는 것이다.

결국 변론이 모두 끝나고, 판결 선고 일자는 추후 통지한다는 선언이었다. 며칠 뒤 변론 재개 신청서를 냈다. 법원으로부터는 아무 대답도 없었다. 어쨌든 나는 변호인으로서 단 한 푼의 수임료(受任料)도 받지 않고 내가 할 수 있는 모든 법정 투쟁을 다하였다.

그런데 언론들은 나의 변론 내용은 하나도 소개하지 않고, 무조건 내가 법관에게 예의도 지키지 않고 막말로 변론을 하였다며 나에게 '막말 변호사'라는 불명예스러운 호칭을 붙였다. 변호사가 법관을 비판, 비난하는 것은 법관에 대한 불경죄(不敬罪)가 된다는 것이다. 변호사의 분수도 모르고 법관에게 대드는 무례한 변호사라고 비난 일색이었다. 대한변호사회 회장으로 새로 당선된 후배 변호사가 기자들에게 선임(先任) 변호사회 회장인 나를 막말 변호사로 징계하겠다고 말한 기사가 크게 신문에 났다.

그러나 태극기 집회에 나온 수만 명의 사람들은 내 변론이 법리에 맞는 용기 있는 변론이라며 격려하여 주었다. 그리고 그 변론 때문에 헌법재판소 판사들도 탄핵 소추를 각하하거나 기각할 수밖에 없을 것이라는 기대를 표시하였다. 나는 마음을 비웠다. 탄핵이 인용될 경우도 각오하며 조용히 판결을 기다렸다.

5 | 8 대 0, 어이없었던 판결

운명의 3월10일, 판결을 선고하는 날 아침이었다. 동료 변호사로부터 판결 선고 들으러 법정에 가지 않겠느냐고 연락이 왔다. 나는 사양했다. 솔직히 말해 당일 아침에 일어나니 왠지 기분이 안 좋았다. 지난 일을 되돌아보니, 헌법재판소 판사들은 이미 2월 초에 탄핵을 인용하기로 작정하고 이정미 판사가 퇴임하기 전에 서둘러 재판을 끝낸 것이 분명하다는 느낌이 왔다.

오전 11시가 훨씬 넘어 친구에게서 연락이 왔다. 8 대 0의 헌법재판관 전원 일치로 국회의 탄핵소추 의결이 인용되어 박근혜 대통령이 대통령 직에서 파면되었다는 것이었다. 불길한 예감은 들었지만 탄핵에 반대하는 판사가 한두 명은 있으리라고 생각했는데, 단 한 명도 없이 전원 일치라니 어이가 없었다. 한국 판사들의 수준이 이 정도인 줄은 정말 예상치 못했다. 허탈했다.

박근혜 대통령은 5년 임기의 대통령 직을 못 마치고 중도에 탄핵으로 파면 당해 쫓겨난 최초의 대통령이라는 불명예를 안고 청와대를 나왔다. 거기서 그녀의 비운(悲運)이 끝나지 않았고, 그 며칠 뒤엔 뇌물범으로 구속되어 교도소에 갇혀 아직까지 끝없는 재판을 받고 있다. 결국엔 여생(餘生)을 교도소에서 마칠지 모른다. 아니면 그 중간에 목숨을 잃어버릴지도 모른다.

돌아보면 1년 전 내 법조계 친구들이 한 말이 그대로 맞았다. 헌법재판소는 이름이 재판소이지 법원이 아니다. 적법 절차는 미국의 법정에서나 통하지, 한국의 법정에서는 통하지 않는다.

법치주의가 헌법재판소에서 통용되리라고 믿고 끝까지 주위 사람들의 자진 사임 권유를 거부하고 법정 투쟁을 선택한 박근혜 대통령. 그리고 그의 무죄를 변호하겠다고 미국에서 날아와 변론을 편 나와 그밖의 여러 변호인들은 어쩌면 한국 정치와 언론, 사법의 수준(水準)과 실상(實像)을 전혀 알지 못한 순진한 이상주의자들이었는지 모른다. 어리석게 법치주의의 이상을 고집하다 현실의 언론, 정치, 사법 권력이 휘두르는 칼 앞에 속절없이 무너진 희생자들인지 모른다.

그러나 나는 후회하지 않는다. 수십만, 수백만의 국민이 내 변론을 유튜브에서 보고 들었다. 그리고 공감하였다. 지금도 많은 국민이 보고, 듣고, 공감하고 있다. 그들은 아무 증거와 법리도 없이, 박근혜 대통령을 탄핵으로 파면한 헌법 재판의 무효와 박근혜 대통령의 석방을 외치기 위해 지난 2년 넘게 쉬지 않고 토요일마다 태극기 집회에 나오고 있다.

그들은 박근혜 대통령이 직무를 중단하고 대통령 직에서 파면당해야 할 만큼 중대한 헌법 위배나 법률 위배가 없는데도 권력에 눈먼 국회와 언론, 검찰, 법관들이 적법 절차에 위배하여 파면하고 구속하였음을 잘 알고 있다. 법에 따라 파면되고, 구속되고, 처벌되어야 할 사람은 대한민국 역대 대통령 중에서 가장 깨끗한 박근혜 대통령이 아니라, 오히려 그녀에게 수백억 뇌물범이며 세월호 조난 사고 희생자들의 살인범이라는 터무니없는 누명을 씌워 대통령 직에서 파면하고, 구속한 언론인과 검찰, 국회의원, 법관들임을 그들은 확신하고 있다.

나의 변론은 비록 현실에서 패배하였지만, 미래의 한국에서 법치주의를 꽃피우는 씨앗이 될 것이다. 그리고 내가 남긴 글과 연설은 한국 법제사에서 법치주의의 순교자 박근혜 대통령의 이름과 함께 오랫동안 남을 것을 확신한다. 그러기에 나의 변호인 임무는 도덕적으로 아직 끝나지 않았다. 내 영원한 고객 박근혜 대통령이 억울한 영어(囹圄) 생활에서 풀려나고, 그의 깨끗한 이름이 회복될 때까지….

탄핵 소송의
정치적 배경과 사정

1 │ 약한 대통령, 강한 국회

대한민국은 1948년의 건국으로부터 미국의 헌법과 정치 제도를 모델로 하여 대통령 책임제를 시행하였다. 그 후 박정희 대통령과 전두환 대통령의 경제 발전과 안보·국방 강화를 위한 비상 헌정기를 거쳐, 마침내 1987년 12월에 의회 민주주의를 내세운 민중 정치인 김영삼(金泳三)과 김대중(金大中)이 주도하여 새로운 헌법을 만들었다. (다만 형식은 전면 개정이었다.)

이것이 바로 1987년 헌법이다. 이 헌법은 대통령 책임제와 의원 내각제를 혼합하였다. 그리고 대통령 임기를 5년 단임제로 하여 대통령의 장기 집권을 원천봉쇄하였다. 그 대신 의회는 단원제(單院制) 국회이고, 4년 임기에 연임(連任)이 무제한 가능하다. 한마디로 대통령의 권한이 약화되고, 국회의 권한은 크게 강화되었다.

2 | 제왕적(帝王的) 국회

국회의 정원은 300명이다. 전국의 253개 소지역구(小地域區)에서 선출된 선출직 국회의원이 253명이고, 나머지 47명은 각 정당이 총선거에서 받은 득표수에 비례하여 추천한 비례직 국회의원이다. 국회는 해산되는 일이 없고, 국회의원은 개별적인 탄핵이나 리콜의 대상이 되지 아니한다. 자신이 다른 공직, 예컨대 장관이나 총리 등에 취임하기 위해 사임하지 않는 한 임기 4년이 완벽하게 보장된다.

일단 선거나 지명으로 국회의원이 되면 국회 회기 중에는 체포당하지 않는 특권이 있고, 발언에 대해 면책 특권이 있다. 국회는 미국 같은 대통령 책임제 국가에서 통상 인정되는 입법권, 예산심의권 이외에 국정감사권, 고위직 인사 동의권 등 미국의 상원과 하원이 가지고 있는 모든 권한을 다 가지고 있다.

게다가 선거 비용도 국고에서 보조를 받는다. 따라서 미국 국회의원들이 대부분의 시간을 써야 하는 선거 비용 모금을 한국의 국회의원들은 하지 않아도 된다. 과거 야당 의원 선거 비용의 상당 부분이 노조의 조직적인 모금이다. 반면 기업체의 헌금은 극도로 제한되어 있다. 국민들이 정치 헌금을 하는 문화와 전통은 발전되어 있지 않다.

3 | 단임제 대통령의 조기 레임덕

박정희 육군 소장이 1961년 5월16일에 군사 쿠데타를 일으킨 이래 한국은 박정희 대통령이 18년, 이어서 같은 군 장성 출신의 전두환 대통령이 7년 동안 정부를 이끌어 이른바 군인 정치가 25년간 지속되었다. 이에 대한 반발로 김영삼과 김대중 두 민주 투사들이 주도하여 바꾼 새 헌법은 대통령의 임기를 5년 단임으로 제한하고, 국회 해산권을 없애 1인이 장기간 정부를 독점하는 가능성을 원천적으로 봉쇄하였다.

반면 의회는 단원제(單院制) 국회에다 대통령 탄핵 소추권과 국정 조사권, 국정 감독권, 총리 등 장관 인사에 대한 청문권 등을 부여하여 권한을 크게 강화하였다.

결과적으로 대통령과 국회의원의 임기가 서로 어긋나고, 국회의원들이 대통령과 총리, 장관 등 행정부를 견제하는 것을 넘어 오히려 행정부를 압도하는 현상이 나타났다. (장관, 총리의 평균 임기가 2년을 넘지 못한다.)

대통령은 임기의 후반기, 즉 4년차에 이르면 벌써 권력의 레임덕 현상이 나타나 공무원들과 언론, 사법부(특히 검찰)가 현직 대통령에게 충성하기보다 유력한 후임 대통령 후보자 또는 개인적으로 자기와 가까운 유력 후보자에게 충성하려는 현상이 나타났다.

특히 박근혜 대통령의 경우 임기가 2013년 2월부터 시작되었는데, 임기 3년이 끝나고 5년 임기의 후반에 들어간 2016년 4월의 국회의원 총선거에서 여당이 대패하고 야당연합이 대승하자, 권력의 레임덕 현상이 조기(早期)에 나타났다.

4 | 여당 의원들의 배신(背信)

박근혜 대통령이 탄핵된 것은 여당인 새누리당 의원들 중 62명이 야당연합의 탄핵 소추안에 찬성하였기 때문이다. 2016년 12월9일의 탄핵소추의결 당시 새누리당 소속 의원은 총 122명이었다.

이 중 54%의 의원이 자기 정당의 대통령을 파면하는데 찬성하는 정치적 배신을 한 것이다. 이 정치적 배신의 주동자는 김무성, 유승민, 나경원, 남경필 의원 등 3선 이상의 거물급 의원들이다.

박근혜 대통령은 2012년 12월 대통령선거에서 진보 측 단일 후보인 문재인 후보와 1:1 대결을 하였다. 치열한 보수 대 진보의 맞대결 끝에 박근혜 대통령은 총 투표자의 51.6%를 득표하여 48.0%를 얻은 문재인 후보를 누르고 승리하였다. 당선 후에도 박 대통령의 지지율은 꾸준히 50%를 넘었다.

그런데 2014년 4월16일, 세월호 여객선이 전남 진도 앞바다에서 전복되어 수학여행을 가던 300여 명의 학생이 물에 빠져 죽는 어이없는 해난(海難) 사고가 터졌다.

그러자 문재인 등 야당 측은 즉시 이를 박근혜 대통령의 책임 의식, 능력, 도덕심 부재(moral hazard)로 인하여 생긴 사고라며 박 대통령 개인을 공격하여 정치적 문제로 비화시켰다. 박근혜 정부를 규탄하는 치열한 촛불 데모가 수 개월간 계속되었다.

대통령의 지지율이 점차 떨어지기 시작하였다. 그러던 중 2016년 4월 국회의원 총선과정에서 여당인 새누리당이 대패(大敗)한 이후부터는 지지율이 급격히 추락하기 시작하였다. 드디어 2016년 11월, 소위 '최순실의 입학 비리 사건'이 언론에서 대대적으로 보도되었다. 특히 중앙일보의 계열 방송사인 jtbc에서 소위 최순실의 태블릿 PC를 보여주며 마치 최순실이 박근혜 대통령의 연설문까지 멋대로 고치고 인사에도 개입하였다고 과장, 허위 보도를 계속하면서부터는 박 대통령의 지지율이 5%대로 떨어졌다.

마침내 흥분한 수만 명의 군중들이 대거 시내로 몰려나와 박근혜 퇴진 데모를 벌였다. 그러자 지지율 회복이 불가능하다고 판단한 새누리당 의원들이 대거 반(反) 박근혜 진영에 가담하여 2016년 12월9일, 탄핵 소추안이 결의된 것이다.

좌파 언론과
군중 데모

1 | 언론의 선동과 좌경화

2016년 4월의 총선에서 진보 야당이 과반수를 장악하기 이전만 해도 이른바 '조·중·동(朝·中·東)', 그 중에서도 특히 조선일보는 보수를 대변하는 언론이었다. 그에 비해 한겨레는 진보를 대변하는 언론으로 꼽혔다.

TV는 국영방송인 KBS·MBC·YTN과 민간방송인 SBS 외에 조선·중앙·동아·매경의 4개 신문사가 방송 허가를 얻음으로써 방송 시장이 과열화되었다. 이들 방송사 간에 시청률 경쟁이 치열해지고 언론노조가 강력해지면서 방송은 갈수록 선정적(煽情的)이 되고 좌경화(左傾化)되었다.

여기에다 네이버(Naver)와 다음(Daum) 등 2개의 포털이 인터넷 SNS 시장을 지배하고 있다. 그런데 이 인터넷 SNS는 저질스러운 욕설과 좌편향이 심해 나같이 보수적인 중·노년층은 아예 접근을 포기한 지 오래이다.

2016년 4월 총선에서 진보 야당이 과반수를 차지하고, 보수 여당인 새누리당이 분열하면서 박근혜 대통령의 레임덕이 가시화되었다. 그러자 조선일보·중앙일보·동아일보 같이 전통적으로 보수적이었던 신문사들이 급격히 논조를 바꾸어 박근혜 대통령을 공격하기 시작하였다.

그 중 대표적인 사례가 홍석현 회장이 소유하고 있는 중앙일보와 그 산하의 jtbc였다. jtbc는 반(反) 박근혜 바람이 처음 불기 시작한 2016년 10월 24일 저녁 뉴스에서 손석희 사장이 직접 출연하여, 시청자들에게 태블릿 PC 한 대를 보여주며 박근혜 대통령의 오랜 여자 친구 최순실의 PC라고 소개하였다.

그리고 빨간 줄로 고친 연설문 영상을 직접 화면에서 보여주었다. 최순실이 박근혜 대통령의 연설문을 수정해준 증거라고 말했다. 시청자들은 박근혜 대통령이 최순실이라는 무식한 여자 친구의 도움을 받아 중요한 국정 연설을 하였다며 대통령을 경멸하고 미워하게 되었다.

[나중에 밝혀진 바에 의하면 그 PC는 최순실의 소유도 아니고, 최순실이 연설문을 고친 것도 아니며, 최순실이 무식한 여자도 아니었다. 오히려 한국에서 몬테소리 유치원 사업을 운영하는 지성인이었다. 그러나 손석희 사장은 이 허위 보도로 한국천주교회가 주는 '2016년 가장 신뢰받는 언론인상'을 받았다. 방송사나 손석희 사장의 사과나 정정은 없었다.]

다른 언론은 최순실의 딸 정유라가 승마 특기생 자격으로 이화여자대학교에 부정 입학하였다고 보도, 교육 평등에 극히 민감한 국민 여론에 '반(反) 박근혜'의 불을 질렀다. 그러나 이 또한 과장(誇張)과 편향 보도(偏向報道)였다.

대학들이 체육 특기생을 특례 입학시키는 것은 오랜 관행이었다. 정유라는 2014년 인천 아시안게임의 마장기술(馬場技術) 단체전에서 금메달을 받은 진짜 특기생이다. 따라서 정유라의 이화여대 특기생 입학을 위법이라고 단정하기 어렵다. 더욱이 박근혜 대통령이 입학에 관여하였다는 어떤 증거나 자료도 없다.

가장 심각한 과장·허위 보도는 박근혜 대통령이 재벌들의 기부금으로 만든 스포츠 공익재단에 관한 보도였다. 언론은 박 대통령의 오랜 친구 최순실이 스포츠 공익재단의 설립과 운영에 관여하여 사익(私益)을 취득하였다고 허위·과장 보도하였다. 그리고 박근혜 대통령의 부인(否認)에도 불구하고 박근혜 대통령을 최순실의 공범자로 몰아서 구속 처벌하라고 요구하는 일방적인 의견과 주장을 계속 보도하였다.

그 후 언론은 경쟁적으로 박근혜와 최순실, 정유라 등 세 명의 남편 없는 독신 여인(박근혜 대통령은 결혼한 적이 없는 독신, 최순실 씨는 이혼한 여성, 정유라 씨는 미혼 엄마)의 사생활을 파고들어 사실 근거도 없이 단편적인 소문만으로 선정적인 저질, 외설(猥褻)의 과장·허위 뉴스를 마구 쏟아내었다.

2016년 10월경부터 계속된 언론의 계속적인 허위·과장 보도를 거치면서, 최순실은 대통령 권력을 마치 자기 권력처럼 제멋대로 행사하여 대한민국의 정치와 대기업을 마음대로 주무르고 젊은 남자들과 섹스를 즐긴 희대(稀代)의 악녀가 되었다.

박근혜 대통령은 국정에는 관심 없이 사교(邪敎)와 미신(迷信)에 빠져 어린아이처럼 최순실이 써주는 연설문이나 읽고, 최순실이 추천하는 사람을 정부 고위직에 임명하는 무능하고 사악한 대통령으로 페인팅이 되었다.

그리고 정유라는 최순실과 박근혜의 권력을 배경으로, 승마 특기생 자격으로 명문 여대에 불법 입학하여 남자들과 놀아나며 어린애를 임신, 독일 별장에 가서 출산한 한심한 젊은이가 되었다.

박근혜와 최순실, 정유라 세 여인에 대한 그간의 언론 보도가 사실과 다르거나 과장되었다는 비판이나 반대 의견, 사실 주장은 철저히 배제되었다. 허위 보도인 것이 명백히 드러나도 사과나 정정은 전혀 없었다.

탄핵소추 의결이 헌법재판소에서 심판을 받는 중에도 언론은 탄핵을 지지, 찬성하는 의견과 주장만 보도했다. 탄핵이 부당하니 기각 또는 각하(却下)되어야 한다는 주장이나 의견, 사실 보도는 전적으로 무시되거나 배척되었다.

헌법재판소가 2017년 3월10일, 박근혜 대통령을 파면한다는 결정을 내리자 언론은 일제히 판결을 환영하며 국민의 승복을 요구하는 기사를 대대적으로 보도하였다. 탄핵 결정에 반대하는 시민들의 의견이나 주장, 그리고 집회는 철저히 외면당했다.

최순실의 비리를 객관적으로 냉정하게 보면, 그녀가 대통령과의 오랜 친구 관계를 이용하여 경제적 이득을 보고 인사 청탁에 개입한 비리 사건이다. 한국에서는 역대 대통령마다 있었던 소위 권력형 비리 사건이다. 김대중 대통령의 경우에도 세 아들과 많은 친구가 뇌물죄로 징역형을 받고 처벌되었다.

그런데 언론과 야당은 아무런 근거나 증거도 없이 대통령이 직접 거액의 뇌물을 받은 사건인 것으로 오해하도록 만들었다. 그들은 이를 '최순실·박근혜 국정농단 사건'이라고 명명한 다음, 두 달여간 과장과 허위 보도를 계속하여 사실상 온 국민에게 박근혜 대통령이 거액의 뇌물을 받은 것처럼 믿도록 세뇌시켰다.

2 | 좌파 시민단체가 기획한 촛불 데모

언론과 야당이 '국정 농단'이라는 조선시대 탄핵 용어를 가지고 박근혜 대통령의 하야(下野)를 주장하자, 이에 공감·동조하여 수만 명의 군중이 야간에 촛불을 들고 길거리로 쏟아져 나왔다. 야당 국회의원들이 앞장서서 선동하고, 노조원들과 수많은 사회·시민단체들은 깃발을 내걸고 얼굴에 붉은 두건을 쓰고 촛불과 횃불을 들고 거리를 행진하며 혁명 구호를 외쳤다.

2016년 11월 한 달간 야당과 시민단체, 노조는 바리케이드와 천막을 치고 서울 도심을 점령하였다. 음악과 꽹과리, 붉은 깃발, 박근혜의 죽음을 외치는 살벌한 구호, 퍼포먼스로 서울 도심이 마비되었다. 공권력은 제제하지 않고 방관했다. 서울 도심에는 완전히 혁명 분위기가 거리를 덮었다.

주말마다 주최 측이 치밀하게 연출한 촛불데모 퍼포먼스가 2016년 10월부터 시작하여 2017년 3월10일, 헌법재판소가 대통령 파면 판결을 내릴 때까지 서울과 전국 도시에서 펼쳐졌다. 인기 가수, 연예인들이 대거 참여하여 노래와 춤, 퍼포먼스로 수만의 참여 군중을 즐겁게 흥분시켰다.

그리고 마지막에는 박근혜 대통령의 하야, 탄핵, 처벌을 외치는 함성과 행진이 뒤따랐다. 언론은 콘서트와 데모가 혼합된 새로운 데모 형태라고 찬양하고, 외신에도 크게 보도되었다.

2016년 12월9일, 국회에서 탄핵소추 의결이 결의되었다. 그러자 언론은 일제히 "민심이 승리하였다"고 환영하면서, 사설 등을 통해 "박근혜 대통령은 헌법재판소의 심판을 기다릴 것 없이 민심에 따라 자진사퇴하라"고 주장하였다. 문재인 씨는 만일 헌법재판소가 탄핵을 거부하면 혁명이 일어날 것이라고 경고하였다. 탄핵을 지지하는 촛불 데모가 연일 계속되었다.

물론 탄핵에 반대하는 시민들도 태극기를 들고 나와 서울 거리를 행진하였다. 2017년의 삼일절에는 수십만의 군중이 탄핵 반대 데모에 참여하였다. 숫자로는 촛불 데모보다 훨씬 더 많은 인원이 동참하였다. 그러나 언론은 철저하게 이를 감추었다. 어느 언론도 태극기 집회는 보도하지 않거나, 대폭 축소 보도하였다.

사건의 단서(端緒)와
전개 과정

1 | jtbc가 방영한 가짜 태블릿 PC

제1차 세계대전이 사라예보에서 터진 한 방의 총성에서 시작되었다면, 한국의 현대사를 바꾼 박근혜 대통령 탄핵 사건은 작은 TV 방송사가 특종을 노리고 만든 태블릿 PC 조작(造作) 보도에서부터 시작되었다.

한국 역사에서 정변(政變)은 흔히 여자, 증거 조작, 밀고(密告), 그리고 배신에서 시작한다. 밀고와 배신이 잔혹한 고문(拷問)과 형옥(刑獄)으로 발전한다. 마지막엔 패자(敗者)와 그 그룹이 억울하게 죄인으로 몰려 사형선고를 받아 모든 재산을 몰수당하고, 형틀에 매어 처단되거나 사약(賜藥)을 받거나 오지(奧地)로 유배당하는 것으로 끝이 나는 경우도 있다. 이것이 조선시대, 그리고 오늘날 북한에서 실제로 일어나는 정변의 패턴이다.

박근혜 대통령 탄핵 사건도 이런 한국적 정변 패턴에 따라 진행되었다. 박근혜라는 독신 여성 대통령과 그녀의 오랜 여자 친구 최순실, 그리고 그녀의 허영심(?) 많은 승마선수 대학생 딸 정유라…. 이에 관한 진실 반(半), 거짓 반(半)의 흥미진진한 프라이버시 가십(Gossip)에서부터 시작되었다.

소위 '최순실–정유라–승마 입학 비리' 루머였다. 최순실과 정유라 두 모녀의 난센스 같은 각종 비리 루머는 박근혜 대통령 탄핵 정변의 단초(端初)이자 핵심(核心)이다.

2016년 10월 중순경부터 언론과 국회에서 갑자기 최순실이란 여자의 이름이 나오면서, 그녀가 박 대통령의 오랜 친구로서 정권(政權)의 숨은 실세라는 소문이 돌기 시작했다. 10월24일, jtbc가 특별 기획 방송에서 "박근혜 대통령이 장관, 차관과는 소통을 하지 않고 오랜 친구 최순실의 말만 듣고 정치를 한다"며 그 증거로 태블릿 PC 1대를 보여주었다.

최순실의 소유인데 방송사가 우연히(?) 입수하였다며, 그 태블릿 PC에서 뽑아냈다는 몇 개의 동영상을 방영하였다. 그 영상 중에는 최순실 가족들의 모임 사진, 최순실과 박근혜 대통령 일행의 독일 여행 사진 등과 함께 최순실이 박 대통령의 연설문을 수정하였다는 수정 연설문 사진 등이 선택되었다.

이 사진들이 박 대통령과 최순실은 한 가족 같은 사이이고, 최순실이 대통령의 숨은 막후 실세라는 항간(巷間)의 소문들이 모두 진실이라는 것을 증명하는 움직일 수 없는 증거라고 손석희 방송사 사장 겸 앵커가 아주 진지한 표정으로 발표하였다.

눈앞에서 보여주는 물증(物證)에 대중들이 쉽게 넘어갔다. 그로부터 박근혜, 최순실, 정유라 등 세 여인이 저질렀다는 각종 난센스와 어이없는 비리가 언론에서 경쟁적으로 봇물처럼 터져 나왔다.

흥분한 시민, 노조, 시민단체가 거리에 쏟아져 나와 대규모 반(反) 박근혜 시위를 벌였다. 매주 주말마다 서울 등 전국의 도시로 시위가 퍼져나갔다. 참여자는 장년(壯年)에서 젊은 층으로, 그리고 마지막엔 어린 초등학생으로까지 확대되어 모두들 촛불을 들고 거리에 쏟아져 나와 '대통령 퇴진'을 외쳤다.

한 달여 동안 이 시위가 지속되었다. 시민들이 퇴근 후 촛불을 들고 거리에 나와 집회를 기획·연출한 주최 측, 흔히 시민단체들이 불러온 인기 팝가수, 한류 가수, 영화 탤런트, 인기 코미디언, 그리고 야당 정치인들의 퍼포먼스를 즐기며 진행되었다.

그래서 언론들은 '촛불 혁명', '문화 시위'라는 멋진 이름을 붙였다. 참여자 수가 눈덩이처럼 불어났다. 당시 박근혜 대통령의 지지도가 5%라는 언론 발표가 계속 나왔다.

[jtbc가 방영한 태블릿 PC가 최순실의 것이 아니라 고영태라는 호스트바의 종업원이 방송사에 넘겨준 것이고, 그 안에 있는 영상의 대부분이 사후에 편집된 것이며, 방송사도 그런 내용을 알면서 시청자에게 '최순실의 PC'라고 속인 정황, 그리고 손석희 앵커가 강조했던 최순실의 수정 연설문 클립은 태블릿 PC에서 나온 것이 아니라 방송사가 만든 방송 도구용 클립이라는 등 새로운 진실이 전문가들의 입에서 나오기 시작한 것은 2017년 1월 하순 무렵이다.

그러나 그 이전에 이미 언론과 시민의 머리와 가슴은 박 대통령과 최순실을 '국정 농단'의 국가 반역 죄인으로 단죄(斷罪)하였다. 검찰과 국회도 언론과 시민을 따라 박 대통령을 뇌물죄, 강요죄, 직권남용죄로 단죄하여 사법절차와 탄핵 절차를 사실상 끝냈다.

jtbc의 태블릿 PC 방영이 조작·허위 보도였다는 진실이 밝혀졌을 때에는, 박근혜 대통령과 최순실에 대한 단죄가 다 끝나버려 대중은 진실에 아무런 관심을 갖지 않게 되었다. 오히려 jtbc는 시청률 1위의 방송사가 되었고, 손석희 앵커 겸 사장은 한국천주교회로부터 '2016년 가장 신뢰받는 언론인 대상(大賞)'을 받았다.

컴퓨터 정보시대엔 뉴스의 신속성이 뉴스의 양과 질보다 우선한다. 거짓이라도 뉴스의 채널을 장악하면, 대중의 마음과 기억을 잡아 뒤에 밝혀지는 진실을 압도한다. 사필귀정(事必歸正)은 사후약방문(死後藥方文)이다.]

2 | 쓰나미처럼 일어난 대통령 퇴진 시위

많은 사람들이 jtbc의 가짜 태블릿 PC 보도 방송을 탄핵 사건을 불러온 사라예보의 총성으로 보고 있다. 그러나 돌이켜 보면 대통령 탄핵 사건의 방아쇠를 당긴 것은 jtbc 방송 그 자체라기보다, 방영 다음날 바로 전국방송에 나간 박 대통령의 성급한 사과 방송이었다.

내용 자체는 jtbc 방영 내용이 사실과 다르다는 해명이었지만, 형식은 사과로 시작해서 사과로 끝난 사과 방송이었다. 대중들은 사과라는 형식만 보고 박근혜 대통령이 잘못했고, 방송은 옳았다고 단정했다.

박근혜 대통령의 사과 방송이 나가자마자 언론은 이것을 박 대통령이 자신의 잘못을 최순실에게 떠넘기는 부도덕하고 뻔뻔한 태도라며 역공(逆攻)하고, 대중은 더욱 분노하였다. 시민들의 촛불 데모는 탄력을 받아 점차 커지면서 거대한 산불로 변하였다.

대한민국 내 어느 누구도 쓰나미처럼 밀어 닥치는 박근혜 퇴진 시위의 봇물을 막을 수 없게 되었다. 검찰은 광풍(狂風)으로 변한 대통령 퇴진과 사퇴, 하야, 탄핵 여론에 영합하여 서울중앙지방검찰청이 특별 수사팀을 만들어 수사에 착수했다. 국회도 특별검사법을 결의하여 박영수 특검(特檢)을 발족시켰다. 형식은 최순실의 비리 조사이지만 실제는 박 대통령에 대한 비리 조사였다.

이러한 배경 속에서 최순실은 독일에서 급히 귀국하여 2016년 10월31일, 검찰에 조사를 자청하였다. 검찰은 11월3일에 최순실과 안종범 경제수석비서관을 구속하였다. 서울중앙지검과 국회의 2주간에 걸친 총력적인 조사 후, 11월20일 서울지검 특별수사본부는 최순실과 안종범에 대한 수사 결과를 발표함과 동시에 두 사람을 기소(起訴)하였다.

돌이켜보면 '최순실 국정 농단 비리'라고 불리는 언론 스캔들이 그냥 스캔들 소동으로 끝나지 않고, 탄핵 정변이라는 역사적인 정치·법률사건으로 바뀌게 된 주역(主役)은 바로 이 검찰의 수사 발표와 기소였다. 전국에 방영된 이 수사 결과 발표에서 누구도 예상하지 못한 일이 발생하였다.

이영렬(李永烈) 서울중앙지검 특별수사본부 부장 겸 서울중앙지검장은 박근혜 대통령이 최순실의 교사(敎唆)를 받아 안종범 경제수석을 시켜 대기업들을 강요하여 미르재단, 케이스포츠재단을 설립하고 출연금을 기부받았다면서 "형법의 강요죄, 직권 남용죄의 범죄에 해당한다"고 수사 결과를 발표하였다.

박근혜 대통령과 최순실, 안종범 세 사람을 모두 기소하여야 하는데, 박근혜 대통령은 헌법 제84조의 대통령에 대한 형사소추 면책 특권 규정에 따라 부득이 최순실, 안종범 두 사람만 기소한다고 발표하였다. 그 대신 박근혜 대통령에 대하여는 국회에 탄핵 소추를 건의하였다.

3 │ 국회 탄핵 소추안 의결로 죄명 추가

박근혜, 최순실, 정유라 세 여인의 난센스 가십으로 시작한 홍밋거리 비리 뉴스가 검찰의 조사를 거치면서 박근혜 대통령과 최순실, 안종범 3인의 '강요, 직권남용'이라는 파렴치한 권력 협박에 의한 경제 이득 형사 범죄로 탈바꿈되었다.

다만 이 때까지만 해도 박근혜 대통령의 죄는, 직권을 남용하여 대기업들에게 기부와 납품 계약을 공익재단과 최순실에게 주라고 강요한 것으로서,

징역 5년 이하의 비교적 가벼운 죄였다. 그런데 3주 뒤 국회가 탄핵 소추안을 의결하면서 죄명이 추가되었다.

박근혜 대통령이 직접 수백억 원의 기부금과 이득을 뇌물로 받은 것으로 법률의 적용이 바뀌어 최소한 징역 10년 이상의 형이 내려지는 중대한 범죄로 죄명이 바뀌었다. 이는 기부 강요죄만으로는 탄핵 사유가 될 중대한 헌법위반이 아니라고 보고, 탄핵이 불가피한 중대한 헌법·법률 위반으로 탄핵 사유를 바꾼 것이라고 보인다.

이제 칼자루는 언론과 시민단체에서 국회와 검찰, 법원으로 넘어갔다. 사회적 이슈에서 정치, 사법의 이슈로 바뀌었다. 한국형 정변 패턴의 제2단계인 정치 권력과 사법 권력의 잔혹한 고문, 인권 침해와 법을 악용하는 형옥(刑獄)의 단계로 넘어간 것이다.

언론과 대중은 마치 로마의 시민들이 콜로세움에서 벌어지는 사자와 기독교인들의 싸움을 즐기듯이, 세 여인이 무소불위의 국가권력을 행사하는 국회와 검찰과 법원으로부터 가차 없이 당하는 잔혹한 인권 탄압을 즐겼다.

대통령의 지휘 하에 있는 검찰이 현직 대통령을 이렇게 파렴치한 범죄인으로 공표한 것은 대한민국 역사상 처음이었다. 그것도 최순실이라는 무식한(실제는 대학원을 졸업했다) 여자 친구의 교사(教唆)를 받아, 마치 어린아이처럼 시키는 대로 범죄를 저질렀다며 완전히 박근혜 대통령의 인격과 능력을 짓밟는 인격 살인(人格殺人)을 가하였다.

현직 대통령에 대한 이런 검찰 발표가 당시 검찰총장, 법무장관, 총리의 승인 없이 발표되었다고 보기는 어렵다. 이 시점에서 이미 박근혜 대통령은 황교안 총리 등 자신이 임명한 총리, 장관, 검찰로부터 완전히 버림을 당한 것으로 보인다.

4 | 하루아침에 범죄 조직 수괴(首魁)가 되다

검찰이 현직 대통령을 사실상 고발하는 이변(異變)이 일어나면서 박근혜 대통령은 대통령으로서의 권위를 완전히 상실하였다. 박 대통령의 퇴진이 불가피하다고 본 많은 여당(새누리당) 의원들이 급속히 야당의 탄핵 작전에 동참하여 넘어갔다.

검찰과 국회는 박근혜 대통령을 정치적, 법적으로 최순실과 하나로 꽁꽁 묶는 방법을 찾았다. 그것이 소위 두 사람은 마치 남녀 부부 같은 하나의 '경제 공동체'이며, 두 사람이 재벌기업들로부터 돈을 뜯어 재단을 만들어 같이 재단을 운영하며 노후를 즐기기로 공모(共謀)하였다는 가설(假說)이다.

즉 미르재단과 케이스포츠재단은 '박·최' 2인조 '경제 공동체'가 노후용으로 설립한 재단이라는 것이었다. 이런 가설 아래 두 공익재단은 재단성(財團性), 즉 독립된 법인격(法人格)이 철저히 부인되었다.(法人格 否認論)

이렇게 해서 2012년 12월의 대통령선거에서 51.6%의 지지를 받아 48%의 지지에 그친 문재인 후보를 당당히 누르고 대한민국 역사상 최초로 뽑힌 여성 대통령, 부녀(父女) 대통령은 헌법이 정한 5년 임기 중 1년여 기간을 남기고 하루아침에 파렴치한 2인조 여성 범죄 조직의 수괴(首魁)로 전락(轉落)하였다.

그런데 대통령 박근혜와 민간인 최순실 두 사람만으로 재벌 기업체의 돈을 뜯는 정치 깡패 조직으로 몰기엔 논리상 허점이 있었다. '박·최' 두 사람과 재벌기업을 연계시키는 연결고리가 필요했다. 그래서 찾아낸 것이 안종범 경제수석이었다.

검찰은 안종범 경제수석비서관을 끌어들여 그에게 '박·최' 여성 경제공동체와 재벌기업들을 연계시키는 연결고리 역할을 맡겼다. 법적으로는 박근혜 대통령과 최순실의 하수인(下手人), 즉 종범(從犯)으로 법률 구성했다. 이렇게 해서 '박·최' 2인조 여성 경제공동체의 범죄 조직은 '박·최·안' 3인조의 남녀 혼성 정치 권력 범죄 조직으로 확대되었다.

박근혜 대통령, 최순실 두 사람은 미르재단과 케이스포츠재단의 설립 자본금 774억 원의 소유자로 둔갑했다. 그리고 합법적인 설립 목적과 설립 절차를 마친 공익재단 미르재단, 케이스포츠재단은 졸지에 '박·최 여성 경제 공동체', 즉 여성 정치 깡패 조직의 사업체가 되어 불법 단체로 인정, 해산되었다. 재단의 설립 자본금은 압수되었다.

이 가설의 결론은 15~16개 대기업이 출연한 774억 원을 '박·최' 두 사람이 이득(利得)하였다는 것이다. 즉 국회와 검찰의 주장에 따르면, 재단이 대기업들로부터 출연 받은 774억 원의 설립 자본금은 재단 소유가 아니라 '박·최' 2인의 소유이다. 다만 범죄 이득이므로 국가가 몰수한다.

이 부분이 아주 미묘하고 흥미롭다. 당초 2016년 11월20일, 서울지검 특수본부가 수사결과를 발표할 때에는 기업들이 박근혜 대통령의 강요를 받아 기부한 것이라고 했다. 죄명도 직권 남용과 강요이다. 둘 다 징역 5년 이하의 징역형이라 아주 중형은 아니다.

또한 이 죄명대로 하면 재단에 출연(出捐)한 기업들은 강요죄(공갈죄와 유사하다) 피해자이다. 따라서 국가는 의당 출연금을 기업들에 돌려주어야 한다. 그런데 국회가 탄핵 소추를 의결하면서, 느닷없이 위 760억 원 중 삼성과 롯데, 에스케이 등 세 그룹이 낸 출연금(370억: 롯데가 바로 돌려받은 70억 제외)은 위 기업들이 박 대통령으로부터 출연을 강요당한 것이 아니라, 박 대통령이 위 기업들의 현안(懸案)들을 해결해주는 대가(代價)로 박 대통령에게 뇌물로 바친 것이라고 검찰과 전혀 다른 독자적인 법률 해석을 내렸다.

이렇게 되면 박근혜 대통령의 범죄는 특가법상의 뇌물죄가 되어 무기징역 또는 10년 이상의 무거운 형벌이 내려지는 중범죄가 된다고 국회의 소추장은 특별히 강조하고 있다. 수사기관도, 사법기관도 아닌 국회가 검찰도 죄가 성립 안 된다고 보아 기소하지 않은 440억 뇌물죄를, 아무런 객관적 증거도 없이 탄핵 소추장에서 제일 무거운 탄핵 사유로 추가하는 만행을 저지른 것이다. 이러한 상식을 완전히 넘어선 국회의 만행은 오로지 하나의 목표, 즉 탄핵 사유를 중죄(重罪)로 하여야 탄핵 소추의 정당성과 가능성이 커진다는 계산 때문이었던 것으로 짐작된다.

원래 탄핵제도는 대통령도 법 앞에 평등이라는 법치주의 정신에서 나온 것인데, 한국의 정치인들에게는 탄핵이 선거 없이 대통령을 쫓아내고 새로 선거를 해서 정권을 잡는 정치 수단으로만 보인 것 같다.

그러나 이렇게 뇌물죄로 죄명이 바뀌면, 세 재벌들이 출연한 370여억 원은 뇌물의 증거이므로 국가에 몰수된다. 그리고 기업의 총수들은 피해자가 아니라 박 대통령의 공범자로 구속이 되어 사실상 사업을 하기가 어렵다.

검찰은 삼성그룹 이재용 부회장만 구속 재판했고, 롯데그룹 신동빈 회장은 불구속 재판하고 있다. 왜 달리 취급하는지는 모른다. 왜 삼성과 롯데그룹, 에스케이그룹의 출연금만 뇌물이 되고, 다른 기업들의 출연금은 뇌물이 안 되는지도 애매모호하다. 검찰에 감히 물어보는 언론도, 국민도 없다.

박근혜 대통령에 대하여는 헌법 제84조의 "대통령은 재직 중 내란, 외환의 죄를 범한 경우를 제외하고는 형사소추를 받지 않는다"는 규정 때문에 최순실, 안종범과 같이 구속하거나 기소하지 못한 것이다. 2017년 3월에 헌법재판소가 박근혜 대통령을 파면하자, 검찰은 기다렸다는 듯이 3월31일, 박근혜 대통령을 구속하였다.

그리고 2017년 4월17일, 이미 기소되어 형사재판을 받고 있던 공범자 최순실, 안종범과 같은 뇌물죄, 직권 남용죄, 강요죄로 기소하여 그 이래 세 사람은 같이 재판을 받고 있다.

5 | 이해할 수 없는 탄핵 정변 드라마

요약하면 박근혜 대통령 탄핵 사건은, 처음에 jtbc가 물증(物證)을 조작하여 최순실의 비리 루머를 '국정 농단' 비리 사건으로 과장·허위 보도함으로써 스타트하였다. 다음에 노조와 시민 단체들이 촛불을 들고 거리를 메워 혁명 분위기를 만들었다.

이때 검찰이 촛불 데모의 뜻을 받들어 '박근혜·최순실·안종범' 3인의 조직 범죄 시나리오로 법률 구성하여 안종범과 최순실을 구속 기소하고, 국회는 박근혜 대통령을 탄핵 소추하였다. 이로써 최순실 비리는 최순실의 개인 비리에서 박근혜 대통령의 중대한 범죄로 변질되었다.

검찰이 만든 박근혜 대통령의 '경제 공동체' 가설, 즉 조직 범죄 시나리오가 국회와 헌법재판소에 넘겨짐으로써 최순실 비리는 박근혜 대통령 탄핵 사건으로 바뀌었다. 그리고 국회와 헌법재판소가 검찰의 '박·안·최' 조직 범죄 시나리오를 압도적 다수와 전원일치로 승인하여, 박근혜 대통령은 대통령 직에서 물러났다.

그리고 두 달 뒤에는, 2012년 12월 시행된 대통령선거에서 박근혜 대통령에게 패배하였으나 계속 선거결과에 승복하지 않고 반정부 투쟁을 선언하고, 2014년 세월호 사건 때부터 박근혜 대통령 퇴진을 가장 앞장서서 드라이브한 문재인이 마침내 2017년 5월9일 시행된 대통령 보궐선거에서 41%의 지지로 후임 대통령이 되었다. (이 41%의 지지율은 문재인 씨가 2012년 12월 대통령선거에서 얻은 득표율과 거의 같은 수치이다.)

그 결과 마침내 탄핵 정변은 합법적인 정권 교체로 승격(昇格)되었다. 이것이 지난 1년 동안 일어난 탄핵 사건의 스냅 사진이다.

이렇게 정리하여 보면, 이 탄핵 사건의 핵심은 2016년 11월20일에 서울지방검찰청 특별수사본부가 박근혜 대통령과 최순실을 '경제 공동체', 즉 2인조 여성 범죄 조직으로 묶어 최순실을 구속기소한 것이 전환점이었다. 검찰이 최순실의 개인 비리를 대통령이 수괴(首魁)인 여성 조직 범죄로 법률 구성하여 탄핵이라는 커다란 정치·법률 재판 사건을 만든 것이다.

검찰이 현직 대통령의 국가 정책 수행을 기업들로부터 돈 뜯는 수단이라고 일견(一見)하여 상식을 벗어난 법률 해석을 내렸다. 더 나아가 현직 대통령과 그 친구의 관계를 '경제공동체', 즉 2인조 여성 범죄(강요, 직권남용, 뇌물) 조직이라고 역시 일견하여, 상식과 동떨어진 법률 해석을 하여 현직 대통령을 탄핵, 퇴진시키고 구속기소하였다. 결국, 검찰이 1988년부터 시작된 한국의 현대 헌정사(憲政史)를 뒤집은 주역이다.

그리고 최순실 여인의 허영심과 눈먼 자식사랑은, 그 역사적 사건의 빌미를 만들어준 단서(端緒)이다. 그 중간에는 물증을 조작해서라도 한 여인의 난센스 같은 허영심과 눈먼 자식 사랑을, 개인의 비리가 아니라 '국정농단'이라는 어마어마한 정치 비리로 키워 보수 정권을 무너뜨리는 것이 진보 언론이 마땅히 해야 할 역할과 사명이라고 믿는 한국 진보 언론의 병든 정치 제1 선정주의(소위 '손석희 저널리즘')이 있다.

이 세 가지가 합쳐서 박근혜 대통령 탄핵이라는 지극히 한국적인, 그래서 외국인은 도저히 이해할 수 없는, 탄핵 정변의 드라마가 완성되었다.

헌법과
탄핵 재판 제도

1 | 탄핵 제도의 연혁(沿革)

한국은 1948년 7월 제헌의회에서 건국헌법을 만들 당시 미국식 3권 분립의 대통령 정부 시스템을 채택하였다. 아울러 미국헌법의 탄핵제도도 같이 채택하였다. 즉 판사, 장관, 대통령 등의 고위직 공무원이 위법을 저질러 직무 수행을 계속하기 어려울 때, 국회가 탄핵 소추하여 파면하는 제도이다.

그러나 실제로 이 탄핵제도는 1985년 국회에서 당시 유태흥(俞泰興) 대법원장을 탄핵 소추 발의하였다가 과반수의 찬성을 얻지 못해 실패에 그친 사례가 있을 뿐, 실제로 발의나 소추된 적은 없었다.

그러다가 갑자기 2004년 3월에 국회가 재적의원 3분의 2 찬성으로 노무현 대통령을 탄핵 소추하였다. 다행히 헌법재판소에서 5대 4로 겨우 탄핵 결정을 피하였다. 그런데 12년 지난 2016년 12월에 다시 국회가 박근혜 대통령을 상대로 탄핵 소추를 의결하였다. 이번에는 헌법재판소가 8대 0의 전원일치로 의결을 인용하여 대통령을 파면하는 정치 이변이 일어났다.

국민이 총선거에서 직선으로 뽑은 대통령을 국민이 뽑지 않은 헌법재판소 판사 8명이 파면하는 비민주적인 정치 이변이 생긴 것이다. 어떻게 국민이 뽑은 대통령을 판사들이 파면할 수 있단 말인가? 이런 비민주적인 결정을 쉽게 이해하지 못하는 국민들이 많다. 더욱이 그 대통령이 뇌물을 먹어 파면되었다는데, 실제로는 한 푼의 돈도 받은 게 없다. 이런 것들이 국민을 더욱 당황스럽게 하고 있다.

그래서 한국에서는 정부 스스로 이번 탄핵을 촛불 혁명이라는 이름으로 시민 무혈(無血) 혁명으로 설명하고 있다. 어쨌든 이 탄핵은 과연 재판인가, 아니면 혁명인가 애매한 점이 많다.

2 | 미국의 탄핵 제도

국회가 고위직 공무원을 탄핵하는 제도는 그 유래가 미국이다. 미국(연방 정부를 말한다)은 법관이 종신직(終身職)이다. 신분이 보장되어 아무리 직무 수행에 잘못이 있어도 중도에 파면할 길이 없다. 그래서 고안한 것이 같은 법관을 동료 법관이 재판하여 파면하지 않고 의회가 재판하여 파면하는 탄핵 제도이다.

판사뿐만 아니라 모든 공무원도 위법을 저지르면 법 앞에 평등한 적용을 받아야 한다는 정신에서 미국은 대통령도 탄핵의 대상에 포함시켰다. 그런데 미국의 헌법에는 헌법재판소가 없다. 당시에는 탄핵의 주(主) 대상을 법관으로 상정하였기 때문에 탄핵 심판을 법원이 아니라 의회가 하게 되었다.

다만 미국은 연방국가로서 주(州)를 대표하는 상원(上院)과 국민을 대표하는 하원(下院)으로 2개의 의회가 있으므로, 하원이 탄핵 소추하면 상원이 탄핵 심판한다. 상원의원 전원이 배심원이 되어 배심 재판을 하는 것이다.

상원의 결정은 최종적인 결정으로 사법 심사의 대상에서 제외된다. 즉 재판할 수 없다. 결국 탄핵 절차는 의회 안에서 시작되어 의회 안에서 종결된다. 그런 점에서 순전히 의회 권한이고, 사법재판이 아니라 정치적인 사법 결정이다. 결정이유도 쓰지 않는다. 오직 투표 절차만 있다.

3 | 헌법재판소란?

그런데 한국은 단일한 중앙집권 국가로서 미국의 상원에 해당하는 의회가 없다. 단원제(單院制) 국회이다. 그래서 고안한 것이 국회가 탄핵 소추하면 헌법재판소가 결정한다는 제도이다. (그 이전에는 헌법위원회 또는 탄핵재판소가 마련되었으나 실제로 탄핵 소추된 사건이 없어 유명무실했다.) 헌법재판소는 재판관 9명으로 구성된 미니 법원이다. 9명 중 1명이 소장이다.

헌법재판소는 9명의 판사 전원으로 한 개의 재판부가 구성되는 전원 합의체 법원이다. 하급 법원이 없고 상급 법원도 없다. 즉 1개 법원이 유일 법원이다. 따라서 단심 재판이다. 헌법재판소 결정에 대해서는 대법원에 상소할수 없다.

헌법재판소 재판관 9명은 대통령이 임명하고 임기가 6년이다. 정년은 재판관은 65세, 재판소장은 70세이다. 헌법재판소 재판관은 그 임명 방법이각기 다르다. 3명은 대통령이 지명하고, 3명은 국회가 지명하며, 3명은 대법원장이 지명한다.

국회는 전통적으로 여당 지명 1명, 야당 지명 1명, 국회의장 지명 1명이다. 후임자는 그 임명자가 후임자를 충원한다. 재판관 중 1인이 재판소장으로, 대통령이 국회 동의를 받아 임명한다. 이렇게 특이한 임명 방식을 취하는 것은 헌법재판소가 행정, 사법, 입법 3부의 균형을 잡는 기관임을 고려한 정치적 배려라고 설명된다.

국회의 탄핵 소추는 헌법 제65조에 근거를 둔다. 탄핵의 대상은 국회의원을 제외한 고위직 공무원으로서 행정부는 대통령 이하 장관급 이상의 공무원, 사법부는 판·검사 등의 고위직 공무원이다.

국회 재적의원 3분의 1 이상의 발의에 재적의원 과반수의 찬성이 있으면, 탄핵 소추의결이 성립된다. 다만 대통령에 대하여는 국회 재적의원 과반수 발의에 3분의 2 이상의 찬성이 있어야 탄핵 소추가 의결된다.

4 | 탄핵 사유

탄핵 사유에 대하여 헌법 제65조 1항에는 "직무집행에 있어서 헌법이나 법률을 위배한 때"라고 규정하고 있다. 그러나 '헌법 위배'나 '법률 위배'가 구체적으로 무엇을 의미하는지에 대하여는 헌법이나 헌법재판소법에 아무런 가이드라인이 없다. 전적으로 헌법재판소 판사의 해석에 맡겨져 있는 셈이다.

대한민국 역사에서 탄핵 심판 사건은 2016년 박근혜 대통령 탄핵 사건 이전에는 2004년 노무현 대통령 탄핵 사건뿐이다. 그런데 이 노무현 대통령 탄핵 사건은 노무현 대통령이 2002년 12월 제17대 대통령선거에서 당선된 후 1년여 뒤에 발생하였다.

노무현 대통령 탄핵 사건은 노무현 대통령 취임 후 불과 1년이 지난 2004년 2월24일, 신년 기자회견에서 자신이 만든 신설 꼬마 정당 열린우리당의 지지를 호소함으로써 비롯되었다. 여기에 불만을 가진 보수 정당과 기존의 진보 정당이 연합하여, "현직 대통령이 스스로 창설한 새 정당의 지지를 호소한 것은 공무원의 선거 중립 의무에 명백히 위배되며, 자질이 모자라 대통령의 직에서 물러나야 한다"고 탄핵 소추를 의결, 헌법재판소가 파면 여부를 심판한 사건이다.

이 사건에서는 노무현 대통령의 발언 내용에 대하여는 다툼이 없었다. 그러한 대통령의 발언이 선거 중립법 위반이라는 점에 대하여도 큰 다툼은 없었다. 쟁점은 대통령의 자질이 탄핵 사유인가와, 선거중립법 위반 행위가 탄핵 사유가 되는가라는 두 가지로 집중되었다.

헌법재판소는 이 두 점에 대하여 아래와 같이 결정을 내렸다.

첫째는 탄핵 사유가 되는 헌법 위배 또는 법률 위배는 법적 판단이지 정치적 판단이 아니므로, 노무현 대통령의 자질 여부나 통치 능력 등의 정치적 사항은 헌법재판소가 판단할 사항이 아니라는 결정이다. 즉 탄핵은 정치적 불신임 같은 정치적 행위, 결단과 전혀 법적 성격이 다른 순전한 법률 판단, 사법 판단이라는 결정이다.

두 번째로, 헌법 위배나 법률 위배가 탄핵사유가 되려면 즉시 직무를 중단시키지 아니하면 아니 될 정도로 중대한 위법이어야 한다는 결정이다. 요컨대 중대하고 명백한 헌법 위반이나 법률 위반이 있어야 파면할 수 있다는 매우 상식적인 결정이다.

그런데 박근혜 대통령 탄핵 사건의 경우에는 세월호 조난 사건의 처리 잘못 같은 직무 능력 문제도 있지만, 탄핵 사유의 핵심이 수백억의 뇌물수수 혐의였다. 따라서 정확히 말하면 탄핵 사건이라기보다, 국회가 검찰을 대신하여 탄핵 소추라는 이름으로 박근혜 대통령을 형사 범죄인으로 헌법재판소에 소추한 것이라고 볼 수 있다. 따라서 뇌물수수가 과연 사실이냐 아니냐의 증거 판단과 사실 인정이 헌법재판소의 직접적인 심판대상이 되었다.

5 | 탄핵 소추의 효력

탄핵 소추의 의결을 받은 자는 탄핵 심판이 있을 때까지 그 권한 행사가 정지된다(헌법 제65조 3항, 헌법재판소법 제50조). 소위 직무의 자동 정지이다. 미국 등 다른 나라에서는 직무 정지가 되지 아니한다. 독일은 법원에 직무 정지 가처분을 신청하여 가처분 결정을 받아야 한다. 한국이 왜 다른 나라에 없는 직무 자동 정지 제도를 두었는지는 알 수 없으나, 잘못된 제도라고 생각된다.

탄핵 소추 의결이란 것은 민사 사건, 행정 사건의 소장(訴狀) 제출이나 형사 사건의 고소, 고발 또는 기소와 같은 것이다. 그런데 법원의 승소 판결이 나기도 전에 승소 판결과 같은 효력을 미리 발생시킨다는 것은, 당사자 평등주의 원칙이나 무죄 추정의 원칙에 정면으로 배치된다.

특히 한국의 대통령은 국무총리, 장관, 법관과 달리 국민의 직접선거에 의하여 5년 임기로 선출된 국민의 대표자이다. 또한 행정부의 수반이자 국가의 원수인데, 국회의 결의에 의하여 바로 직무를 정지시키는 것은 삼권분립(三權分立)의 원칙에도 맞지 않고 주권재민(主權在民)의 원칙에도 상치된다.

실제 정치에 있어서도 대통령은 국군 통수권자이고 정상 외교의 주체이다. 국회 소추 사실만 가지고 직무가 정지되면, 헌법 심판 기간 동안 총리가 직무 대행자로서 대통령의 직무를 대행하는 비상체제가 되어, 국가 안보나 외교에 커다란 차질이 온다. 뿐만 아니다. 심판을 하는 헌법재판소로서는 하루 빨리 대통령 직무 대행 체제를 종식시켜야 한다는 부담으로 인해, 정상적인 재판 진행을 하기가 매우 어려워 졸속 재판이 되기 십상이다.

박근혜 대통령 탄핵 사건의 경우, 탄핵 사유가 13개나 되어 도저히 심리를 제대로 할 수 없었다. 그러자 법원이 도중에 탄핵 사유를 직권으로 바꾸도록 지시하고, 변론도 일주일에 2~3회로 강행했다. 게다가 재판 시한을 3월13일로 정하여 피(被)소추인 측의 증거 신청을 모두 배척하는, 그야말로 주마간산(走馬看山)의 졸속 재판을 강행하였다.

결국 처음부터 법리에 맞지 않는 직무 정지 제도가 사법 혼란과 국정 혼란을 초래하였다.

6 | 탄핵 심판의 요건과 효력

헌법재판소에서 탄핵 인용의 결정을 할 때에는 재판관 6인 이상의 찬성이 있어야 한다(헌법 제113조). 탄핵 심판 청구가 이유 있는 때에는 피청구인을 당해(當該) 공직에서 파면하는 결정을 선고한다(헌법재판소법 제53조).

2004년 노무현 대통령 탄핵 사건의 경우에는 그해 5월14일, 헌법재판소 재판관 9인이 평결하여 그중 5명이 탄핵을 이유 있다고 찬성하고, 4명이 이유 없다고 반대하였다. 과반수가 찬성하였지만 의결 정족수 6인에서 1명이 부족하여, 2014년 3월12일자 국회의 탄핵 소추가 기각되었다. 노무현 대통령은 직무 정지가 해제되고, 직무정지 63일 만에 직무에 복귀하였다.

2017년 박근혜 대통령의 경우엔 헌법재판관 정원 9명 중 재판소장의 자리가 궐위된 상태에서, 나머지 재판관 8명이 평결에 참여하여 8명 전원이 찬성하여 박근혜 대통령은 그 날로 대통령 직에서 파면되었다.

이로써 박근혜 대통령은 2012년 12월19일 당선되어 이듬해 2월25일 취임했고, 2016년 12월9일 직무 정지되어 이듬해 3월10일 파면됨으로써 실제 직무 수행 기간은 3년 9개월에 그쳤다. 헌법이 정한 대통령 임기 5년보다 1년 3개월이 짧다. 대한민국 정부 수립 이후 12명의 대통령 가운데 임기 도중 탄핵으로 파면된 최초의 유일한 대통령이다.

탄핵 결정은 공직으로부터 파면함에 그친다. 그러나 이에 의하여 민사상 또는 형사상의 책임이 면제되지는 아니한다(헌법 제65조 4항, 헌법재판소법 제54조 제1항).

박근혜 대통령은 3월10일 파면된 후 서울 자택으로 돌아왔으나, 바로 서울중앙지방검찰청의 소환을 받아 뇌물죄 등 10여 가지 형사 범죄 혐의로 검찰의 집중 조사를 받았다. 그리고 3월31일 최순실, 안종범, 이재용 등 공범자들이 구속되어 있으니까 함께 구속되어야 평등하다는 이상한(?) 평등논리로 구속되어 지금까지 구치소에 수감되어 있다.

일주일에 4회, 1회에 10시간 이상의 살인적인 재판을 계속 받다가 80회의 재판이 끝난 2017월 10월16일, 변호인들이 모두 사임하고 본인도 재판을 거부하였다. 피고인이 불출석한 상태에서 현재까지 3건의 형사재판이 진행되고 있다.

7 | 헌법재판소의 관할과 구성

헌법재판소 관할 사건은 ①법원의 제청에 의한 법률의 위헌 여부 심판 ②탄핵의 심판 ③정당의 해산 심판 ④권한 쟁의 심판 ⑤헌법소원에 관한 심판 등 다섯 가지로 한정되어 있다. 모두 헌법재판소의 전속 관할이다.

헌법재판소는 9인의 재판관으로 구성된다(헌법재판소법 제3조). 재판관이 9인인 미니재판소이다. 헌법재판소의 심판은 헌법재판소법에 다른 규정이 없는 한 재판관 전원으로 구성되는 재판부에서 심판한다(헌법재판소법 제22조). 즉 전원 재판부이다.

다시 말해 재판소가 바로 재판부가 된다. 재판의 유일(唯一), 최고성(最高性)을 확보하기 위한 장치로 보인다. 상소나 재심(再審)제도가 법률에 없다. 단심(單審) 재판이란 이야기이다.

탄핵 사건을 심리(審理)하는 데는 7명의 재판관이 출석하면 된다(헌법재판소법 제23조 제1항 참조). 그러나 심리가 끝나 사건을 심판, 즉 평결(評決)하는 데는 9명의 재판관 전원이 참여하여야 한다(헌법 제111조 2항; 헌법재판소법 제22조 1항; 2014. 4.24. 2012헌마2 결정 참조).

그런데 박근혜 대통령 탄핵 사건의 심리가 한창 진행 중이던 2017년 1월 31일, 박한철 헌법재판소장의 임기 6년이 만료되어 퇴임하는 사건이 생겼다. 그 결과, 헌법재판소 재판관의 숫자가 8명이 되었다. 7명은 넘으므로 위의 헌법재판소법 제23조 제1항 규정에 따라서 당장 심리가 중단되는 것은 아니다.

그렇지만 9명 전원 재판부 구성에 1명이 부족한 결원(缺員)이므로, 평결에는 법적 하자가 된다. (독일 등은 이러한 경우에 대비하여 예비 재판관 제도가 있다. 그런데 한국엔 이런 예비 재판관 제도가 없다.)

따라서 규정에 따라 결위(缺位)된 재판관의 임명권을 가진 대통령 권한대행자 황교안(黃敎安) 국무총리가 즉시 후임 재판관을 임명하여야 한다. 나를 포함한 많은 법조인들이 조속한 재판관 임명을 황교안 권한대행에게 공개적으로 촉구하였다. 그러나 황교안 대통령 권한대행은 묵묵부답으로 후임 재판관을 임명하지 않고, 결원을 방치하였다.

나를 포함하여 많은 원로 법조인들은 황교안 대행이 결위된 재판관을 임명할 때까지 평결을 보류하도록 헌법재판소에 촉구하였다. 그러나 헌법재판소는 이를 무시한 채 2017년 3월13일, 탄핵 결정을 강행하였다. (탄핵 결정문에 보면 부득이한 경우엔 정원을 지키지 않아도 된다고 변명하고 있다.)

8 | 대통령 탄핵 제도의 구조적 문제점

박근혜 대통령 탄핵 사건은 한국의 대통령 탄핵 제도가 가진 몇 가지 구조적·제도적 결함을 뚜렷하게 노출시켰다. 첫 번째가 소위 '자동(自動) 직무정지' 제도이다.

헌법 제65조 3항은 "탄핵 소추의 의결을 받은 자는 탄핵 심판 시까지 권한 행사가 당연히 정지된다"고 규정하고 있다. 이 조항에 따라서 박근혜 대통령은 2016년 12월9일 국회에서 탄핵 소추 의결을 받자마자 즉시 직무가 정지되었다. 그리고 황교안 국무총리가 국무총리 겸 대통령 권한대행자가 되었다.

헌법 위배나 법률 위배의 혐의로 국회의 탄핵 소추를 받은 자가 직무를 계속 수행하는 것이 부당하다는 취지에서 권한 행사를 정지시킨 것으로 이해된다. 그러나 이 자동직무 정지는 근본적으로 정의와 공평에 맞지 않는다.

탄핵은 그 법적 성질이 고위직 공무원에 대한 징계(파면) 제도이다. 국회는 징계 청구자이고, 헌법재판소가 징계 심판자가 되는 특별한 행정사법 절차이다. 헌법재판소법 제40조 1항은 탄핵 심판 절차에 대하여 형사소송에 관한 법령을 준용하다고 규정하고 있다.

그런 점에서 국회의 탄핵 소추 의결은 형사사건의 검찰 기소에 해당한다. 탄핵 소추의결은 기소자인 국회의 일방적인 주장이고 의견이지, 법원의 유죄 판결이 아니다. 법원의 유죄 판결이 나기도 전에 피소추인의 권한행사를 당연히 정지시키는 것은, 근본적으로 무죄 추정의 원칙에 위배된다.

[탄핵 소추의 의결을 받은 자가 법관이나 행정부 공무원이라면, 자동으로 권한 행사를 정지시키지 않더라도 국회의 탄핵 소추 의결을 피소추자에 대한 기피(忌避)나 회피(回避), 또는 제척(除斥)의 사유로 인정하여 개별적으로 권한 행사를 정지시키면 된다.

탄핵 소추 의결을 받았다고 하여 일률적으로 무조건 권한 행사를 정지시킬 아무런 이유가 없다.]

특히 한국처럼 대통령의 임기가 5년 단임으로 정해져 있고 국민의 직접·보통선거로 선출되는 나라에서, 국회의 소추 의결이 있다 하여 헌법재판소의 탄핵 심판 때까지 대통령의 권한 행사를 정지시키고 타인으로 하여금 대행하게 하는 것은, 국민이 선출한 대통령을 국회가 임의로 권한 행사를 정지시키는 결과가 된다. 그러므로 헌법 제1조 2항의 주권재민(主權在民) 원칙과 3권분립(三權分立)의 헌법 원리에 대한 중대한 도전이고 제한(制限)이다.

이러한 법리적 당부(當否)를 떠나 현실적으로도 자동 권한 정지를 대통령 탄핵에 적용하는 것은 부작용이 많다. 가장 큰 문제는 국정, 특히 안보와 외교에 미치는 심각한 위기와 혼란이다. 한국에서 대통령은 국가원수로서 정상 외교의 주체이며, 국군 통수권자이다(헌법 제66조 참조).

그런데 국회의 소추 의결이 있다고 하여 대통령의 직무를 정지시키고 총리나 다른 국무위원이 국가원수의 권한을 대행하면, 법적으로는 권한대행자가 대통령과 동일하게 직무를 수행할 권한이 있다 하더라도, 현실적으로는 탄핵 심판 기간 동안의 일시적인 임시 권한 행사자에 지나지 않는다. 그 같은 제약 때문에 정치적 권위가 약하여 실질상으로는 정상 외교가 중단되고, 안보에 공백이 생겨 커다란 국가적 위기가 초래될 위험이 있다.

이번의 예로 보더라도 대통령 탄핵 소추를 주도한 야당이 황교안 권한대행자의 권위를 부정하며 국정 수행에 비협조적이었다. 예컨대 2016년 12월부터 2017년 3월까지 3개월간 국회는 황교안 대통령 대행자의 정치적 권위를 인정하지 않고, 호칭도 '대통령 권한대행자'가 아닌 '총리'로 불렀다. 그리고 총리 자격으로 국회에 출석하여 질의에 답변하라고 계속 정치적 공세를 가하였다.

언론도 마찬가지로 황교안 총리가 대통령의 권한을 행사하는 것에 대하여 비판적이었다. 황교안 총리 자신도 야당과 언론의 비판을 의식해서인지 후임 헌재소장 임명과 같이 대통령 권한대행자로서 당연히 해야 될 직무조차 전혀 수행하지 않았다. (결국 헌재는 임기 만료로 퇴임한 헌법재판소장의 결위를 보충하지 않은 채 8명의 재판관이 탄핵 심판을 결정, 선고하는 위법을 저질렀다.)

이와 같이 책임지고 대통령 권한을 행사할 사람이 아무도 없게 되자 순식간에 한국은 마치 무정부 국가처럼 되었다. 대통령 탄핵을 외치는 수만 명의 촛불 혁명 데모대가 수개월간 서울 도심을 점령했고, 탄핵 심판 기간 동안 서울은 완전히 무정부 혁명 도시로 변했다.

또 한 가지 문제는 국가의 운명이 탄핵 심판을 담당하는 헌법재판소 법관들에게 넘겨지면서, 심판을 맡은 헌법재판소 재판관들이 탄핵 지지와 탄핵 반대 양측 시민 데모대들로부터 엄청난 심리적 압박을 받는 부작용이 생겼다. (실제로 국회의 탄핵 소추 의결 때부터 헌법재판소의 탄핵 심판 때까지 3개월간 수백만의 데모대가 매주말 서울 거리를 뒤덮었고, 문재인 등 탄핵 주도자들은 만일 헌법재판소에서 탄핵 결정이 안 나면 시민 혁명이 일어난다고 여러 차례 헌법재판관들을 공개적으로 위협하였다.)

헌법재판소 법관들은 심판을 신속히 내려야 한다는 강박 관념에 사로잡혀 졸속하게 재판을 강행하는 부작용이 생겼다. 실제로 박근혜 대통령 탄핵 심판 과정에서 헌법재판소는 공개적으로 조속한 탄핵 심판선고를 최우선 목표로 정하였다.

그리하여 정식 재판도 하기 전에 수만 페이지에 달하는 검찰의 수사기록을 직권으로 조사하여, 사전에 편파적인 심증을 형성하는 불법을 저질렀다. 또한 헌법재판소는 국회의 탄핵 의결 사유가 13개나 되어 도저히 심리를 제대로 할 수 없다는 피상적인 이유로 국회에 탄핵 사유를 5개의 헌법 위반 사유로 합치라고 공개적으로 지시하여, 국회의 탄핵사유 변경 의결도 없이 탄핵 사유를 임의로 변경하게 하였다.

더 나아가 변론도 1주에 2~3회로 강행하여 피(被)탄핵소추인 측이 충실한 변론 준비를 할 수 없도록 만들었다. 심지어는 2017년 1월3일 재판을 시작하여, 겨우 한 달도 안 되는 1월25일에 일방적으로 탄핵 심판의 시한을 3월13일로 지정했다. 그리고 이 기한을 넘겼다는 이유로 2월 중순 이후 피소추인 박근혜 대통령 측이 신청한 모든 증거 신청을 배척하였다.

이러한 문제들은 근본적으로 헌법 제65조 3항의 자동 권한 정지 제도가 빚어낸 부작용, 폐단이다. 탄핵 소추 의결이 있다고 하여 탄핵 심판 기간 동안, 피소추자의 권한 행사를 무조건 정지시키는 나라는 필자가 알기로는 전 세계에서 한국밖에 없다. 미국은 권한 정지 제도가 없다. 독일은 국회가 권한 정지 가처분을 신청하여 법원이 재판으로 개별적으로 결정한다.

두 번째가 대통령이 탄핵으로 파면되어 대통령의 직위를 상실한 경우, 후임자의 승계문제이다. 만일 한국도 외국처럼 부통령 제도가 있어서 대통령 당선자 궐위 시에는 부통령이 잔여 임기를 승계한다면, 대통령이 탄핵되어도 후임자를 선출하기 위해 보궐선거를 실시할 필요가 없다.

다시 말해 대통령의 탄핵이 인용되어도 정권이 바뀌는 것은 아니다. 그런데 한국은 1987년 헌법에서 부통령 제도를 두지 않았다. 그 결과 대통령이 탄핵되어 궐위 시엔 보궐선거로 후임자를 선출하게 된다. 실제로 헌법재판소가 박근혜 대통령을 파면 결정하자 대통령 직위가 결위되어, 한국 역사상 처음으로 후임 대통령을 선출하는 대통령 보궐선거가 실시되었다.

그리고 이 보궐선거에서 탄핵을 주도한 문재인 씨가 대통령에 선출되었다. 그런데 문재인 씨는 2012년 12월에 실시된 정식 대통령 선거에서는 박근혜 대통령에게 패배하였다. 결국 문재인 씨의 경우 부통령이 없는 제도적 결함 때문에 실시된 비상 보궐선거 덕분에 대통령이 되었다.

요컨대 대통령 탄핵 소추 때문에 2016년 12월9일부터 이듬해 5월9일까지 총 5개월간 한국은 국가원수 대통령의 직위가 사실상 부재하여 국가 안보, 외교의 비상 체제가 지속되었다. 150마일의 휴전선을 놓고 북한과 언제 전쟁이 일어날지 모르는 준전시(準戰時) 상태에 있는 국가에서, 국군 통수권자인 대통령이 부재하는 이 비상사태를 이렇게 장기간 지속하는 것은 정말로 국가의 안위(安危)가 걸린 위험한 도박이다. 동시에 엄청난 국력의 낭비이다.

만일 당시 2만8000명의 미군이 한국에 주둔하지 않고 있었다면 어떻게 되었을까? 내가 미군의 한국 주둔을 그때처럼 다행으로 생각한 적이 없다.

박근혜 대통령 탄핵 사건을 계기로 한국의 대통령 탄핵 제도가 전면적으로 재검토되기를 기원한다.

06

국회에 제출된
탄핵 소추안

1 | 국회의원 과반수에 의한 소추안 발의

2016년 12월3일, 야당인 더불어민주당 121명, 국민의당 38명, 정의당 6명 등 모두 165명과 무소속 6명을 합하여 171명 의원의 이름으로 탄핵 소추안이 국회에 제출되었다. 이 발의 의원의 숫자는 헌법 제65조 1항에 규정된 대통령 탄핵안 발의 정족수인 과반수 151명을 넘었다.

대통령을 제외한 다른 고위직 공무원의 경우엔 과반수 찬성이 탄핵안 의결 정족수이다. 그러나 대통령의 경우엔 과반수가 발의 정족수이고, 의결 정족수는 특별 결의 정족수인 3분의 2, 즉 200명의 찬성이 있어야 한다. 탄핵안이 가결되려면 29명이 부족하였다.

그러나 여당인 새누리당 안에 박근혜 대통령에 대하여 공개적으로 반대하는 소위 비박계(非朴系) 의원이 상당수 있었다. 따라서 야당이 비박계 의원들과 막후 흥정을 하여 29명을 추가하는 것은 시간문제라고 언론은 보도하였다.

새누리당 원로들도 탄핵안의 가결을 시간문제라고 판단하고 박근혜 대통령에게 자진사퇴, 즉 하야를 권고하였다. 그러나 박근혜 대통령은 자신의 무고(無辜)함을 주장하며 자진 사퇴를 거부하고, 헌법재판소에서의 법정 투쟁을 선택하였다.

2 | 너무 많았던 탄핵 사유

박근혜 대통령에 대한 탄핵 소추안은 총 77페이지이다. 탄핵 소추의 사유는 헌법 위배가 5개 항목, 법률 위배가 4개 항목으로 도합 9개 항목이다. 그런데 위법 사실로 보면 헌법 위배가 5개, 법률 위배가 8개로 도합 13개 위법 사실이다.

또한 위반된 법 조항으로 보면 헌법 조항이 18개, 형법 조항이 4개, 특별처벌법 조항이 2개로 도합 24개 조항이다. 미국 대통령의 탄핵 사유가 3~4개를 넘지 않고 구체적인 법률 위배를 지적하는 것에 비하면, 탄핵 사유가 너무 많다.

특히 헌법 위배는 위배 사실이 5개이면서 위배된 헌법 조항이 주권재민(헌법 제1조), 대의민주주의(헌법 제7조 제1항), 생명권 보장(헌법 제10조)같은 국가 체제, 인권 보장에 관한 조항까지 포함하여 총 18개로 헌법 전체에 걸쳐 있다. 이하에서 요점을 정리, 소개한다.

① 헌법 위배 탄핵 사유

▲ 국민주권주의(헌법 제1조), 대의민주주의(헌법 제67조 제1항), 국무회의에 관한 규정(헌법 제88조, 제89조), 대통령의 헌법수호 및 헌법준수 의무(헌법 제66조 제2항, 제69조) 조항 위배:

(ㄱ) 피청구인이 공무상 비밀인 각종 정책 및 인사 문건을 최순실(최서원으로 改名)에게 전달하여 누설하고, 최순실과 동인(同人)의 친척 및 지인들(이하 '최순실 등'이라 한다)이 국가 정책 및 공직 인사에 관여하도록 하면서, 최순실 등의 사익을 위해 기업에서 수백억 원을 갹출하도록 강요하는 등으로 주권자의 위임 의사에 반하여 국가 권력을 사익 추구의 도구로 전락시켜 국민주권주의, 대의민주주의의 본질을 훼손하고,

(ㄴ) 국정을 운영하면서 비선(非線) 조직에 따른 인치(人治)주의를 행해 법치주의, 국무회의 규정, 헌법 수호 및 준수 의무를 위반하였다.

▲ 직업공무원제도(헌법 제7조), 대통령의 공무원 임면권(헌법 제78조), 평등원칙(헌법 제11조) 위배:

(ㄱ) 청와대 간부, 문화체육관광부의 장·차관 등을 최순실이 추천하거나 최순실 등을 비호하는 사람으로 임명하여 공무원을 최순실 등의 사익에 대한 봉사자로 전락시키고, 유진룡 문화체육관광부 장관과 노태강 국장, 진재수 과장 등을 좌천 또는 명예 퇴직시키는 등으로 공무원 신분을 자의적으로 박탈하여 직업공무원 제도의 본질을 침해하고, 공무원 임면권을 남용하였으며,

(ㄴ) 최순실 등이 각종 이권과 특혜를 받도록 방조하거나 조장함으로써 평등 원칙을 위배하고 정부 재정 낭비를 초래하였다.

▲ 재산권보장(헌법 제23조 제1항), 직업선택의 자유(헌법 제15조), 기본적 인권보장 의무(헌법 제10조), 시장경제질서(헌법 제119조 제1항), 대통령의 헌법수호 및 헌법준수 의무(헌법 제66조 제2항, 제69조) 조항 위배:

최순실 등을 위해 사기업에 금품 출연을 강요하여 뇌물을 수수하거나 특혜를 주도록 강요하고, 사기업 임원 인사에 간섭함으로써 재산권, 직업선택

의 자유, 시장 경제 질서 규정을 침해하였다.

▲ 언론의 자유(헌법 제21조 제1항), 직업선택의 자유(헌법 제15조) 조항 위배:

정윤회 문건 사건 당시 비선 실세의 전횡에 대한 보도 통제 및 언론사 사장 해임 지시 혹은 묵인함으로써, 언론의 자유 및 직업 선택의 자유를 침해하였다.

▲ 생명권 보장 조항(헌법 제10조) 위배:

세월호 참사와 같은 국가 재난 상황에서 국민의 생명과 안전을 보호하기 위한 적극적 조치를 취하지 않음으로써 생명권 보호 의무를 위배하였다.

② 법률 위배 탄핵 사유

법률 위배 사유는 크게 4개 항목이다. 그런데 항목3에는 5개의 형법 위반 사실이 들어있다. 결국 항목은 4개지만 범죄 사실은 8개이다. 이 범죄 사실들은 원래 2016년 11월20일 서울지방검찰청 특별수사본부(본부장 이영렬 서울중앙지검장)가 최순실(실명: 최서원), 안종범(청와대 경제수석비서관), 정호성(청와대 수행비서관)에 대하여 형사지방법원에 형사사건으로 기소한 범죄 사실을 그대로 옮긴 것이다.

위 사건의 검찰 기소장에 보면 박근혜 대통령을 위 3명 피고인들의 주범으로 명기하고 있다. 국회는 검찰의 이 공소장을 그대로 옮겨 적고 증거로 검찰의 공소장을 제시하였다.

검찰이 공소장에서 박근혜 대통령을 최서원, 안종범, 정호성 등의 주범 내지 공범으로 명시하면서도 유독 박근혜 대통령만 기소하지 않은 이유에 대하여 이영렬 검사장은 2016년 11월20일 수사 결과 발표문에서, 헌법(제84

조)에 "대통령은 내란, 외환의 죄를 범한 경우를 제외하고는 재직 중 형사상의 소추를 받지 아니한다"고 규정되어 있어 같이 함께 기소하지 못했다면서 "국회에 맡긴다"고 말하였다. 이는 박근혜 대통령을 구속기소 하여야 하지만 헌법의 대통령 특권 때문에 공동기소하지 않았으니까, 국회가 알아서 처리하라는 뜻이었다.

이영렬 검사장의 이 말이 있고 2주 뒤인 그해 12월3일, 야당의원 전원과 무소속을 합한 171명의 국회의원이 검찰 공소장을 그대로 카피하여 탄핵 소추장을 작성, 발의하였다. 그리고 일주일 뒤인 12월9일, 새누리당 의원 62명이 동참하여 탄핵 소추안이 의결되었다.

법률 위배 탄핵 사유의 항목별 내용은 아래와 같다.

▲ 재단법인 미르, 재단법인 케이스포츠 설립·모금 관련 범죄

(ㄱ) 기업의 경영권 승계와 관련한 의결권 행사, 특별 사면, 면세점 사업자 선정, 검찰 수사 등 직접적 이해관계가 있었던 삼성, 롯데, 에스케이 같은 기업에서 최순실 등이 설립 또는 실질적으로 운영하는 재단법인 미르, 재단법인 케이스포츠(이하 '미르재단 등'이라 합니다)에 수백억(총 360억)의 출연을 하게 한 것은 뇌물수수 또는 제3자 뇌물수수에 해당한다. 특정 범죄 가중 처벌법상의 뇌물죄 규정에 의하면 무기징역 또는 10년 이상의 징역으로 처벌되는 중범죄이다.

(ㄴ) 대통령의 막강한 권한을 이용하여 재단법인에 출연금 납부를 요구하고, 응하지 않을 경우 불이익을 받게 될 것을 두려워한 기업 대표 등에게 의무 없는 일을 하게 한 것은 형법상의 직권 남용, 강요죄에 해당한다.

▲ 롯데그룹 추가 출연금 관련 범죄

(ㄱ) 뇌물: 롯데그룹의 재단법인 케이스포츠(이하 '케이스포츠'라 한다)에

대한 추가 출연(70억 원)은 면세점 사업자 선정, 경영권 분쟁 및 비자금 수사 등 직무와 관련하여 이루어진 뇌물수수 또는 제3자 뇌물수수이다.

(ㄴ) 대통령의 막강한 권한을 이용하여 재단법인에 출연금 납부를 요구하고, 응하지 않을 경우 불이익을 받게 될 것을 두려워한 기업 대표 등에게 의무 없는 일을 하게 한 것이다.

▲ 최순실 등에 대한 특혜 제공 관련 범죄

(ㄱ) 케이디코퍼레이션 관련

• 뇌물죄: 대통령의 권한을 이용하여 현대·기아자동차로 하여금 최순실 등이 운영하는 케이디코퍼레이션과 납품 계약을 체결하도록 요구하여 현대·기아자동차가 케이디코퍼레이션으로부터 10억 원의 제품을 납품받은 것은 대통령의 직무와 관련하여 이루어진 제3자 뇌물수수이다.

• 직권 남용, 강요죄: 대통령의 권한을 이용하여 납품 계약을 체결하도록 요구하고, 응하지 않을 경우 불이익을 받게 될 것을 두려워한 현대자동차 회장 등에게 의무 없는 일을 하게 한 것이다.

(ㄴ) 플레이그라운드 관련 직권남용, 강요죄

대통령의 권한을 이용하여 현대자동차 부회장 등으로 하여금 최순실 등이 설립한 광고회사인 주식회사 플레이그라운드커뮤니케이션(이하 '플레이그라운드'라 합니다)과 70억 원 상당의 광고 계약을 체결하도록 하여 의무 없는 일을 하게 하였다.

(ㄷ) 포스코 관련 직권남용, 강요죄

대통령의 권한을 이용하여 포스코 그룹 회장 등으로 하여금 펜싱 팀을 창단하고 최순실 등이 스포츠매니지먼트 등을 목적으로 설립한 주식회사 더블루케이(이하 '더블루케이'라 합니다)가 매니지먼트를 하기로 하는 합의를 하도록 하여 의무 없는 일을 하게 하였다.

(ㄹ) 케이티 관련 직권남용, 강요죄

대통령의 권한을 이용하여 케이티 회장으로 하여금 플레이그라운드를 광고대행사로 선정하고 광고 제작비를 지급하게 하는 등 의무 없는 일을 하게 하였다.

(ㅁ) 그랜드코리아레저(GKL) 관련 직권남용, 강요죄

대통령의 권한을 이용하여 GKL 대표로 하여금 더블루케이와 장애인 펜싱 실업팀 선수 위촉 계약을 체결하도록 하여 의무 없는 일을 하게 하였다.

▲ 문서 유출 및 공무상 비밀 누설 관련 공무상 비밀 누설죄

국토부장관 명의의 '복합 생활 체육 시설 추가 대상지(안) 검토'를 포함한 47건의 문건을 정호성으로 하여금 최순실에게 전달하도록 지시하여 공무상 비밀을 누설하였다.

③ 중대성

▲ 위와 같은 헌법 및 법률 위배 행위는 자유민주적 기본 질서를 위협하고 헌법의 기본 원칙을 적극적으로 위반한 것이어서 대통령의 파면이 필요할 정도로 헌법 수호의 관점에서 중대한 법 위반에 해당한다.

▲ 사기업 금품 강제 지급 등은 대통령의 헌법상 권한과 지위의 남용, 부정부패 행위로 대통령의 직을 유지하는 것이 헌법 수호의 관점에서 용납될 수 없거나 대통령이 국민의 신임을 배신하여 국정을 담당할 자격을 상실한 정도에 이른 것이다.

④ 결론

▲ 최순실 등의 국정 농단과 비리, 공권력 이용을 배경으로 한 사익 추구는 광범위하고 심각하며 대통령 본인에 의해 저질러진 것이다.

▲ 피청구인은 검찰 수사에 불응하고 국가기관인 검찰의 준(準)사법적 판단을 '객관적인 증거는 무시한 채 상상과 추측을 거듭해서 지은 사상누각(砂上樓閣)으로 폄하함으로써 국법 질서와 국민에 대한 신뢰를 깨버린 것이다.

▲ 2016년 11월 피청구인에 대한 지지율은 3주 연속 4~5%로 유례없이 낮고, 2016년 11월12일 및 같은 달 26일 서울 광화문에서 100만이 넘는 국민들이 촛불 집회와 시위를 하여 대통령이 더 이상 대통령 직책을 수행하지 말라는 국민들의 의사가 분명해졌다.

⑤ 증거 기타 조사상 참고 자료

국회는 탄핵 소추의 증거로서 21개를 들고 있다. 그 목록은 아래와 같다.

1. 최순실, 안종범, 정호성에 대한 공소장

2. 차은택, 송성각, 김영수, 김홍탁, 김경태에 대한 공소장

3. 2004년 5월14일 대통령(노무현) 탄핵 관련 헌법재판소 결정문[2004헌나1 결정]

4. 1997년 4월17일 일해재단 설립 전두환, 노태우 사건 관련 대법원 판결문[96도3377]

5. 2015년 10월27일 경제활성법안, 5대 노동개혁법 처리 등을 내용으로 하는 박근혜 대통령 시정연설 국회 본회의 회의록

6. 2016년 11월4일 박근혜 대통령 대국민 담화문

7~21. 각종 관련 신문기사

3 | 찬반 토론 없이 무기명 표결로 의결

일주일 후인 2017년 12월9일 대한민국의 국회는 재적의원 300명 중 새누리당 최경환 의원을 제외한 299명이 참석한 가운데 아무런 토론 절차 없

이 바로 무기명 표결을 하였다. 표결 결과는 찬성 234, 반대 56, 무효 7, 기권 2이었다. 찬성률이 78%이다. 의결 정족수 200을 34표나 초과하는 압도적 찬성이었다. 새누리당 의원의 50%인 약 62명이 탄핵에 찬성하였다고 추정된다.

이때가 정확히 오후 4시10분으로, 오후 3시 본회의 개회 후 불과 1시간 10분이다. 개별 탄핵 사유에 대한 심의나 토론은 물론 개별 찬반 표결도 없었다. 절차 토론도 없었다. 침고인 의견 진술도 없었다. 전문위원(법률가 등)의 설명도 없었다.

박 대통령 측의 의견을 듣는 절차도 없었다. 13개 탄핵 사유가 적힌 탄핵 소추장을 대강 설명하고 결론, 즉 탄핵 소추할 것인가 아닌가에 대하여 찬반 토론도 없이 바로 표결을 한 것이다.

4 | 탄핵의 탈을 쓴 정변(政變)

▲ 유례가 없는 졸속한 소추 절차

미국, 브라질 등 외국의 경우는 탄핵 사유에 대한 조사, 확인 과정과 찬반 토론 과정, 의견 수렴 과정을 거치므로 최종 의결시까지는 최소 6개월, 통상은 1년 이상 걸린다. 한국의 국회 탄핵 소추 과정은 세계 탄핵사에 그 유례가 없는 졸속한 탄핵 소추 절차이다. 러시아, 프랑스의 혁명 의회에서도 이렇게 찬반 토론 없이 국가원수를 1시간 만에 파면 결의하지는 않았다.

국회의 탄핵 소추 과정을 보면 박근혜 대통령에 대한 탄핵은 정상적인 의회의 의안 처리 절차가 아니다. 완전히 혁명, 그것도 아주 과격한 혁명 절차이다. 절차 면에서 본다면 이번 탄핵은 말이 탄핵이지 탄핵의 탈을 쓴 정변(=쿠데타)이다. 그래서 나는 이 탄핵을 탄핵 정변(政變)이라고 부른다.

▲ "첫 단추가 잘못 끼워졌다!"

탄핵은 파면 징계 처분이므로 형사 사건 처벌과 마찬가지로 중대한 권리 침해이다. (탄핵 심판 절차에는 형사소송법이 적용된다. 헌법재판소법 제40조) 형사 사건 기소시에는 비록 한 개의 기소장에 여러 개의 범죄 사실을 기재하더라도 범죄 사실별로 여러 개의 형사 사건이 각기 재판 대상이 된다.

탄핵도 마찬가지이다. 구체적인 헌법 위배 사실, 법률 위배 사실이 탄핵 사유가 되고, 탄핵 사유별로 국회에서 표결하여 3분의 2 이상의 찬성을 얻어야 탄핵 심판의 대상이 된다고 해석된다. 이는 마치 이혼 심판 청구에서 이혼이라는 결론은 하나지만, 이혼 사유 별로 심판 청구가 성립되는 것과 같은 법리이다.

법원은 여러 개의 이혼 사유 중 한 개라도 성립이 되면 이혼을 판결할 수 있다. 여러 개의 이혼 사유를 다 합쳐서 이혼 여부를 종합적으로 판결하는 것이 아니다. 탄핵도 이와 마찬가지이다.

예컨대 탄핵 사유가 10개면 10개의 탄핵 소추안이므로 별개로 안건 상정하여 개별로 심의 표결하여, 개별로 의결 정족수의 충족 여부를 결정하여야 한다. 실제로 탄핵 제도를 처음 시작한 미국의 경우에는 하원에서 탄핵 소추시 형사 사건의 기소와 꼭 마찬가지로 범죄 사실과 죄명을 특정하여 위반 사실마다 별개의 탄핵 사유로 나누어 탄핵 사유별로 며칠씩 간격을 두고 개별 심의, 투표한다.

투표 결과 의결 정족수인 과반수의 찬성을 받은 사유만 골라 심판기관인 상원(上院)에 송부한다. 상원에서도 하원과 마찬가지로 탄핵 사유별로 나누어 표결한다. 의결 정족수인 3분의 2 찬성을 얻은 사유가 하나라도 있으면 파면을 결정한다. 모든 탄핵 사유를 종합하여 파면 여부를 결정하는 것이 아니다.

이는 구체적인 탄핵 사유를 성립 요건으로 하는 탄핵 심판 제도의 성격상 당연한 해석이다. 바로 이 점 때문에 구체적인 사유 없이 신임(信任)의 여부만 물어 해임 여부를 결정하는 불신임 결의나 해임 결의와 탄핵은 다른 것이다.

불신임 결의에서는 불신임 사유는 요건이 아니라 참조 사항이다. 그렇기 때문에 한 개의 사유가 아니라 여러 개의 사유를 종합하여 전체적으로 신임 여부를 판단하는 것이다. 따라서 불신임 결의시엔 불신임 사유를 명시할 필요가 없다. 그렇지만 탄핵에서는 탄핵 사유는 참고 사유가 아니라 성립 요건이다. 그렇기 때문에 탄핵 사유별로 의결 정족수의 충족 여부를 따져야 한다. 헌법재판소의 심판도 마찬가지이다.

그런데 국회는 탄핵 소추안 의결시 13개의 탄핵 사유를 모두 묶어서 단 1 개의 탄핵 소추안으로 본회의에 상정하고, 표결도 단 1회의 찬반 표결을 하였다. 그 포괄 안(案)에 234명이 찬성한 것이다. 이 포괄 투표의 법적 의미를 국회 측은 찬성한 의원 234명 전원이 탄핵 사유 13개 전부에 대하여 찬성한 것으로 해석한다. 헌법재판소도 그렇게 해석하였다.

그러나 과연 그럴까? 당시 탄핵에 찬성한 의원 중 상당수는 뇌물이나 세월호 사건 같은 감정적인 탄핵 사유에 대하여 회의적인 의원이 많았다. 만일 미국처럼 탄핵 사유마다 나누어 개별 투표하였으면, 뇌물죄와 세월호 같은 감정적인 탄핵 사유들은 3분의 2 찬성을 얻지 못했을 가능성이 크다. 남는 사유는 공무상 비밀 누설 정도이다.

그러면 박근혜 대통령에 대한 탄핵 사유는 경미한 것이어서 국민들이 흥분하여 거리로 뛰쳐나가지도 않았고, 헌법재판소에서도 중대한 위법이 아니라는 이유로 부결될 가능성이 아주 높았다. 요컨대 탄핵은 파면 징계 처분이므로 파면 사유가 무엇인지에 따라 결정이 달라진다.

그런데 국회처럼 일괄(一括) 투표를 하면 탄핵 사유가 아니라 탄핵을 할 것인가, 말 것인가의 결론에 대한 투표가 된다. 그렇게 되면 구체적인 탄핵 사유는 법률적인 성립 요건이 아니라 참고 자료에 불과해진다.

국회가 13개 탄핵 사유를 포괄하여 한 개의 의안으로 표결 처리한 것은 기본적으로 탄핵을 위법한 직무 집행에 대한 파면 징계 청구라는 법적 처벌로 보지 않고 대통령, 국무총리, 장관 등에 대한 정치적 불신임 제도 또는 해임 건의 제도로 오해한 것이다.

헌법에는 국회가 대통령을 불신임하거나 해임 건의하는 권한이 없다. 그런데 국회는 불신임 결의를 하고, 헌법재판소는 이를 그대로 받아들여 국회와 마찬가지로 탄핵 사유를 법관이 임의로 추가, 변경하여 판결하였다.

결국 탄핵 심판은 출발점인 국회의 탄핵 소추에서부터 국회의원들이 탄핵 제도를 파면 징계 처분이 아니라 대통령 불신임 제도로 오해한 나머지, 탄핵 사유별로 개별 투표하지 않고 13개 탄핵 사유를 포괄하여 1개의 투표로 잘못 처리한 데서부터 잘못된 것이다. 속담대로 "첫 단추가 잘못 끼워졌다."

변호인단,
답변서를 제출하다

2016년 12월16일 헌법재판소에 제출된 피청구인 변호인단의 답변 요지는 아래와 같다.

▲ 증거 문제

국회법 제130조 제3항은 탄핵 소추의 발의에는 탄핵의 증거, 기타 조사상 참고가 될 만한 자료를 첨부하여야 한다고 규정하고 있다. 그러나 탄핵 소추 의결서에 첨부된 증거 및 자료를 보면 검사의 공소장과 신문기사들뿐이다. 객관적 증거는 아무것도 없다. 따라서 부적법한 소추로서 심리할 것 없이 각하되어야 한다.

▲ 절차 문제

탄핵 사유와 관련하여 여야 합의로 2016년 11월17일부터 이듬해 1월15일까지 60일간 국정 조사하기로 하여 국정 조사가 진행 중이다. 2016년 11월

20일에 야당 추천의 박영수 검사가 특별검사로 임명되어 특별수사를 개시한 시점인데, 그 국정 조사나 수사 결과도 기다리지 않고 소추부터 하는 것은 적법 절차가 아니다.

본회의 표결 전에 국회 법사위 조사 절차도 거치지 않았다. 이는 헌법과 국회법이 정한 절차적 정당성을 현저히 훼손하였다.

▲ 항변권 문제

탄핵 소추 전에 피소추인에게 항변할 기회를 주지 않았다.

▲ 검찰 조사 불응 문제

피청구인이 검찰 조사에 불응한 것은 헌법상의 권리 행사인데, 이를 국법 질서 파괴라고 비난하는 것은 잘못이다.

▲ 낮은 지지율 문제

낮은 지지율을 탄핵의 근거로 주장하는 것은 대통령 임기를 보장한 헌법 조항에 위배된다.

▲ 헌법 위배 사항들

내용이 지나치게 추상적이고 법적인 근거가 미약하다. 법률 위배 사항과 중복된다.

▲ 뇌물수수죄 부분

미르재단, 케이스포츠재단의 설립은 국민체육진흥을 위한 대통령선거 공약 사업으로 설립한 공익 재단이지, 대통령의 사익을 추구하여 설립한 사유 재산이 아니다. 노무현 대통령도 삼성 출연금으로 삼성공익재단을 세웠다.

재단 기부금 출연이 기업 특혜를 조건으로 한 대가성(代價性) 있는 출연이라는 증거가 없다.

▲ 재단 관련 직권 남용 및 강요죄 부분

강요죄는 폭행, 협박이 있어야 하는데 폭행, 협박이 있었다는 주장 자체가 없다. 직권남용은 위법한 직무 행위가 있어야 하는데, 위법 행위가 구체적으로 지적되어 있지 않다.

▲ 최순실에 대한 특혜 제공 관련 뇌물죄, 강요죄, 직권 남용죄

최순실의 이득을 피청구인이 알았다는 구체적인 주장 설시가 없다. 사기업(私企業)의 영업 활동은 공무원의 직무 범위가 아니라는 판례(대법원 2009. 1.30. 선고, 2008도6950 판결)에도 위배된다. 다른 대통령, 국회의원도 기업체에 사적인 청탁을 한 사례가 많지만 기소하거나 처벌된 사례가 없다.

▲ 공무상 비밀누설죄 부분

정치인이 지인의 의견을 듣기 위해 사전에 연설문 초고를 보여주는 것은 공무상 비밀누설이라고 할 수 없다. 초고는 확정된 문서가 아니다. 국가기밀도 아니다. 다른 문건은 박 대통령이 지시하여 보낸 것이 아니라고 누차 밝혔다.

쌍방의 중요한
준비 서면(書面)

1 │ 국회의 주요 준비 서면

소추 측, 즉 국회 측은 2017년 1월5일 제2차 변론 기일에서 소추위 대표로 권성동 법사위원장이 탄핵 소추장을 구두(口頭)로 낭독하여 공식적으로 소추 변론을 개시하였다. 이어서 1월11일부터 2월27일 결심할 때까지 매 변론 기일마다 1개 이상의 준비 서면을 제출하였다. 대부분은 증인 신문과 서증(書證) 조사에 대한 증거 의견 및 구체적 사실 인정에 대한 주장이었다.

법리에 관련된 준비 서면은 아래의 2개이다.

▲ 2017년 1월23일 준비 서면: 권력 남용을 탄핵 사유로 주장

국회 소추위는 이 준비 서면에서 "피청구인이 '본인과 최순실의 사익을 위해 대통령의 지위와 권력을 남용하고 대통령 비서실 등 국가 조직을 동원하여 기업들로 하여금 수백억 원의 돈을 출연하게 하여 미르재단 등을 설립'

하고, '권력을 남용하여 현대자동차 등 기업에 최순실 등에게 특혜를 제공하도록 요구'하였다고 단정한 뒤, 이러한 권력 남용의 사실 행위는 '권력적 사실 행위'로서 중대한 헌법 위반에 해당한다고 주장하였다.

피소추인 측은 이 '권력적 사실 행위' 주장이 법률 위배 탄핵 사유인지 헌법 위배 탄핵 사유인지, 또 기존의 소추 사유들과 어떻게 다른지 설명해달라고 요청하였으나 소추인 측은 답변을 하지 않았다. 그러나 소추 측은 2월1일자 준비 서면에서 이 '권력 남용 사실행위'와 유사하게 '권한 남용'이라는 새로운 이름의 헌법 위배 유형을 만들어, 소추 사유를 새롭게 재구성하였다.

▲ 2017년 2월1일 준비 서면: 소추 사유의 유형별(類型別) 구체화

탄핵 소추위는 2017년 2월1일 헌법재판소 탄핵 재판 제10차 변론 기일에서 준비 서면을 제출하였다. 제목은 「소추 사유의 유형별 구체화」라고 하였다. 그러나 그 내용은 구체화가 아니었다. 국회가 2016년 12월9일 재적 3분의 2 이상의 동의를 받아 의결, 헌법재판소에 제출하였던 탄핵 소추안의 내용을 완전히 바꾸는 것이었다.

우선 그 날자 소추안에 없던 수십 페이지에 해당하는 새로운 위배 사실들을 추가하였다. 이 새로운 위배 사실들은 국회의 탄핵 소추 후에 서울중앙지검 특수부와 박영수 특검이 박근혜 직무 정지자와 최순실에 대하여 추가로 수사하여 발표한 새로운 혐의사실들이다.

또한 종전의 법률 위배 탄핵 사유 8개를 모두 '권한 남용'이라는 새로운 헌법 위배 탄핵 사유를 만들어, 그 안에다 대부분 포함시켰다. 결국 이 새로운 탄핵 소추안에는 헌법 위배만 있고 법률 위배는 없게 되었다.

피소추인 측은 2017년 2월6일자 준비 서면을 제출하여 "국회의 탄핵 소추안 변경 결의도 없이 탄핵 소추 사유를 바꾸는 것은 위법이며, 피소추인 측의 방어권 행사에 커다란 지장을 준다"고 이의하였다.

이 점에 대하여 헌법재판소는 탄핵 사유의 사실을 추가하거나 변경하는 것은 허용할 수 없다. 따라서 소추위가 2월1일 준비 서면에서 추가한 혐의 사실들은 심판 대상에서 제외한다고 발표하였다. 그렇다고 소추위 측에 불법한 2월1일자 준비 서면 변경을 철회하거나 수정하도록 지시하지는 않았다.

이어서 헌재는 그러나 "같은 혐의 사실을 법률 위배로 구성하느냐, 헌법 위배로 구성하느냐, 어떤 법령 위배로 구성하느냐는 탄핵 사유의 법률 구성이므로 탄핵 사유의 변경이 아니다. 따라서 국회의 변경 의결이나 소추장 변경 없이 준비 서면으로 소추위가 임의로 할 수 있다"고 결정하였다.

그러나 2016년 12월9일부터 2017년 2월1일까지 두 달여간 헌법 위배와 법률 위배로 구분한 후, 법률 위배 8개의 사유를 뇌물죄와 직권남용죄, 강요죄, 공무상 비밀누설죄 등의 형사법 위반에 의한 탄핵 사유라는 전제에서 서증 및 증인 조사와 변론을 하였다. 그런데 변론이 종반에 이른 시점에 와서 탄핵 소추 사유를 4~5개의 헌법 위배 사유로 바꾸고, 종전의 8개 법률 위배 사유는 권력 남용이라는 새로운 이름의 헌법 위배 탄핵 사유라고 주장을 바꾸는 것은, 피소추 측의 방어권 행사에 심각한 피해와 지장 및 혼란을 초래하는 변칙 플레이이다.

헌재의 결정은 피소추 측의 방어권 행사를 전혀 고려하지 아니한 편파적인 결정이라고 아니할 수 없다. 이 점에 대하여는 다른 항목에서 보다 상세히 보기로 한다.

2 | 피소추인의 주요 준비 서면

▲ 2017년 1월22일 준비 서면 및 증인 신청서

이 준비 서면에서 피소추 측은 서증(書證)의 증거 능력에 대하여 헌법재판소법 제40조의 규정에 따라 형사소송법의 전문 증거(傳聞證據) 법칙이 적용되어야 한다는 의견을 냈다. 그리고 39명의 증인 이름과 입증 취지를 설명하였다.

▲ 2017년 2월13일 탄핵 사유 중 법률 위배 탄핵 사유에 대한 의견

공무상 비밀누설죄 위배(=정호성 비서관이 최순실에게 47건의 청와대 공문서를 보낸 행위)에 대하여:

대통령의 구체적 지시가 있었다는 증거가 없다. 정호성 비서관이 자기 재량으로 하였다고 증언했다.

대법원 판례(2003. 6.13. 선고 2001도1343 등)는 국가 기밀 서류가 아니면 공무상비밀 누설죄가 성립되지 않는다고 했다. 47건의 문서 가운데 국가 기밀 서류가 무엇인지 특정되지 않았다.

박근혜 직무 정지자가 기업 대표들과 단독으로 만나 부정한 청탁을 받고, 재단에 출연을 받았다는 전제 아래 특가법상의 뇌물죄, 강요죄, 직권남용죄의 위배가 있다는 탄핵 사유에 대하여:

직무 정지자가 재단에 출연받기 위해 기업 대표를 폭행이나 협박한 적 없다. 재단으로부터 돈을 받은 적도 없다. 재단을 사유화(私有化)시키는 것은 불가능하다. 증거도 없다.

최순실과 고영태 일당이 케이스포츠를 이용하여 이득을 본 것은 그들의 비리이다. 최순실에게 특혜를 주도록 기업 대표들에게 강요하여 강요죄, 직권남용죄, 특가법 뇌물죄(제3자 뇌물공여죄)를 위배하였다는 탄핵 사유에 대하여:

박근혜 직무 정지자가 현대차 정몽구 회장, 포스코 권오준 회장, KT 황창규 회장, 그랜드코리아레저 사장 등에게 직접 또는 안종범 수석을 시켜 플레이그라운드 광고회사, 더블루케이라는 운동선수 매니지먼트 회사를 소개한 적은 있으나, 구체적인 거래를 청탁한 적은 없다.

폭행이나 협박한 사실이 없다. 기업 총수들로부터 부정한 청탁을 받은 적
도 없다.

3 | 헌재의 9대(大) 위법을 지적

헌재가 공개 방영한 2017년 2월22일자 변론에서 필자는 1시간 30분에 걸
쳐 국회 소추와 헌재 심판의 9대 위법을 지적하였다. 유튜브에도 공개되었다.

첫째, 국회는 13개 탄핵 사유를 사유별로 투표하지 않고 포괄하여 투표
하였다. 이것은 구체적인 탄핵 사유가 헌법이나 법률에 위배될 것을 요건으
로 하는 헌법상의 탄핵 제도 규정에 맞지 않는다.

둘째, 국회는 뇌물죄, 직권남용죄, 강요죄 위반의 3개 법률 위배 사실을
묶어서 하나의 법률 위배 사유로 소추하고 있다. 이런 복합적인 법률 위배
는 죄형 법정주의 원리에 어긋나는 추상적인 탄핵 소추 사유로서, 구체적이
고 현실적인 법률 위배와 헌법 위배를 요구하는 헌법 규정에 맞지 않는다.

셋째, 국회는 피소추자에 대하여 아무런 증거 조사, 사실 확인 절차도 없
이 최순실에 대한 검찰 공소장과 신문기사에만 의존하여 탄핵 소추하여 피소
추자의 대통령 직무 권한을 정지시켰다. 이는 헌법 제12조의 적법 절차에 의
하지 아니하고는 국민의 자유와 권리를 박탈할 수 없다는 규정에 위배된다.

넷째, 헌법재판소는 3권 분립의 헌법 원리에 따라 대통령 지명 3인, 국회
지명 3인, 대법원장 지명 3인의 9인 재판관으로 구성된다고 헌법 제111조에
규정되어 있다. 그리고 헌법재판소법 제22조는 "이 법에 다른 규정이 없으면
헌법재판소의 심판은 재판관 전원으로 구성되는 재판부에서 관장한다"라고
규정하고 있다.

재판관 1인이 궐위된 상태에서 충원을 기다리지 아니하고 8인이 심판하
는 것은, 적법한 재판을 받을 권리에 위배된다는 헌재 판결례도 있다.(2012

헌마2) 헌재소장이 2017년 1월31일 임기 만료로 궐위된 상태에서, 후임 소장의 지명도 기다리지 않고 8인 재판관이 대통령 탄핵 심판이라는 주요한 사건을 결정하는 것은 위헌이다.

다섯째, 헌재(강일원 주심 재판관)가 법무부의 법률 유권 해석과 노무현 대통령 탄핵심판의 결정 예를 구실로 하여 피소추 측이 국회 소추 절차의 위헌, 위법 주장을 못하도록 처음부터 변론과 입증을 불허가한 것은 헌법과 법률에 위배된 변론권 제한이다.

여섯째, 헌재의 강일원 주심 재판관은 제1차 준비 기일에서 '쟁점 정리'라는 이름 아래 소추인 측에게 헌법 위배 5개, 법률 위배 8개로 나누어 13개 탄핵 사유로 구성된 2016년 12월9일자 탄핵 소추안을 헌법 위배 4개로 단순화 시키라고 구체적인 변경안을 제시하였고, 소추인 측은 이 제안에 따라 2017년 2월1일 준비 서면 형태로 탄핵 소추안을 전면 개정하였다.

이는 재판관의 공정, 중립 의무에 위배된다. 또한 2017년 2월1일자 변경은 국회의 의결을 거친 탄핵 소추안을 국회 의결도 없이 변경하여 무효이다.

일곱째, 헌법재판소법 제40조는 탄핵 심판 절차에 대하여 형사소송법을 준용하도록 규정하고 있다. 따라서 형사소송법의 전문증거(傳聞證據) 배제 등 증거법 규정이 적용되어야 한다. 그런데 헌재(강일원 주심 재판관)는 진술 과정이 녹화된 검찰 조서와 변호인이 참여하여 이의하지 않은 검찰 조서는 증거 능력을 인정한다는 독자적인 증거 규칙을 아무런 증거 규칙 절차도 거치지 않고 입법하는 위법을 저지르고 재판을 혼란시켰다.

여덟째, 헌재(강일원 재판관)는 피소추인 측 증인에 대하여만 집중적으로 직권, 유도 신문을 하여 편파적으로 재판을 진행하였다.

아홉째, 헌재(이정미 재판장)가 대통령 직무 정지에 따른 '국정 혼란'이라는 정치적인 이유를 내세워 아무런 법적 근거도 없이 2017년 3월10일까지 탄핵 심판을 종결지어야 한다고 일방적으로 법정 스케줄을 정하고, 1주에 2

회 이상 재판을 강행했다.

피소추인 측의 중요한 변론 및 입증 신청을 무조건 '시기에 늦은' 변론, 증거 신청으로 기각하는 것은 재판관의 직무유기이고 중대한 변론권 제한이다.

4 | 필자의 최종 변론(2017년 2월27일)

탄핵 심판의 최후 변론 기일에 필자는 헌재 재판관들에게 국회의 위법한 탄핵 소추를 각하하여 정치 투쟁에 말려들지 말고, 법치주의를 지키라고 호소하였다.

▲ 피소추자가 위법임을 인식하고 고의로 헌법이나 법률을 위배하였다는 주관적 요소에 대하여, 소추 측은 아무런 주장이나 입증을 하지 못했다. "고의 없이 범죄 없다"는 형사법 원칙에 위반된다.

▲ 세월호 사건에 관한 헌법 위배 이외의 탄핵 사유들은 피소추자 개인의 행위에 대해 책임을 묻는 것이 아니라 최순실의 비리, 부정에 대해 피소추자에게 연대 책임을 묻고 있는 것이다. 이는 우리 헌법의 개인 책임 원리에 반하는 탄핵 소추이다.

▲ 피소추자와 최순실이 공범자라고 하면서 언제, 어디서, 무슨 조건으로, 무엇을 공모하였는지에 대하여 소추 측은 아무런 구체적 주장도 입증도 없다.

▲ 헌법 제65조의 규정상 대통령에 대한 탄핵 소추는 구체적인 탄핵 사유별로 국회 재적의원 3분의 2의 동의를 받아야 하는데, 어느 탄핵 사유도 3분의 2 동의를 받은 것이 없다.

▲ 헌법이나 법률에 위배된 피소추자의 행위가 구체적으로 무엇인지, 일시와 장소, 내용이 특정되어 있지 않다.

▲ 소추위는 국회의원 3분의 2의 동의를 받지 않고 2017년 2월1일 탄핵

소추 사유를 원래의 헌법 위배 5개, 법률 위배 8개에서 헌법 위배 4개로 변경하였다. 이는 대통령을 탄핵 소추하려면 재적의원 3분의 2의 동의를 얻어야 한다는 헌법 제65조 제2항에 위배된다.

헌법 제65조 제1항은 헌법 위배와 법률 위배를 별개의 탄핵 사유로 규정한다. 헌법 위배는 헌법 조항이나 원칙의 내용, 원리 그 자체를 부정하거나 공격할 때 성립되는 것이지, 법률 위배를 통하여 간접적으로 헌법 위배가 되는 것이 아니다. 피소추자는 어떠한 헌법 조항도 부정하거나 공격하지 않았다. 따라서 피소추자는 어떠한 헌법 위배도 없다.

5 | 대리인이 읽은 '박근혜 최종 변론서'

피소추자 박근혜 대통령은 한 번도 탄핵 심판의 변론 기일에 출석하지 않았다. 그 대신 2017년 2월27일의 최종 변론일에 대리인이 최종 변론서를 읽었다. 그 요지는 다음과 같다.

▲ 저는 단 한 번도 부정과 부패에 연루된 적이 없었고, 주변의 비리에도 엄정했습니다.

▲ 최순실은 과거 오랫동안 본인의 옷가지, 생필품 등 소소한 것들을 도와주었던 사람이었습니다. 저는 국민들이 들었을 때 이해하기 쉽고, 공감할 수 있는 표현에 대해 최순실의 의견을 때로 물어본 적이 있었고, 쉬운 표현에 대한 조언을 듣기도 하였습니다. 하지만 국가의 정책 사항이나 인사, 외교와 관련된 문건들을 전달해주고, 최순실이 국정에 개입하여 농단할 수 있도록 한 사실은 없습니다.

▲ 공직(公職)에 있는 동안 삼성그룹의 이재용 부회장은 물론, 어떤 기업인들로부터도 부정한 청탁을 받거나 들어준 바가 없고, 어떠한 불법적인 이익도 얻은 사실이 없습니다.

▲ 대통령으로서 중소기업의 애로 사항을 도와주려고 최순실이 제게 소개했던 회사(=케이디코퍼레이션) 자료를 관련 수석에게 전달하며 판로를 알아보아달라고 부탁하였지만, 이와 관련하여 최순실이 금품을 받은 사실은 전혀 모릅니다.

▲ 제 비서진들에게 세계일보 조한규 사장의 해임을 요구하도록 지시를 하거나, 이를 알면서도 묵인한 사실이 없습니다.

▲ 세월호 침몰 사고 당일, 관저의 집무실에서 국가안보실과 정무수석실로부터 사고 상황을 지속적으로 보고를 받았고, 국가안보실장과 해경청장에게 "생존자 구조에 최선을 다하고 인명 피해가 발생하지 않도록 하라"고 수회에 걸쳐 지시를 하였습니다. 당일 제가 관저에서 미용 시술을 받았다거나, 의료 처치를 받았다는 주장은 거짓입니다.

6 | 심판에 영향 끼친 법무부 의견서

쌍방의 준비 서면은 아니지만 이 사건 심판에 주요한 영향을 끼친 것이 법무부 의견서이다. 2016년 12월9일, 탄핵 소추안이 국회에서 의결된 당일 헌법재판소의 박한철 소장은 즉시 탄핵 심판의 주심 판사로 강일원 재판관을 지명하였다.

강일원 주심 판사는 3일 뒤인 12월12일, 직권으로 법무부에 의견 조회를 하였다. 법무부는 그 회신한 의견서 제5페이지에서 "국회는 국회 운영에 관하여 폭넓은 자율권을 가진다"는 요지의 헌법재판소 판결례(헌재 2004. 5.14. 2004헌나1)와 "탄핵 소추의 적법 여부에 관하여는 국회 운영의 자율성을 존중하는 입장에서 탄핵 소추 절차에 명백한 흠결이 있는지에 관한 명백성 심사를 위주로 하고 있다"는 요지의 한 헌법학자(=한수웅) 저서의 해당 페이지를 인용하고 있다.

결국 법무부는 법무부의 의견을 제시한 것이 아니라, 헌법재판소 판결례와 헌법학자의 의견을 소개한 것이다. 그런데 강일원 주심 재판관은 탄핵 심판의 준비 절차 및 변론 기일에서 "국회의 탄핵 소추 과정은 국회의 자율성에 속하므로 헌법 심사의 대상에서 제외된다"고 결정하면서, 그 근거로서 법무부 의견서를 제시하였다. 이해하기 힘들다.

쟁점 정리와
석명(釋明) 처분

1 | 준비 절차의 법적 의미

① 미국법이나 일본법에서 말하는 쟁점 정리(爭點整理), 준비 절차는 당사자 소송(민사소송)에서 공판 전에 양측이 향후 공판 절차에서 증거로 입증할 사항이 무엇이고, 그 사항을 어느 당사자가 어떻게 입증할 것인가를 당사자와 법원이 미리 합의하는 공판 준비 절차를 말한다.

한국법에서는 2008년 신(新)민사소송법에서 '변론 준비 절차'라는 이름으로 도입이 되었다. 민사소송법 제279조 제1항에 "변론 준비 절차에서는 변론이 효율적이고 집중적으로 실시될 수 있도록 당사자의 주장과 증거를 정리하여야 한다"는 규정이 있는데, 이 '주장과 증거 정리' 절차를 흔히 '쟁점 정리'라고 부른다. (정확하게 쟁점 정리 절차라는 용어는 없다.)

② 이 쟁점 정리 절차는 원래 형사 사건 심판 절차에서는 의미가 없다. 왜냐하면 형사 사건에서는 유죄의 입증 책임이 전적으로 국가(=검찰)에 있다.

그리고 형사 범죄의 요건사실은 죄형 법정주의의 원칙에 따라 법률 또는 판례로 정해져 있다.

따라서 범죄의 모든 구성 요건 사실을 검사가 주장하고 입증하여야 한다. 특히 입증의 정도가 '합리적 의심의 여지가 없는(beyond reasonable doubt)' 엄격한 증명이다. 더욱이 헌법의 인권 보장 규정으로 '무죄추정'의 원칙, '형사 피의자, 피고인에 대한 진술 강요 금지'의 원칙이 적용된다.

형사 사건에서는 모든 주장, 입증 책임이 국가(=검찰)에 있고, 국가가 합리적 의심의 여지가 없이 유죄의 입증을 못하면 피고인은 무죄이다. (피고인은 반증할 권리는 있어도 반증할 의무나 책임이 없다.) 그러므로 피고인이 국가와 대등하게 주장, 입증 책임이 있음을 전제로 하는 준비 절차 제도, '쟁점 정리' 절차는 형사 사건 심판에서는 적용될 여지가 없다.

형사 사건의 공판 전 절차(pre-trial)는 쟁점 정리가 아니라 피의자, 피고인의 구속이나 압수 등 수사 절차가 적법하게 진행되었는지, 헌법상 보장된 변호인 선임 절차가 적법하게 준수(遵守), 이행되었는지 여부를 법관이 심사하고 확인하는 인권 보호 절차이다.

2 | 탄핵 심판에 적용될 절차법

헌법재판소법 제40조 제1항은 헌법재판소의 심판 절차에 대하여 "헌법재판소의 심판 절차에 관하여는 이 법에 특별한 규정이 있는 경우를 제외하고는 헌법 재판의 성질에 반하지 아니하는 한도 내에서 민사소송에 관한 법령의 규정을 준용한다. 이 경우 탄핵 심판의 경우에는 형사소송에 관한 법령을, 권한 쟁의 심판 및 헌법소원 심판의 경우에는 행정소송법을 함께 준용한다"라고 규정하고 있다.

이어서 제2항은 "제1항 후단의 경우에 형사소송에 관한 법령 또는 행정소송법이 민사소송에 관한 법령과 저촉될 때에는 민사소송에 관한 법령은 준용하지 아니한다"라고 규정하고 있다.

위 헌법재판소법 규정에서 보듯이 헌법재판소법은 탄핵 심판 절차를 원칙적으로 형사 재판 절차로 보고 있다. 그렇다면 우선 형사법 위배(뇌물죄, 직권남용죄, 강요죄, 공무상비밀누설죄 위반)의 탄핵 사유에 관하여는 당연히 민사소송이 아니라 형사소송법이 적용되어 국가(=국회)에 입증 책임이 있고, 입증의 정도는 '합리적 의심의 여지가 없는 엄격한 증명(beyond reasonable doubt)' 이어야 한다.

요건 사실도 각 해당 형사 법률에 정해진 요건 사실로 특정되어야 한다. 준비 절차도 그런 의미에서 국회의 대통령에 대한 탄핵소추 절차(다른 말로 하면 대통령의 직무 정지 절차)가 절차상, 또는 사유상 적법한지를 심사하는 절차로 진행되어야 법리에 맞다.

나머지 헌법 위반의 탄핵 사유(예컨대 언론의 자유, 세월호 사건의 생명권 존중 위반) 등에 대하여도 마찬가지이다. 직접 형사법 위반의 범죄 사실은 아니지만 소추 측이 국가(=국회)이고, 피소추 측이 개인 박근혜 (대통령이라는 국가 기관이었지만 소추와 동시에 직무가 정지되어 국가 기관 자격이 아니라 개인 자격에서 피소추인이 되었다) 개인이며, 사건 내용도 파면이라는 중징계 절차임에 비추어 논리상 형사소송법이 준용(準用)되는 것은 당연하다.

3 | 헌법재판소의 직권 재판주의

그런데 헌법재판소는 무슨 이유인지 박근혜 대통령 탄핵 심판 사건의 재판 시작에서부터 형사소송법을 적용하지 아니하고 민사소송법을 적용하였다. 그리고 직권 재판주의를 선언하였다. 강일원 주심 재판관은 2016년 12

월22일 열린 제1차 준비 절차 기일 첫 발언에서 다음과 같이 선언하였다. (헌법재판소 준비절차조서 속기록 참조)

"탄핵 심판 절차도 기본적으로는 소송법의 대원칙에 따라서 당사자주의와 변론주의를 기반으로 한다. 그러나 헌법 재판의 특성상 직권주의가 강화될 수밖에 없다."

요약하면 형사소송법이 아니라 민사소송법을 적용하되, 순수한 변론주의가 아니라 법원이 직권으로 조사하는 직권주의를 재량껏 행사하겠다는 완전히 전근대적 재판 방침을 선언하였다. 피청구인 측, 즉 박근혜 대통령 측은 이에 대하여 준비서면(2016. 12.26.자 준비 서면 4페이지; 2016. 12.29.자 준비 서면 2페이지 등 각 참조)을 통하여 "헌법재판소법 제40조의 명문 규정과 탄핵 사유의 법적 성격, 탄핵 제도의 본질 등에 비추어 형사소송법이 적용되어야 한다"고 수차례 이의하였지만, 헌법재판소는 자신들의 방침을 바꾸지 않았다.

4 │ 헌법 재판의 특수성 내세워

헌법재판소는 준비 절차에서 민사소송법 제279조의 '사실 및 증거 정리'라는 이름 아래 다음과 같이 청구인(=국회) 측에는 탄핵소추 사유의 변경을 지시하고, 피청구인 측에는 수많은 사실 답변과 입증을 요구하였다. 헌법 재판의 특수성을 내세워 완전한 직권 재판을 강행하였다. (표면적으로는 피청구인 측 변호사의 마지못한 동의를 받았다. 그러나 처음부터 법적으로 해서는 안 될 직권 재판을 하면서, 겉으로만 형식적인 동의를 받았다.)

심각한 문제는 모든 직권 행사가 소추인 측, 즉 국회(국가)에 유리하고, 피소추인 측 즉, 시민 박근혜(대통령의 직무가 정지되어 호칭만 대통령이지 실제는 개인 박근혜이다)에게는 사실상 무죄의 반증을 요구하는 일방적이고 편파적인 석명 처분(釋明處分), 쉽게 말하면 직권 조사, 직권 수사라는 점에 있다.

이하에서 변론 조서상에 쟁점 정리 또는 석명권(釋明權) 행사라는 이름 아래 헌법재판소 재판관들이 행한 직권 조사 처분을 본다.

① 제1회 준비 기일의 직권 재판; 2016년 12월22일

(ㄱ) 강일원 재판관: 탄핵 소추 사유 변경 지시

2016년 12월22일 열린 제1회 준비 재판 날에 주심 판사인 강일원 재판관은 제1성(聲)으로 국회의 탄핵 소추 사유를 아래의 네 가지 유형으로 정리할 것을 지시하였다.

• 비선(非線) 조직에 따른 인치주의(人治主義)로 국민 주권주의와 법치국가의 원칙 위배

• 대통령으로서의 권한 남용(뇌물수수 등 각종 형사법 위반)

• 언론의 자유 침해

• 생명권 보호 의무 위반

(ㄴ) 강일원 재판관 추가 석명 처분:

• 피청구인에게 소추 사유에 대한 부인의 범위를 특정시키라고 지시

• 피청구인이 최순실에게 받은 도움의 구체적 내용을 답변하라고 지시

• 소추 의결서에 적시된 피청구인의 지시 행위에 대한 사실별 인정 여부를 구체적으로 답변하라고 지시

[주(註): 피소추인은 형사소송법상의 피고인에 해당하므로 주장, 입증 책임이 없다. 그런데 헌재는 소추 사실에 대하여 피소추인 측에 구체적인 답변을 요구하고 있다. 이는 헌법재판소가 재판 시작 전에 이미 유죄의 심증을 굳히고, 피소추인인 박근혜 대통령 측에 무죄의 반증을 하라고 요구하고 있음을 보여준다.]

(ㄷ) 이진성 재판관의 세월호 석명 처분

• 탄핵 사유 중 세월호 사건을 담당한 이진성 재판관은 피청구인 측에 세월호 참사 당시 7시간의 피청구인의 행적에 대해 구체적으로 어떤 업무를 보았는지, 업무 중 공적인 부분과 사적인 부분을 시각별로 밝히고, 어떤 보고를 받고 그에 대한 대응 지시가 어떤 것들이 있었는지 등을 남김없이 밝히고 자료가 있으면 제출할 것을 지시

[주(註): 이진성 재판관은 재판 시작 전에 이미 세월호 사고가 박근혜 대통령의 잘못으로 일어났으며 법적으로 책임을 져야 한다는 유죄의 심증을 가지고 피소추인 측에 무죄의 항변을 요구하고 있다.]

② 제2회 준비 기일의 직권 재판; 2016년 12월27일

(ㄱ) 강일원 재판관: 피청구인의 국회 소추 절차에 대한 적법 절차 항변을 기각

이 점에 대해 헌법재판소의 변론 조서는 다음과 같이 기재하고 있다

[1차 기일에서 피청구인 측이 객관적 증거 부족 및 국회 의결의 절차적 하자를 들어 본안 전 항변을 하였으나, 법무부가 법률상 적법 요건을 충족하였다는 의견서를 제출한 점, 유일한 선례인 2004헌나1사건(=노무현 대통령 심판 사건)에서 재판부가 법사위 조사 절차는 임의 조항으로 각하 사유가 되지 않는다는 판단을 한 점, 이 사건의 쟁점이 사실 인정 부분이므로 본안에 집중할 필요 등을 고려하여 본안 전 항변, 각하 주장을 철회하고 본안에 대한 사실 인정을 중심으로 진행하는 것에 대한 의견을 문의하여 소추위원 및 피청구인 측 모두 동의.]

형식상으로는 피청구인 측이 자발적으로 본안 전 항변을 철회한 것으로 조서에 기재되어 있다. 그러나 국가(=국회)의 소추 절차가 헌법상 적법하였느냐 아니냐는 재판 사항이다. 따라서 헌법재판소가 심판하여야지 같은 국

관인 법무부가 유권 해석할 사항이 아니다. 헌법 심판의 전제 조건이므로 헌법재판소의 심판관 전원이 평결 절차를 거쳐 최종 판결로 결정할 사항이다.

그런데 헌법재판소는 강일원 주심 재판관이 '쟁점 정리'라는 이름 아래 재판도 시작하기 전에 피청구인의 소추 절차에 관한 본안 전 항변을 기각하였다. (형식은 피청구인 대리인의 자진 철회이지만, 강일원 재판관의 철회 지시에 응한 것이다. 따라서 실질은 기각 결정이다. 강일원 재판관의 강압적인 재판 방식이 그대로 나타나고 있다.)

2017년 3월10일 최종 결정문에서 재차 국회 소추 절차의 위법성 문제에 대해 기각 의견이 나와 있다. 그러나 앞에서 보듯이 이미 헌법재판소는 준비 절차 기일에서 기각하였다. 2017년 2월22일 제16차 변론 기일에서 필자를 비롯한 변호인들이 적법 절차 위배의 주장을 위해 10여 명의 증인을 신청하였으나, 헌법재판소는 준비 절차에서 이미 항변을 철회하였다는 이유로 증인 신청을 모두 기각하였다.

결국 이 사건 탄핵 심판 청구에서 피청구인 측에 가장 주요한 항변인 국회 소추 절차의 위법 주장에 대해 헌법재판소는 피청구인 측에 아무런 주장과 입증의 기회도 주지 않고, 제2회 준비 절차에서 '쟁점 정리'라는 이름 아래 자진 철회시켜 끝내버리는 강압적인 재판을 진행하였다.

③ 제3회 준비 기일의 직권 재판; 2016년 12월30일

(ㄱ) 강일원 주심 재판관: 검찰 수사 자료를 직권으로 증거 조사하여 적법 증거로 채택

2016년 12월9일 소추 당시 국회가 첨부한 탄핵 소추 자료는 신문기사 15개와 최순실, 안종범, 정호성 등에 대한 검찰 공소장, 박근혜 대통령 국정연설과 담화문 등 21개의 자료가 전부였다. 법적으로 보면 탄핵 사유인 뇌물죄, 직권남용, 강요죄 같은 구체적 범죄사실의 유죄 증거가 될 수 있는 증거

가 하나도 없다. 모두 전문(傳聞) 증거이다. 따라서 만일 이 자료만 가지고 심판을 한다면 탄핵 소추는 쉽게 증거 부족으로 기각이 되어야 한다.

그런데 헌법재판소는 국회로부터 탄핵 소추장을 받은 후 2016년 12월22일 제1회 준비 기일을 열기 전에 직권으로 서울중앙지검 특별수사본부와 박영수 특별검사에게 수사 기록 등본을 보내달라고 송부 촉탁하였다. (헌법재판소 2017. 1.5.자 변론 조서 참조)

헌법재판소가 소추인 측의 입장에서 소추인 측을 위하여 미리 직권 조사, 직권 수사를 한 것이다. 제목상으로 2000여 개를 넘는 방대한 분량이다.

(ㄴ) 헌법재판소: 준비절차 10일, 3회 기일 만에 직권 종결

위의 방대한 수사 자료에 덧붙여 국회는 국회 청문회 자료, 국회 조사위의 조사 자료들을 추가하였다. 총 증거 자료가 제목으로만 4000여 개이고, 페이지로는 4만여 페이지의 방대한 분량이다.

피청구인 측에서 이러한 방대한 유죄 증거에 대하여 요증(要證) 사실과의 연관성(relevancy) 및 증거 능력에 대하여 이의 신청을 하려면, 일단 자료들을 보고 의견을 말할 시간적 여유를 주어야 공정한 재판이 될 수 있다.

그런데 헌법재판소는 대통령의 직무가 정지되어 있어 국정 수행에 공백이 있으므로 재판을 빨리 진행하여야 한다는 정치적인 이유를 내세워, 피청구인 측의 증거 의견도 듣지 않고 국회의 증거 신청을 채택하였다. 더욱이 청구인과 피청구인 측이 신청한 사실 조회 신청 등의 증거 자료들이 도착하기도 전에 단 3회의 준비 기일, 시간적으로는 단 10일 만에 일방적으로 준비 절차를 종결하였다.

(ㄷ) 헌법재판소: 일주일에 2~3회 변론 기일 강행 방침 공표

동시에 헌법재판소는 변론 절차에 대하여 2017년 1월3일 제1회 변론 기일, 1월5일 제2회 변론 기일을 지정하였다. 1주일에 2~3회의 초고속 재판 스케줄 방침을 공표하였다. 피청구인 측에 충분히 반론의 기회를 주어 공정한 재판을 하겠다는 생각보다는, 재판을 빨리 끝내 국정의 공백을 최단기로 줄인다는 지극히 정치적인 목표를 자랑스럽게 노골적으로 공표하였다.

헌법재판소 재판관들이 국정의 공백을 최단기(最短期)에 종결시킨다는 애국심을 표면에 내세워 재판을 졸속으로 하면 안 된다고 피청구인 측 변호사들이 조심스럽게 의견을 냈으나, 헌법재판소는 끝까지 이 방침을 고수하여 결국 두 달이 안 되는 2월27일 심리를 종결하고, 3월10일 박 대통령을 8대 0으로 파면 결정하였다.

5 | 사법관답지 않은 권력 영합

헌법재판관도 재판관, 사법관이다. 사법관으로서 정치에 초연하여, 국회나 박근혜 대통령의 어느 한쪽 편에 서지 않고 오직 진실과 정의의 편에서 무엇이 진실이고 정의인가를 공정하게 가려야 한다.

다만 공정하다는 의미는 강자와 약자를 기계적으로 똑같이 취급하는 것이 아니다. 반대로, 정치 권력이나 사회적 강자로부터 약자를 보호하는 것이 사법관의 정의이다.

이것은 탄핵 심판에서 박근혜 대통령은 여론과 검찰, 국회로부터 죄인으로 지목되어 임기 5년 중 1년을 남기고 국회의 탄핵소추를 받았다. 대통령의 직무가 정지되어 하루아침에 아무 권력이 없는 힘없는 개인으로 전락하였다.

더욱이 평생 독신 여성으로서 정치적으로 누구도 도와주는 사람이 없다. 반면에 소추 측은 대한민국에서 가장 정치 권력이 강한 국회이다. 검찰, 언론을 지배하고 있는 무소불위(無所不爲)의 권력이다.

탄핵 사유도 말이 헌법 위반이지 실제는 뇌물, 직권남용, 강요 같은 파렴치한 형사 범죄이다. 따라서 박근혜 탄핵사건 심판은 말이 탄핵 재판이지 실제는 형사 재판이다. 탄핵이 인정되면 다음은 형사 처벌일 것이 자명하다.

이렇게 보면 헌법재판소는 탄핵 심판 절차에서 헌법재판소법 제40조의 규정에 충실하게 따라, 형사소송법을 철저히 적용하여 소추 측인 국회 측에 모든 입증 책임을 지우고 엄격한 증명을 요구하였어야 하지 않았을까?

헌법재판소가 정반대로 형사소송법이 아니라 민사소송법을 적용하여 피탄핵자에게 탄핵자와 대등한 주장, 입증 책임을 요구하고 오히려 헌법재판이라는 구실 하에 직권주의를 내세워 소추 측, 즉 국회 측에 유리하도록 모든 재판 절차를 진행한 것은 권력에 영합하는 정치적 재판을 하였다는 비난을 면하기 어렵지 않을까?

필자 역시 법조인 경력을 재판관으로 시작한 원로 변호사로서, 헌법재판소 재판관들의 사법관답지 않은 권력 영합에 매우 서글픔과 아쉬움을 가진다.

⑩ 증인과 증언 내용

1 | 증인 신문 절차

헌법재판소는 2017년 1월3일부터 2월27일까지 8주 동안에 총 17회의 공판을 가졌다. 위 17회 공판 중 25명의 증인을 조사하였다. 그 이름은 아래와 같다.

[윤전추, 유희인, 조현일, 조한규, 최순실, 안종범, 유진룡, 김상률, 정호성, 김종, 차은택, 이승철, 이영선, 김규현, 유민봉, 모철민, 정현식, 김종덕, 조성민, 문형표, 박헌영, 노승일, 이기우, 정동춘, 방기선]

불출석하여 증인 채택이 취소된 증인이 11명이다. 그 이름은 아래와 같다.

[고영태, 이재만, 안봉근, 류상영, 김홍탁, 김형수, 이성한, 김수현, 김영수, 최상목, 김기춘]

위 증인 가운데 고영태, 류상영, 김기춘, 이재만, 안봉근은 2회 이상 출석 통지 받고도 불출석하였다. 헌법재판소는 이들에 대해 고발 등의 제재나 강제 구인 조치를 취하지 않았다.

〈주요 증인의 증언 요지〉

이름 (신청인)	증언일	신청취지	증언요지
윤전추 (청구인)	2017. 1. 5.	세월호 관련 탄핵 소추 사유를 입증하기 위함	대통령은 세월호 관련하여 정상적으로 업무 수행
이영선 (청구인)	2017. 1. 12.	세월호 관련 탄핵 소추 사유를 입증하기 위함	대통령은 세월호 관련하여 정상적으로 업무 수행
안종범 (청구인)	2017. 1. 16.	대통령 권한 남용, 뇌물 수수 등 탄핵 소추 사유를 입증하기 위함	재단은 대통령이 사유화할 수 있는 성질의 것이 아님 재단 모금과 관련하여 외압을 행사하거나 세무조사를 한 사실은 전혀 없음 롯데그룹의 케이스포츠재단 70억 지원에 관여한 사실이 전혀 없음 케이디코퍼레이션 관련하여 현대차에 부당한 영향력을 행사한 사실 없음. 중소기업 지원 차원의 협조 요청은 있었음
최서원 (청구인)	2017. 1. 16.	비선 조직에 의한 국정 농단, 대통령의 권한 남용 등 탄핵 소추 사유를 입증하기 위함	미르재단, 케이스포츠재단에 관여한 사실 없음 국정 운영에 관여한 사실 전혀 없음 노태강 국장은 전혀 알지 못함
김상률 (피청구인)	2017. 1. 19.	언론의 자유 침해 관련 탄핵 소추 사유가 없음을 입증하기 위함	재단설립 과정에서 최서원이 개입한 사실을 알지 못함 수석회의에서 세계일보 관련 논의를 한 사실은 기억나지 않음. 세계일보에 대하여 따로 외압을 행사한 사실 없음
정호성 (청구인)	2017. 1. 19.	비선 조직에 의한 국정 농단, 문건 유출 등 탄핵 소추 사유를 입증하기 위함	대통령은 일부 문건의 표현에 대해 최서원의 의견을 들어보라고 한 사실은 있으나 문서를 전달하라고 한 사실은 없음. 본인이 임의로 최서원에게 문건을 유출한 것임 GKL이나 더블루케이에 대하여는 이야기를 들은 사실이 전혀 없음 대통령은 세월호 사고 당시 오전부터 정상적으로 보고를 받고 관련 지시를 하심
김 종 (청구인)	2017. 1. 23.	대통령의 권한 남용 등 탄핵 소추 사유를 입증하기 위함	영재센터에 국고 보조금을 합법적으로 지원함 삼성의 영재센터 후원 사실은 나중에 알았음 대통령으로부터 정유라 이야기를 직접 들었음

이승철 (피청구인)	2017. 1. 23.	재단 설립 관련 탄핵 소 추 사유가 없다는 점을 입증하기 위함	재단 설립 한두 달 전까지 대통령과 대기 업 총수들 간의 의견교환 내용이 확인되지 아니함 이번 재단과 같은 운영, 지원의 경우는 이 례적임
유진룡 (청구인)	2017. 1. 25.	문체부 인사 관련 탄핵 소추 사유를 입증하기 위함	대통령이 노태강, 진재수를 거론하여 나쁜 사람이라고 함. 이후 인사 조치됨 승마협회 감사는 정윤회 때문인 것으로 추 측
김규현 (피청구인)	2017. 2. 1.	세월호 등 관련 탄핵 소 추 사유가 없음을 입증 하기 위함	
모철민 (청구인)	2017. 2. 1.	문체부 인사 개입 등 관 련 탄핵 소추 사유를 입 증하기 위함	노태강, 진재수에 대한 공직 감찰과 승마 대회 비리가 관련되어 있는지는 알지 못함 대통령이 노태강, 진재수의 이름을 거명한 사실은 있음
김종덕 (피청구인)	2017. 2. 7.	최서원 인사 개입 등 탄 핵 소추 사유를 입증하 기 위함	문체부장관 임명과 관련하여 차은택이 추 천한 사실은 나중에 알았음. 최서원 관여 여부는 알지 못함 영재센터 보조금 지급 사실은 알지 못함 노태강, 진재수, 유진룡 인사 관련 사항은 증언 거부함
문형표 (청구인)	2017. 2. 9.	삼성 합병 관련 탄핵 소 추 사유를 입증하기 위 함	국민연금공단 투자위원회에서 삼성 합병 관련 결정한 점에는 어떠한 절차적 하자도 없음 삼성 합병 관련 개입이나 외압 행사 사실 없음
정동춘 (피청구인)	2017. 2. 16.	케이스포츠재단의 설립 및 운영이 대통령 및 최 서원에 의해 비정상적으 로 이루어졌다는 점을 탄핵하기 위함	
방기선 (피청구인)	2017. 2. 20.	재단 설립 등 관련 탄핵 소추 사유를 입증하기 위함	말씀 자료에 재단 관련 내용이 포함된 것 은 출연에 대한 감사의 차원에 불과 재단 설립 관련 검토는 2015년 초부터 청 와대 내부적으로 이루어지고 있었음
안종범 (청구인)	2017. 2. 22.	재단 설립 등 관련 탄핵 소추 사유를 입증하기 위함	재단법인 설립은 비서진에서 검토하여 대 통령에게 제안한 사안임 케이스포츠재단에 대한 롯데 70억 이야기 를 듣고 대통령에게 중단 건의를 드림. 이 후 중단 결정하셔서 중단됨

2 | 무시된 법정 증언

앞의 증언 요지에서 보듯이 법정에 나온 증인들의 증언은 대부분 신청인 측(=국회)의 주장이 아니라 피신청인 측(=박 대통령)의 항변에 일치하는 증언들이다. 따라서 이 법정 증언들만 가지고는 결코 박 대통령에 대한 유죄 평결이 나올 수 없다. 그런데 헌법재판소의 파면 결정문을 보면 증거로 인용된 것은 검찰 공소장과 수사 기록뿐이다. 법정 증언은 없다.

헌법재판소의 8명 법관들은 이 법정 증언들을 모두 무시하고 유죄 평결을 내렸다. 이는 공개 법정에서 반대 신문을 거쳐 밝혀진 증언만이 유죄의 증거가 될 자격이 있다는 근대 형법의 전문(傳聞) 증거 배제의 원리에 위배되는 재판이다.

▲ 서증으로 대체된 증언

전문 증거 배제의 원칙상, 검찰이나 경찰이 사전에 수집, 작성한 진술서 등 수사 서류는 그 자체가 유죄의 증거는 아니다. 법정에서의 증인 조사를 위한 준비 자료에 불과하다.

그런데 박근혜 대통령 탄핵 사건의 경우엔 앞에서 보았듯이, 헌법재판소가 서울중앙지검 특별수사본부와 박영수 특검의 수사 자료를 모두 유죄의 증거로 채택하였다. 거기다가 신문기사, 공소장, 국회 청문회 자료, 국회 조사 자료 등도 모두 증거 자료로 채택하여 채택한 서증이 4000여 개나 되었다.

그중 박근혜 대통령이나 그 대리인에게 반대 신문할 기회를 주고 작성된 자료는 하나도 없다. 모두가 박근혜 대통령이나 그 대리인이 모르는 사이에 일방적으로 작성된 진술서 등 자료이다. 따라서 피소추인인 박근혜 직무정지자 입장에서는 모두가 전문 증거(傳聞證據)이고 부적법한 증거이다.

그런데도 헌법재판소는 이 대부분을 모두 적법한 증거로 채택하였다. 일부 서증을 채택하지 않는다고 구두로 선언하였으나, 증거 목록에서 배제하지 않아 실질적인 배제의 효과가 없다.

한국은 미국처럼 적법한 증거 여부를 가리는 증거 절차 법관과, 채택된 적법한 증거만 공판정에서 보고 유·무죄를 결정하는 배심원이 구분되어 있지 않다. 재판하는 헌법재판관들이 재판 전에 그 서증을 이미 읽어 보았다면, 사후에 그 증거를 배제한다고 결정하더라도 아무런 실질적 효과가 없다.

그 결과로 피소추인 박근혜 대통령이 구체적으로 무슨 증거에 의하여 유죄로 인정되었는지 알 수가 없다.

▲ 새로운 증인 신청은 대부분 기각

소추인(=국회) 측은 탄핵 심판이 시작되기 이전에 이미 서울지검 특별수사본부의 검찰 수사 자료가 확보되어 있었고, 그 후 박영수 특검의 수사 자료도 수시로 제출받았다.

반면에 피소추인인 대통령 직무정지자 박근혜 측은 탄핵 소추와 동시에 직무가 정지되어 사실상 청와대에 유폐가 되었으므로 유리한 서증을 작성, 제출할 능력이나 수단이 없었다.

부득이 반론은 탄핵 심판 법정에서 증인 신청으로 할 수밖에 없었다. 또한 검찰에서 조사했다 하더라도 박근혜 대통령이 아닌 타인(소위 공범자)을 검찰이 수사한 것이므로, 이해관계가 상반된 박근혜 직무정지자 측에서 반대 신문하거나 대리인을 참여시킬 기회는 전혀 없었다.

따라서 피소추인 측으로서는 검찰 진술자들을 헌법재판소 법정에 증인으로 소환하여 증거 탄핵을 위한 반대 신문이 꼭 필요했다. 그러나 헌법재판소는 재판을 신속히 끝내야 한다는 이유로 검찰에서 조사한 증인에 대한 반대신문을 사실상 허용하지 않았다.

▲ 뇌물죄의 증뢰자 증언 신청도 기각

국회의 탄핵 소추에서 핵심이 되는 탄핵 사유는 이재용, 신동빈, 최태원 등 대기업 오너들로부터 수백억 원의 뇌물을 받았다는 뇌물 혐의이다. 따라서 피소추인 입장에서는 이들 뇌물 제공자들을 법정에 불러 과연 뇌물을 주었는지 확인하는 것이 가장 중요한 방어 방법이다.

그런데 헌법재판소는 이들에 대한 박 대통령 측의 증인 신청을 기각하였다. "소추인 측이 뇌물죄를 형법 위반 사유가 아니라 헌법 위반 사유로 변경하였기 때문에 관련이 없다"는 것이 증인 신청을 기각한 이유였다. (2017. 2.7. 제11회 변론조서 18페이지 참조)

국회가 박 대통령을 탄핵한 가장 중요한 사유가 뇌물인데, 그 증거를 조사하지 않겠다니 정말 이해하기 어려운 재판이다.

3 | 수사 자료의 신빙성을 탄핵할 기회 주지 않아

서울중앙지검 특수부 및 박영수 특검 조사의 직접 단초가 된 것은 최순실 소유로 조작된 태블릿 PC와, 고영태 일당이 최순실의 의상실 안에 불법으로 설치한 동영상 테이프 및 안종범 경제수석 비서관이 검찰조사 후에 작성한 메모(수첩) 등이다. 이 기록들을 단초로 하여 검찰이 관련자들을 조사하여 진술을 받고, 그 진술을 근거로 하여 최순실과 피소추인을 뇌물죄, 강요죄, 직권남용죄로 기소하거나(최순실, 안종범), 탄핵 소추(박근혜 직무정지자)한 것이다.

따라서 태블릿 PC가 조작된 여부와 조작 경위, 동영상 촬영의 동기와 촬영 경위, 안종범 수첩의 사후 작성 이유와 경위 등은 검찰 수사 자료 중 관련 자료들에 대한 합법성, 신빙성을 결정하는 주요한 판단 자료이다.

그런 입증 취지에서 피소추인 측은 태블릿 PC에 대한 감정 신청, 감정서 검증, 증인 신문과 김현수의 녹음 파일 검증, 사후 작성된 안종범 수첩의 실물 검증 및 고영태, 류상영, 이진동 기자 등 검찰 제보자들에 대한 증인신문을 신청한 것이다.

이들 증거 신청은 검찰 수사 자료의 진실성, 신빙성을 탄핵하는 증거이므로 법원이 결코 기각을 할 수 없는 증거 신청이다. 그럼에도 불구하고 헌법재판소는 검찰 수사의 단초는 조사할 필요가 없다는, 상식을 벗어난 이유로 피소추인 측의 증거 신청을 모두 기각하였다.

고영태 등의 증인 신청은 이들이 출석하지 않는다는 형식적 이유로 증인 채택을 취소하였다. 아무런 제재나 강제 조치도 취하지 않았다.

헌재는 문제의 증거들은 증거로 채택하지 않으므로 피소추인 측의 반증이 불필요하다는 논리이다. 그러나 불법한 동기에서, 불법한 조작 자료들로부터 파생된 수사 자료들은 불법한 과실(tainted fruit)의 법리에 따라 증거 능력이 제한된다.

더 나아가 검찰 수사 자료 전체, 아니, 이건 국회 탄핵 소추 그 자체의 합법성, 객관성, 공정성에 대한 탄핵 자료이다. 즉 피소추인 측의 항변을 입증하는 증거 신청이다. 단순히 조작된 자료들을 유죄의 증거에서 배제한다고 하여 증거 조사할 필요가 없어지는 것이 아니다.

그런데 헌법재판소는 설사 조작된 불법 증거라도 소추인 측의 유죄의 증거에서 배제하였으니까 피소추인 측이 반증할 필요가 없다는 논리를 전개한다. 근본적으로 헌법재판소는 피소추인 측은 소추인 측의 유죄 증거에 대하여 방어만 하여야지, 독립적인 항변과 입증을 하면 안 된다는 전근대적인 재판 관념과 사고방식을 가지고 이 재판에 임하였다.

4 | 필자가 낸 증인 신청도 모두 기각

2017년 2월22일의 제16회 변론 기일에서 필자는 국회 탄핵 소추의 위법성, 헌재 탄핵 심판 과정의 부당성, 탄핵 제도의 법적 성질 등 이 사건의 본질과 관련된 주요한 헌법적 쟁점을 입증 취지로 내세워 많은 증인을 신청했다. 그러나 헌재는 "시간이 없다. 필요성이 없다"는 이유로 모두 기각하였다. 참고로 필자가 신청한 증인과 입증 취지는 아래와 같다.

● 헌법 재판, 탄핵 재판의 성격: 헌법학자 허영, 최대권, 조병륜을 전문가 증인으로 신청

● 세월호 문제를 탄핵 소추안에 포함시킬 것인지 여부: 국회의원 나경원, 황영철, 유승민을 증인으로 신청

● 일괄 표결의 위헌성: 전문가 증인을 신청

● 탄핵 소추안이 국회에 제출된 시점으로부터 탄핵 소추 의결을 할 때까지 탄핵 소추(의)안을 국회의원들이 제대로 읽어본 것이 맞는지 여부를 확인하기 위해 국회의장 정세균을 증인으로 신청

● 탄핵 소추안을 인사의 문제로 볼 수 있는지 여부를 확인하기 위해 헌법 교수 출신 국회의원 정종섭을 증인으로 신청

● 탄핵 소추안에 대한 공청회가 열렸는지 여부: 국회 운영위원회 수석 전문위원 및 국회 의사국장을 증인으로 신청

● 위에서 언급한 적법 절차를 원내 대표단이 시도한 사실이 있는지 여부 및 여야 원내 대표단의 합의 과정에 운영위원회 수석 전문위원이나 국회 의사국장 등의 자문을 받은 사실이 있는지 여부를 확인하기 위해 국회의원 정진석, 김도읍, 우상호, 박완주, 박지원, 김관영을 증인으로 신청

● 탄핵 의결 과정의 적법 절차 위반의 위헌성을 입증하기 위하여 2016년 9월18일부터 12월21일까지의 국회 속기록에 대한 사실 조회나 문서 송부 촉

탁 신청

- 증인 신문 조서를 따로 작성하지 아니하고 영상 녹화로 대체함으로써 피청구인 대리인들의 방어권 행사에 심대한 지장을 초래하게 한 중대한 절차 위반의 하자임을 지적하기 위한 전문가 증인을 신청

- 재판관이 세월호 사건이 발생한 날의 7시간 동안의 피소추인의 행적에 대하여 10분 단위 간격으로 상세히 한 일을 밝히라는 요구는 불가능한 사항을 요구하는 것을 입증하기 위하여 심리학자를 전문가 증인으로 신청

- 준비 절차나 증인 신문 과정에서 헌법재판관의 공정성이 의심되어 재판관 별 편파 진행에 관한 녹취록 작성 중이니 제출하여 입증할 기회를 주시기 바람

- 재판부 구성의 위헌성: 대통령 탄핵 심판의 중대성을 고려할 때, 또 재판부 9인의 권력 분립적 성격 등을 고려할 때 9인의 완전한 재판부 구성이 이루어지지 않은 상태에서의 결정은 위헌이라고 할 것임. 이러한 점을 입증하기 위해 전문가 증인을 신청

- 탄핵 심판이 국익에 미치는 영향: 이 탄핵 심판이 경제적, 안보적 측면에서 국가의 운명에 미치는 영향을 입증하기 위해 각 분야의 전문가 증언이 필요함. 관련 전문가 증인을 신청

- 역대 대통령들도 대기업이나 경제단체를 통하여 금원을 증여받아 공익재단을 설립한 적이 있는 바, 이는 위법성을 인정하기 어려운 관례라는 점을 입증하기 위하여 당해 경제단체에 장기간 근무한 적이 있는 자를 증인으로 신청

- 만일 헌법 또는 법률 위배 사실이 인정되는 경우, 탄핵을 정당화할 수 있을 정도의 중대한 법 위반이 무엇인지에 대하여 입증하기 위해 헌법학자를 전문가 증인으로 신청

- 대통령이 탄핵 소추된 이후 대통령을 진료한 의사의 인권 탄압에 대해

서 입증하기 위해 김영재 등을 증인으로 신청하고자 함

● 대통령의 정당한 업무를 보좌한 측근에 대한 인권 탄압을 입증하기 위
해 김기춘, 조윤선을 증인으로 신청

5 | 선입견 갖고 시작한 재판

헌법재판소의 증인 신청 및 증인 신문 과정을 정밀하게 보면 , 헌법재판
소 재판관들은 재판 시작 이전부터 피소추인(=박근혜 직무정지자)의 잘못
으로 국정에 큰 혼란이 생겼다는 선입견을 가지고 재판에 임하였다. 피소추
인 측이 공정한 재판을 받을 권리가 있다는 점을 잊고 있었다. 피소추인은
방어만 하여야지 적극적으로 항변을 하면 안 된다는 생각이었다.

어쨌든 하루 빨리 재판을 끝내야 한다는 압력(강박관념)에 사로잡혀 피
소추인 측의 정당한 증인 신청권(헌법상의 기본권이다)을 완전히 무시하고,
일주일에 2회씩 주로 검찰에서 이미 조사한 증인들의 형식적인 증언만 듣고
졸속으로 재판을 끝냈다.

11

서증(書證)과
증명 내용

1 | 헌법재판소의 직권 조사

이 건(件) 탄핵 심판은 국회가 대통령을 소추함으로써 심판이 이루어졌다. 따라서 논리적으로는 국회가 자신들이 조사, 수집한 탄핵 사유의 증거 자료들을 제출하여 그 자료와 증인을 가지고 박근혜 대통령의 유죄를 '합리적 의심의 여지가 없도록(beyond reasonable doubt)' 입증하여야 법리에 맞다.

2016년 12월9일 소추 당시 국회가 첨부한 탄핵소추 자료는 신문기사 15개와 최순실, 안종범, 정호성 등에 대한 검찰 공소장, 박근혜 대통령 국정연설과 담화문 등 21개의 자료가 전부였다.

탄핵 사유인 뇌물죄, 직권남용, 강요죄 소추의 증거가 아니다. 법적으로 보면 하나도 증거능력이 없다. 모두 입증 사실과 연관이 없거나 전문 증거이다. 따라서 만일 이 자료만 가지고 심판을 했다면 탄핵 소추는 쉽게 증거 부족으로 기각이 되었을 것이다.

그런데 헌법재판소는 국회로부터 탄핵 소추장을 받은 후 2016년 12월22일 제1회 준비기일을 열기 전에, 직권으로 서울중앙지검 특별수사본부와 박영수 특별검사에게 수사 기록 등본을 보내달라고 송부 촉탁하였다(헌법재판소 2017. 1.5.자 변론 조서 참조).

헌법재판소가 소추인 측의 입장에서 소추인 측을 위하여 미리 직권 조사, 직권 수사를 한 것이다.

2 │ 청구인 측 서증

▲ 서증의 분량

청구인 측인 국회(국회를 대표하여 권성동 법사위원장이 법정에 출석하였다)가 제출한 서증을 갑호증(甲號證)이라고 하고, 피청구인 측이 제출한 증거는 을호증(乙號證)이라고 한다. 갑제1호증부터 갑제174호증까지 있다.

이 중에는 헌법재판소가 미리 직권으로 조사한 증거도 포함되어있다. 그러나 한 개의 호증 번호 안에 여러 개의 서증이 들어갈 수 있다.(실제로 갑제51호증은 그 안에 1000여 개의 서증이 들어있다)

따라서 실제의 서증 숫자는 174개가 아니라 4000여 개이다. 페이지로는 4만여 페이지에 달한다. 당초 국회가 2016년 12월9일 박근혜 대통령을 헌법재판소에 탄핵 소추할 당시에는 첨부된 증거 자료가 21개밖에 없었다(자료1. 탄핵 소추장 참조).

그런데 헌법재판소에 소추장을 제출한 이후 4000여 개의 증거가 추가된 것이다. 99.5%의 증거 자료가 탄핵 심판 개시 후에 수집, 제출되었다. 먼저 탄핵 소추를 하고 재판하면서 증거를 수집, 조사, 제출한 것임을 쉽게 알 수 있다.

▲ 서증의 종류

유죄의 입증 책임을 지는 국회 측의 서증을 작성, 수집자별로 나누면 네 가지 소스(SOURCE)이다. 국회의 청문회 자료, 국회의 특별조사위원회 자료, 서울중앙지검 특별수사본부의 수사 자료, 그리고 박영수 특별검사의 수사 자료이다. 두 수사 자료가 서증의 대부분이며 유죄 증거의 핵심이다.

이들 4개 기관의 수사, 조사는 모두 표면적으로는 최순실의 권력형 비리, 소위 국정 농단 비리를 조사 목적으로 내세웠다. 그래서 박근혜 대통령도 당초에는 검찰, 특검, 국회의 수사와 조사에 적극 협조하겠다고 발표하였다.

그러나 실제 조사나 수사의 초점이 최순실의 비리 조사가 아니라, 박근혜 대통령이 어떻게 최순실의 비리를 방조하고 더 나아가 실행하였는지에 맞추어진다고 느낀 박근혜 대통령이 수사 협조를 거부하였다. 그래서 실제 조사는 박근혜 대통령의 진술이나 참여 없이 이루어졌다. 박 대통령의 수사, 조사 불협조가 헌법재판소의 탄핵 결정에서 박 대통령의 중대한 헌법 위배, 즉 파면 사유로 명시되어 있다.

3 | 형사소송법 원칙과 증거의 배제

헌법재판소법 제40조는 헌법재판소의 심판 절차에 관하여 "탄핵 심판의 경우에는 형사소송에 관한 법령을 우선 준용한다"고 규정하고 있다. 탄핵은 그 본질이 구체적인 직무 수행권의 박탈이므로 형사처벌에 준하여 엄격한 인권보호 규정이 적용되는 것이다.

형사소송법 제308조의 2(위법 수집 증거의 배제)는 "적법한 절차에 따르지 아니하고 수집한 증거는 증거로 할 수 없다"고 규정하고 있다. 또한 같은 법 제310조의 2(전문 증거와 증거 능력의 제한)에는 "공판 준비 또는 공판 기일에서의 진술에 대신하여 진술을 기재한 서류나 공판 준비 또는 공판 기일 외에서의 타인의 진술을 내용으로 하는 진술은 이를 증거로 할 수 없다"고 규정하고 있다. 위 형사소송법 제308조의 2와 제310조의 2는 모두 탄핵 심판에 준용된다고 해석되고 있다. 따라서 위 형사소송법의 증거 규칙이 탄핵 심판 절차에 준용된다.

이 건 탄핵 심판 절차에서 문제가 되는 것은 4000여 개나 되는 방대한 국회 측의 서증이 모두 증거 능력이 있는 증거인가의 여부이다. 만일 4000여 개, 4만여 페이지에 달하는 서증을 모두 증거라고 한다면, 과연 어느 판사가 그 많은 증거를 다 읽어볼 수 있으며, 어느 변호인이 그 많은 서증을 읽어보고 일일이 증거 탄핵을 할 수 있겠는가?

더 나아가, 만일 증거 능력이 없는 증거라면 어떻게 증거에서 배제할 것인가 여부가 문제이다. 소위 불법 증거(illegal evidence) 및 비관련 증거(irrelevant evidence)의 배제(exclusivity) 문제이다. 서증의 종류에 따라 나누어본다.

(ㄱ) 신문기사, 국회 자료의 증거 능력

우선 문제되는 것이 신문기사들이다. 국회는 처음부터 언론의 보도를 근거로 하여 박근혜 대통령의 탄핵 사유를 만들었다. 검찰도 역시 수사의 단서를 언론 보도에서 찾았다. 그 때문에 갑호증의 상당수가 신문기사이다.

문제는 신문기사가 증거 능력이 있느냐이다. 미국법에서는 전문(傳聞) 증거 배제 원칙에 따라 당연히 증거 능력이 없다. 특히 박근혜 대통령 탄핵 사건은 처음부터 언론이 박근혜 탄핵에 앞장서서 여론을 주도하였기 때문에 대단히 편파적이고 과장된, 심지어는 허위의 조작 보도까지 허다하였다.

그런데도 헌법재판소는 위조된 문서라는 증거가 없다는 형식적인 이유만으로 증거에서 배제하지 않고, 이 신문기사들을 모두 증거로 인정하였다. 다만, 증명의 범위를 신문에 기사가 났다는 것으로 제한한다고 선언하였다.

그러나 신문에 기사가 나고 안 나고는 쟁점이 아니다. 요증 사실과 관련성이 없으므로(irrelevency) 신문기사는 유죄 입증의 증거에서 배제되는 것이지, 어떻게 제한된 증거로 채택이 된다는 것인지 논리적으로나 법적으로나 이해가 안 된다. 형사소송법 제308조의 2, 동법 제310조의 2에 명백히 위배되는 증거재판이다.

(ㄴ) 국회 청문회나 국조위 자료도 동일

변호인의 참여 및 반대 신문의 기회가 없이 국회의원들의 일방적인 질문에 대한 답변진술이다. 따라서 형사소송법 제308조의 2(적법하지 않은 증거 배제의 원칙), 제310조의 2(전문 증거 배제의 원칙)에 위배되는 증거라고 할 것인데, 헌법재판소는 하나도 배제하지 않았다.

청문회가 있었다는 사실을 입증하는 증거인가? 요증 사실이 무엇인지도 정하지 않고 증거부터 채택하였다. 이 역시 제308조의 2와 제310조의 2에 위배되는 증거법 조치로 보인다.

(ㄷ) 검찰의 의견서에 불과한 공소장

공소장은 검찰의 의견서이지 증거 서류가 아니다. 그런데 헌재는 공소가 제기된 사실의 입증 자료로 채택한다고 하였다.

이 사건에서 검사가 최순실이나 안종범, 이재용 등에 대하여 공소를 제기한 사실 그 자체는 피소추자가 다투지 아니하거나 법원에 현저한 사실이다. 탄핵 소추 사실을 입증하는 유죄의 증거라고 할 수가 없다. 쟁점도 아닌데 왜 유죄의 증거로 채택하는지 이해가 안 된다.

(ㄹ) 검사 진술 조서, 피의자 신문 조서의 증거 능력

헌재 법정에서 적법 증거 여부가 논의된 것은 아이러니하게도 신문기사나 국회 청문회 자료가 아니라 검사 작성의 진술 조서이다. 헌법재판소는 제 1차 준비 기일에서 변호사가 참여한 검찰 조서는 진술자를 증인으로 소환, 신문할 필요 없이 전문 증거 배제 원칙에 대한 예외로서 증거로 채택한다고 결정하였다.

또한 신문 과정이 녹취된 조서도 증거 능력을 인정하겠다고 결정하였다. 물론 이는 형사소송법에 아무런 근거가 없는 증거 규칙이다. 이에 대해 피청구인 측은 변호사가 형식상 조서 작성에 참여인으로 서명이 되어 있어도, 실질상 반대 신문할 기회가 없었다는 이유로 법원의 결정에 이의하였다.

서울중앙지검 특별수사본부와 박영수 특검은 신속하게 수사를 끝내기 위해 수많은 관련자를 다수 함께 소환하여 조사하였다. (대질 신문이 수사의 주요 기술이다.) 핵심 증인들은 낮에 대질용으로 대기시키다가 늦은 밤에 주로 철야 신문을 하였다.

따라서 변호사들의 상당수는 신문 중에는 참여하지 못하고 신문이 다 끝난 후 조서를 작성할 때, 또는 조서 작성이 끝난 후 읽어 줄 때 참여하여 진술 내용이 맞다는 뜻으로 서명을 하였다. 결국 진정한 의미에서 '반대 신문의 기회'가 주어지지 않았다.

보다 근본적으로 서울중앙지검 특수부와 박영수 특검의 수사는 박근혜 대통령에 대하여 수사한 것이 아니라 최순실, 안종범에 대하여 수사하였다. 따라서 변호인들은 최순실, 안종범의 대리인이지 박근혜 대통령의 대리인이 아니다. 공범자의 대리인이 이의가 없었다고 하여 박근혜 대통령도 이의가 없는 것으로 간주하는 것은, 근본적으로 공범자간의 이해 충돌 법리를 전혀 무시한 것이다.

그러나 강일원 주심판사와 헌법재판소는 헌법재판에는 형사소송법이 반드시 적용되지 않는다며 자신들의 결정을 강행하였다.

더 큰 문제는 증거 배제의 방법이다. 강일원 주심판사는 변론 기일에서 수사 기록 중 일부를 증거에서 배제한다고 선언하였다. (제6차 변론조서 속 기록 참조) 그러나 배제한다는 것은 구두 선언이고 서면 결정이 아니며, 실제에서도 그 서증이 증거 목록에서 삭제가 되지 않았다. 따라서 과연 법관이 그 배제된 서증을 읽었는지 아닌지 알 수가 없다. 결국 헌법재판소의 불법 증거 배제는 형식적이고, 실제상에는 아무 의미가 없었다.

단적인 예로 검찰 공소장을 본다. 헌재는 검찰 공소장은 공소된 사실을 입증할 뿐 공소장 내용이 진실이라는 증거, 즉 유죄의 증거는 아니라고 증거 능력을 제한적으로 인정하였다. 그런데 2017년 3월10일자 헌재 결정문에 보면, 수차례 공소장 기재 내용 자체가 진실이라는 전제에서 유죄의 증거로 명시하고 있다.

4 | 증거의 바다

국회가 박근혜 대통령 탄핵 심판 사건의 증거라고 제출한 것은 수백 개의 신문기사, 국회 청문회 자료, 헌법재판소가 직권으로 조사 신청한 서울지검 특별수사본부와 특검의 수사기록 등 4000여 개이다. 그런데 이 자료들은 모두가 박근혜 대통령에 대한 조사나 수사 자료가 아니라 최순실, 안종범, 정호성 등의 범죄 혐의에 대한 자료이다.

따라서 이들 자료의 대부분은 박근혜 대통령과 직접 관련이 없다. 또한 법리상으로는 이런 수사 기록, 조사 기록, 신문기사들 중에서 박근혜 대통령이나 그 대리인에게 반대 신문의 기회가 주어진 적법한 증거는 하나도 없다. 모두 불법한 전문 증거이므로 배제되어야 한다.

아니라도 4000여 개 서증 중에서 그 내용이 직접 박근혜 대통령에 대한 것만 발췌하여 증거로 제출하고, 그 증거들에 대하여 피청구인인 박근혜 대통령의 반론과 반증을 들어서 심판을 진행시켜야 맞다. (다른 자료들은 관련성이 없다.)

그런데 국회는 적법성도 없고 박근혜 대통령과 직접 관련도 없는 수사 기록 등의 자료를 전부 증거로 제출하였다. 그리고 헌법재판소는 어느 하나도 관련성이 없다(irrelevance)는 이유로 배제하지 않았다. 피청구인 측으로서는 4000여 개의 증거 중 어느 것이 유죄의 증거로 채택될지 모르니까 일일이 반증하거나 이의하여야 하는데, 이것은 물리적으로 불가능하다.

결국 피청구인 입장에서는 반론과 반증을 포기하고 법원의 판단에 운명을 맡기는 수밖에 없다. 소위 피청구인 측을 불법 증거의 바다에 빠뜨려 피청구인측의 방어권 행사를 실질상 무력화시키는 불법·불공정한 소송 전략이다. (검찰은 자랑스럽게 박근혜 대통령에 대하여 유죄의 증거가 바다같이 많다고 말하였다. 그러나 그것이 모두 불법 증거이다.)

헌법재판소가 부적법 증거, 쟁점과 무관한 증거를 배제하지 않은 것이야말로 이 사건 탄핵 심판에서 가장 큰 법률(증거법) 위반, 헌법 위반이다.

5 | 피청구인의 서증

피청구인 측이 제출한 서증은 60여 개이다. 수적으로 볼 때 청구인 측이 제출한 서증 숫자의 1.5%에 불과하다. 대부분은 사실 조회의 회신이다. 이렇게 피청구인 측의 서증이 적은 것은 박근혜 대통령이 탄핵소추와 동시에 대통령의 직무가 정지되어 헌법재판소의 재판 기간 동안 사실상 청와대 내 숙소에 연금되었고, 만날 수 있는 사람이 극도로 제한되었다.

거기에다 김기춘 등 청와대 비서실의 대부분 비서관들이 모두 검찰에 구속되어 수사나 재판을 받고 있었다. 최순실 등 박근혜 대통령의 개인 친지들도 대부분 구속되거나 검찰의 조사를 받았다. 이런 상황에서 피청구인 측에게 유리한 반증을 수집, 제출하기는 거의 불가능하였다고 보인다.

요컨대 서증의 숫자만 보아도 피청구인(=박근혜 대통령) 측에 대등한 반론 기회가 주어지지 않았음이 간단하게 증명된다.

6 | 증명 내용과 결론

▲ 증거 재판주의

형사소송법 제307조(증거 재판주의) 제1항은 "사실의 인정은 증거에 의하여야 한다"고 규정하고 있고, 동조 2항은 "범죄 사실의 인정은 합리적인 의심이 없는 정도의 증명에 이르러야 한다"고 규정하고 있다.

더 나아가 형사소송법 제323조(유죄 판결에 명시될 이유)에는 "형의 선고를 하여야 하는 때에는 판결 이유에 범죄될 사실, 증거의 요지와 법령의 적용을 명시하여야 한다"고 규정하고 있다.

▲ 증거 재판주의에 위배된 헌재 결정문

이 사건에서 헌재의 결정문을 보면, 그 결정문에 사실 인정의 근거가 된 증거를 구체적으로 명시하지 않고 있다. 상충되는 증거에 대한 비교 검토도 없다.

더 나아가 사실 인정 및 법률 평가('법률 판단'이나 '법률 적용'이 아니라 '법률 평가'라는 특이한 용어를 사용하고 있다)에 있어서도 근거가 된 증거를 거의 인용하지 않고 있다. 심지어는 증거 능력이 없는 '검찰 공소장'을 증거로 명시하고 있다. (공소장은 의견서이지 증거가 아니다.)

결국 4000여 개의 국회 측 서증이나 증언 중 구체적으로 어느 증거가 어떤 사실 인정이나 법률 평가의 근거가 된 것인지 누구도 알 수가 없다.

이렇게 증거를 구체적으로 명시하지 않았기 때문에, 형사사건에서 유죄의 증거로 요구되는 '합리적 의심의 여지가 없는 증거(beyond reasonable doubt)'라는 엄격한 증거의 원칙은 처음부터 적용이 되지 않았다. 요컨대 박근혜 대통령 탄핵 심판 사건은 형사소송법 제307조의 증거 재판주의가 전혀 지켜지지 않았다.

요컨대 박근혜 대통령 탄핵 사건의 심판에서 헌법재판소는 적어도 증거에 관한 한 헌법 재판의 특수성이란 이름 아래 당사자 변론주의도 아니고, 증거 재판도 아닌 완전한 조선시대의 사또 재판을 재현하였다. 증거에 의한 재판을 하지 않고 논리와 심증만으로 재판을 하였다. 결국 사법 재판을 한 것이 아니라 정치 재판을 하였다.

이렇게 된 근본적인 이유는 헌법재판소가 헌법재판소법 제40조 규정에 따라 이 건(件) 탄핵 심판 사건을 형사사건에 준하여 엄격한 적법 증거만 가지고 심리하지 않았기 때문이다.

변론 기일과
횟수

1 | 준비 절차

헌법재판소 박한철 소장은 2016년 12월9일, 국회로부터 탄핵 소추장을 접수하자마자 당일 강일원 재판관을 주심판사로 지명하였다. 그리고 이어서 12월14일에는 이정미, 이진성, 강일원을 수명(受命) 재판관으로 지정하였다.

그리고 피소추인 박근혜(대통령 타이틀은 있으나 국회의 탄핵 소추와 동시에 직무가 정지되어 개인 자격으로 탄핵 심판 절차에서 자신을 방어하여야 한다. 변호사도 개인적으로 선임하여야 한다)의 변호인단이 2016월 12월 16일 "탄핵 이유가 없다"는 답변서를 제출하였다.

2016년 12월22일 제1회 준비 기일, 2016년 12월27일 제2회 준비 기일, 2016년 12월30일 제3회 준비 기일이 각각 열렸다. 준비 절차 기일에 진행된 심판 일정은 이 책 제9장 '재판소의 쟁점 정리'에 실려 있다.

2 | 변론 기일

2017년 1월3일부터 2월27일까지 8주 동안에 17차의 변론 기일이 열렸다. 1주에 2회 이상이다. 통상 매주 화요일, 목요일이나 어떤 때는 금요일까지 재판이 열렸다. 각 변론 기일에 진행된 주요 사항은 아래와 같다.

[주(註): 공격 측인 국회 소추위는 검찰의 수사 기록, 국회의 조사 기록, 언론의 제보 등 지난 두 달 동안 국가 권력 기관이 미리 준비한 4만 여 페이지의 자료들을 증거로 내놓기만 하면 되지만, 방어 측인 피청구인 입장에서는 이 바다같이 많은 처음 보는 자료들을 하루 만에 읽어보고 대응하기에는 너무나 촉박한 재판 스케줄이다.

그러나 헌법재판소는 방어 측의 이러한 사정은 전혀 고려하지 않고, 국정 혼란을 막기 위해 부득이하다며 졸속한 재판 진행을 강행하였다.]

▲ 제1회 변론 기일(2017년 1월3일)

청구인 측은 국회 법사위원장 권성동 의원과 그 대리인으로 변호사 10명이 출석하였다. 박근혜 대통령 직무정지자는 불출석(박근혜 직무정지자는 한 번도 심판에 출석하지 않았다.), 대리인으로 9명의 변호사가 출석하였다. 특별한 진행 사항 없다.

▲ 제2회 변론 기일(2017년 1월5일)

• 강일원 재판관: 공소장은 공소된 사실, 신문기사는 유죄의 증거는 아니지만 신문에 게재된 사실을 증명하는 용도로서 증거로 채택한다고 결정하였다.

요건 사실의 입증과 무관한 자료는 당연히 증거에서 제외되어야 한다 (Irrelevancy Rule). 유죄의 입증 자료가 아니라면서 증거로 채택한다는 것은 무슨 법리인지 알 수가 없다. 논리적으로 자기모순이다.

참고 자료라는 편리한 이름으로 불법한 증거들을 적법한 증거와 동일하게 증거로 채택하는 것은 명백히 위법이다. 그러나 재판관의 이런 위법한 증거 재판에 대하여 피청구인 변호사들은 이의를 하지 않았다. 재판관의 결정, 판결에 대하여 법정에서 이의를 하면 불이익을 받는다고 생각한 것 같다.

이런 후진적인 법조 문화 때문에 증거법상 증거 자격이 없는 많은 자료들이 유죄의 증거로 버젓하게 채택되어 인용되고 있다. 실제로 2017년 3월 10일 박근혜 대통령 탄핵 결정문에 보면, 유죄의 증거가 아니라 검찰이 기소한 사실을 입증하는 참고 자료로 채택된 검찰의 최순실 등에 대한 공소장들이 박근혜 대통령 탄핵의 가장 주요한 증거로 수차에 걸쳐 인용되고 있다.

- 권성동 위원: 탄핵 소추 의견서 요지 낭독.
- 피청구인 측 대리인 이중환 변호사: 답변서 요지 낭독.
- 증인 윤천추 신문: 증인 신문 내용은 모두 녹음 파일로 수록.

▲ 제3회 변론 기일(2017년 1월10일)

피청구인 측의 이중환, 전병관 변호사를 대표 대리인으로 지정

- 이진성 재판관: 2014년 4월16일(세월호 선박 침몰 당일) 피청구인의 행적에 대한 추가 석명 요구하여 직권 탐지 계속. "피청구인이 침몰 사실을 인지한 시점 밝혀라, 피청구인과 안보실장과의 통화기록 제출하라."

▲ 제4회 변론 기일(2017년 1월12일)

- 증인 신문: 유희인, 조현일, 조한규, 이영선. 내용은 녹음 파일로 수록.

▲ 제5회 변론 기일(2017년 1월16일)

피청구인 측에 대하여 준비 절차 기일에서의 직권 조사 명령(=석명 처분)

에 대한 답변 촉구.

　• 청구인 측 대리인: 탄핵 심판은 형사재판이 아니므로 전문 증거 법칙이 적용되지 않는다고 주장하고, 이에 대해 피청구인 측은 헌법재판소법 제40조 규정에 따라 전문증거 법칙 적용을 주장. 재판부는 추후 기준 발표하겠다고 발표.

　• 최순실, 안종범 증인 신문.

▲ 제6회 변론 기일(2017년 1월17일)

　• 증인 신문: 유진룡

　• 수사 기록 증거 채부 기준에 대한 재판부의 입장 정리: 부동의한 조서는 원칙적으로 증거 채택 안한다. 예외적으로 진술 과정이 전부 영상 녹화된 경우(정호성 마지막 피신), 진술 과정에 변호인이 입회하여 문제없었다고 확인한 경우에는 부동의한 조서도 증거 능력 인정하겠다.

　(그러나 증거 채택을 안한 증거가 구체적으로 무엇인지 서면으로 공표하지 않고, 또한 증거 목록에서 삭제하지 않아 증거 배제의 실효성이 없음.)

　• 안종범의 수첩은 증인 신문 과정에서 본인이 확인한 것은 증거로 채택한다. (서증의 증거 능력 문제는 피고인의 반대 신문권 보장이 핵심인데, 서증 작성자의 의사로 증거 능력을 결정하는 불합리한 증거 결정을 내리다.)

　• 류상형, 김수현, 정현식, 박헌영, 노승일, 고영태 등에 대한 검찰 진술 조서의 증거 능력을 부정한다고 확인. (그러나 실제로 그 조서를 증거 목록에서 완전히 삭제하지 않아 증거 배제의 실효성이 없음.)

▲ 제7회 변론 기일(2017년 1월19일)

　• 증인 신문: 김상률, 정호성.

▲ 제8회 변론 기일(2017년 1월23일)

• 강일원 재판관: 피청구인 측에게 피청구인이 최순실로부터 받은 도움의 내용을 구체적으로 밝히라고 석명 처분. (피청구인에게 불리한 진술 강요.)

• 미르재단, 케이스포츠재단의 설립 및 모금 과정도 피청구인 측에서 밝히라고 촉구. (반증을 직권으로 요구.)

• 증인 신문: 김종, 차은택, 이승철.

▲ 제9회 변론 기일(2017년 1월25일)

• 박한철 헌재소장: 자신은 2017년 1월31일 임기 만료로 퇴임한다면서 2017년 3월13일 이정미 재판관이 퇴임하면 재판관이 7명이 되므로 그 이전에 재판이 끝나야 한다고 공식 선언. (재판소장이나 이정미 재판관이 퇴임하기 이전에 후임자를 지명해달라고 임명권자인 황교안 대통령 권한대행과 대법원장에게 요청은 하지 않고, 오히려 재판 당사자인 피청구인 측에 재판을 빨리 끝내라고 압력을 주는 법관답지 않은 발언을 하였다. 피청구인 측의 이중환 대리인이 즉각 이의를 하였다. 그러나 헌법재판소는 끝내 방침을 관철하여 2017년 2월27일 심리 종결하고, 3월10일 결정 선고하였다. 3월13일 이정미 재판관이 퇴임하였다.)

• 증인 신문: 유진룡.

▲ 제10회 변론 기일(2017년 2월1일)

• 재판소장 공석으로 이정미 재판관이 소장 권한대행. 8명 재판관으로 재판 진행하다. (헌법재판소는 정기승 전 대법관 등 10인의 원로 법조인 대표들이 8명 재판을 하지 말고 후임 재판소장 충원시까지 재판을 중지하라고 공개 성명서 발표하였으나 헌법재판소는 심리 강행.)

• 증인 신문: 김규현, 유민봉, 모철민.

▲ 제11회 변론 기일(2017년 2월7일)

• 이정미 재판장: "태블릿 PC는 증거로 채택하지 않았다. 수사의 단초는 조사할 필요가 없다"는 이유로 피청구인 측의 태블릿 PC 감정 신청, TV조선의 이진동 기자와 검찰 수사관 김도형 등의 증인 신청을 기각. (변론조서 18페이지 참조)

태블릿 PC는 고영태 등이 최순실의 PC라고 속여 검찰에 제출한 허위의 수사 자료이다. 최순실에 대한 검찰 수사의 단초이다. 피청구인 측은 검찰 조사가 고영태 일당의 음모로 시작되었고, 노승일 등도 고영태의 일당임을 밝히기 위해 태블릿 PC를 검증하고, 검찰에 제출된 경위를 밝히기 위해 증인 신청을 한 것이다.

입증 취지가 이렇게 분명한데도 헌재는 검찰 수사의 단초는 사건과 관련이 없다고 증거 신청을 기각하였다. 수사의 단초가 음모이면 수사 자료의 진실성이 의심스러우므로 수사 자료의 진실성 확인을 위하여 우선적으로 조사하여야 하는데, 헌재는 오히려 관련성(relevancy)이 없다고 증거 채택을 거부하는 모순된 증거 결정을 내렸다.

• 이정미 재판장: "청구인 측이 소추 사유를 유형별로 구체화하는 과정에서 형사법 위반은 쟁점에서 제외했기 때문에 이재용, 권오준, 최태원, 신동빈 등 뇌물죄의 증인은 채택하지 않겠다"고 피청구인의 증인 신청을 기각.

(피청구인은 뇌물죄 소추 사유를 부인하기 위해 뇌물 공여자라고 국회가 주장하는 재벌 총수들을 증인으로 신청하였다. 그런데 헌재는 국회가 2017년 2월1일자 준비 서면으로 뇌물죄 탄핵 사유를 형법 위반이 아니라 '권한 남용'의 헌법 위반으로 위배의 유형을 바꾸었으므로 피청구인은 뇌물죄 불성립을 항변할 수 없고, 따라서 뇌물 공여자들을 증인으로 신청할 수 없다는 이해하기 어려운 이유를 내세워서 피청구인에게 핵심적인 항변의 기회를 박탈하였다.)

증인 신문: 정현식(출석), 김종덕(출석), 김기춘(불출석).

▲ 제12회 변론 기일(2017년 2월9일)

• 이정미 재판장: 피청구인의 반대에도 불구하고 고영태, 류상영에 대한 증인 신청 채택을 취소. (헌재는 위 증인들이 3회나 소환을 받고도 출석하지 않았다는 것을 취소 이유로 했다. 그러나 고영태, 류상영에게 대하여는 고발도 않고 제재도 하지 않았다.)

• 강일원 재판관의 직권조사(변론조서 5페이지 참조): 피청구인에게 공무상 비밀 누설, 재단 설립, 케이디코퍼레이션, 플레이그라운드, 더블루케이 등 관련 탄핵 사유들에 대하여 피청구인이 무슨 관련이 있고 어떻게 관여하였는지 밝히라고 계속 질문하였다.

["탄핵 사유가 존재한다는 입증 책임은 소추인 측인 국가 즉 국회에 있다"고 강일원 주심판사 스스로가 제1회 준비 기일에서 말했다. 그런데 실제 재판 과정에서는 준비 기일부터 시종일관하여 피청구인 측에게 관여 사실을 말하라고 직권 탐지하고 있다.

강 재판관의 질문은 국회나 검찰이 조사에서 알아내지 못한 각종 사실들을 질문하고 있다. 국회나 검찰이 찾지 못한 유죄의 증거를 강일원 재판관이 직접 찾아내겠다는, 조사 의지를 갖지 않았으면 할 수가 없는 예리한 질문들이다. 질문은 예리하지만 재판관의 중립, 공정을 의심하게 한다. 똑같이 예리한 질문들을 청구인 측에게도 하였어야 공정한 직권 조사라고 할 수 있지 않을까?]

• 증인 신문: 조성민, 문형표, 박헌영, 노승일.

▲ 제13회 변론 기일(2017년 2월14일)

• 이동흡 변호사: 피청구인 대리인 대표 지정.

• 재판장: 증거인부 안된 서증은 모두 동의한 것으로 처리. (형사소송법 제308조의 2, 제310조의 2에 위배된 적법하지 않은 증거와 전문 증거는 피고인의 인권 보호를 위해서 유죄의 증거에서 배제하는 것이다. 그런데 헌재는 피청구인의 반대가 없으면 적법한 증거로 채택한다. 민사소송 절차를 적용한 것이다.)

• 증인 신문: 이기우.

▲ 제14회 변론 기일(2017년 2월16일)

• 증인 신문: 정동춘.

• 이정미 재판관: 김평우 변호사의 변론 신청을 오전 12시 변론 종결 선언 후라는 이유로 거부.

▲ 제15회 변론 기일(2017년 2월20일)

• 이동흡 변호사: 최종 변론.

• 증인 신문: 방기선.

▲ 제16회 변론 기일(2017년 2월22일)

• 증인 신문: 안종범.

• 김평우 변호사: 국회 탄핵 소추의 졸속과 헌재 탄핵 심판 진행의 졸속, 불공정을 비판.

• 기피 신청서 제출.

▲ 17차 최종 변론 기일(2017년 2월27일)

• 김평우 변호사: 국회 소추의 위헌성과 헌재 심판의 졸속과 편파성을 비판, 각하를 호소.

• 변론 재개 신청서 제출.

• 피청구인 박근혜 대통령 직무정지자 최후 진술서를 이동흡 대리인이 대독.

▲ 탄핵 결정 고지(2017년 3월10일 오전 11시)

• 8명 재판관 전원 일치로 박근혜 대통령 파면을 결정.

13

재판관 기피와
변론 재개 신청

1 | 기피 신청 규정

헌법재판소법 제24조는 "재판관에게 심판의 공정을 기대하기 어려운 사정이 있는 때에는 당사자가 기피 신청을 할 수 있다"고 규정하고 있다. 헌법상 국민은 공정한 재판을 받을 기본적 권리가 있기 때문이다.

그런데 같은 법 제24조 2항은 "당사자는 동일한 사건에 대하여 2인 이상의 재판관을 기피할 수 없다"라고 하여 기피 신청권을 제한하였다. 헌법재판소가 9명 정원인데다 7명 이상이 출석하여야 심리할 수 있다는 규정이 있기 때문에, 기피 신청권을 제한한 것으로 보인다. 이 기피 신청 규정에 좇아 2017년 2월22일 제16회 변론 기일에서, 박근혜 대통령 변호인들이 조원룡 변호사의 이름으로 강일원 주심 재판관을 지정하여 기피 신청을 하였다.

2 | 기피 신청 사유

① 강일원 재판관은 주심 판사 자격으로 2016년 12월22일 제1회 준비 기일에서 '쟁점 정리' 절차를 진행하면서, 국회의 법안 심의 절차는 의회의 자율권에 속한다는 판례가 있다며 피청구인 측은 국회 탄핵 소추 의안의 심의에 관한 절차 문제를 변론에서 제출하지 말라고 지시하여, 피청구인의 변론권을 위법하게 침해하였다.

② 강일원 재판관은 주심 재판관 자격으로 제1회 준비 기일을 진행하면서 소위 '쟁점 정리'라는 이름 아래 청구인 측에게 자신이 미리 만들어온 새로운 탄핵 소추장 내용을 제시하며, 청구인 측으로 하여금 '준비 서면'이라는 이름 아래 소추장의 내용을 변경하도록 지시하여 재판관으로서의 공정, 중립 의무를 위배하였다.

③ 강일원 재판관은 주심 재판관 자격으로 2017년 1월17일 제6회 변론 기일에서 증거 신청 절차를 진행하면서, 당사자가 동의하지 않는 검찰의 조서라 하더라도 진술 과정이 영상 녹화된 경우와, 변호사가 진술에 참여하여 이의하지 않은 조서는 합법적인 증거로 법원이 채택할 수 있다는 형사소송법에 위배된 증거 규칙을 임의로 제정하고, 자신이 만든 이 규칙에 좇아 검찰이 일방적으로 작성한 피청구인 측 증인에 대하여 신문 조서를 이 사건 탄핵 심판의 증거로 채택하는 위헌, 위법한 재판 진행을 하였다.

④ 강일원 재판관은 주심 재판관 자격으로 증인을 직권 신문함에 있어, 피청구인 측 증인에 대하여 고압적인 유도 신문을 반복하여 편파적인 재판 진행을 함으로써 재판관의 중립, 공정 의무를 위배하였다. (예컨대 증인 정동춘에 대한 증인 신문이 그 예이다.)

⑤ 강일원 재판관은 주심 판사 자격으로 2017년 2월22일 제16회 변론 기일에서 증거 신청의 채부를 결정하면서, 피청구인 측이 국회가 2017년 12월

9일 피청구인을 탄핵 소추함에 있어 (사전 증거 조사도 아니하고, 찬반 토론도 없이, 피청구인에게 항변할 기회도 주지 아니하고, 탄핵 사유별 심의도 없이 탄핵 사유를 모두 묶어서 졸속으로 의결한 것은) 헌법상의 적법 절차를 위배하였으므로 동 탄핵 소추는 위헌으로 각하되어야 한다고 주장하고, 그 주장의 입증으로 정세균 국회의장, 권성동 법사위원장 등 증인을 다수 신청하자 쟁점 정리 절차에서 이미 배제키로 결정한 주장 입증이라는 이유로 모두 기각하여 피청구인의 변론권을 침해하였다.

⑥ 위 재판관이 이 사건에 관여함은 헌법재판소법 제40조에 의해 준용되는 민사소송법 제43조 제1항에 규정된 재판의 공정성을 해할 수 있는 사유에 해당될 수 있으므로 이 사건 기피의 신청에 이른 것이다.

3 | 법원의 결정

헌법재판소법 제40조는 헌법 재판의 절차에 대하여 민사소송법을 준용하도록 규정하고 있으며, 특히 탄핵 심판 절차는 형사소송법을 준용하도록 규정하였다. 민사소송법 제44조 제2항은 "기피 원인과 소명 방법은 신청일로부터 3일 이내에 서면으로 제출하여도 된다"고 규정하고 있다.

또한 민사소송법 제47조는 신청 각하 또는 기각 결정에 대하여는 고지한 날로부터 1주 이내 즉시 항고할 수 있다고 규정하고 있다. 그러나 피청구인의 기피 신청에 대하여 헌법재판소는 10분 정회(停會) 후 바로 "재판을 지연시키기 위한 기피 신청"이라며 기각하였다. 헌법재판소는 단일심급(單一審級)의 유일한 법원이므로 항고할 수단이 없어 기피 신청 절차가 바로 종결되었다.

4 | 변론 재개 신청 이유

2017년 2월27일, 헌법재판소가 당사자의 최후 진술을 듣고 변론을 종결하였다. 그러나 피청구인 측(=김평우 변호사)은 이에 불복하여 변론 재개 신청서를 헌법재판소에 제출하였다.

변론 재개 신청서의 신청 이유를 요약 정리하면 아래와 같다.

① 8명 재판관 평결은 위헌이다.

2017년 1월31일, 박한철 헌재 소장이 임기 만료로 퇴임하였다. 따라서 황교안 대통령 권한대행은 즉시 그 후임자를 지명하여 국회의 동의를 받아야할 헌법상의 의무가 있다. 그런데 황 대행은 아무런 이유도 없이 후임자를 지명하지 않고 있다.

그래서 헌법재판소는 2017년 2월1일부터 정원 9명에 1명이 결원되었다. 이 8명으로는 적법한 헌법 재판소 구성이 안 되므로, 헌법재판소는 박한철 소장의 후임자가 임명될 때까지 박근혜 대통령 탄핵 사건의 평결을 보류하여야 한다.

그런데 헌법재판소는 아무런 이유도 없이 무조건 2017년 3월13일 이정미 재판관 퇴임 전까지 평결을 내려야 한다며 변론을 종결하고, 8명의 재판관이 판결 선고를 내릴 예정이라고 선언하였다.

헌법 제111조는 "헌법재판소는 9명의 재판관으로 구성한다. 국회, 대통령, 대법원이 각 3인씩 지명한다"고 규정하고 있다. 이 9명 구성은 헌법의 권력 구조 원리인 3권 분립의 원칙을 구현하고 있는 특별한 숫자이다.

9명 재판관이 아닌 8명(또는 7명) 재판관의 결정은 헌법의 3권 분립 원칙을 깨는 반(反)헌법적 재판소 구성이므로 위헌이다. 이는 마치 3인 법관으로 구성된 합의부 재판 사건을 2명의 법관이 합의부를 구성하여 판결을 내리는 것과 같다.

헌재도 2012년 '헌마2 사건'에서 국회 지명의 재판관 1인이 결원된 상태에서 헌재가 평결을 내리는 것이 법률에 의한 재판을 받을 헌법상의 권리를 침해하는 것이라고 판결하였다.

특히 이 사건은 국회와 대통령 간의 싸움이다. 대통령 지명의 재판소장 후임이 결원된 상태에서 충원을 기다리지 않고 평결을 내리는 것은, 피청구인에게 불리한 재판부 구성이다. 이는 공평한 재판을 보장하지 못하는 중대한 헌법상의 하자이다. 변론을 재개하여 헌법재판소장 후임자 결정시까지 평결을 유보(留保)하여야 한다.

② 졸속한 국회 소추의 적법 절차 위배를 다툴 수 없다고 피청구인 측의 변론을 제한한 것은 위헌이다. 국회는 이 중대한 대통령탄핵 사건을 처리함에 있어서 아무런 토의나 진지한 반대 의사 발언도 없이 마치 번갯불에 콩 볶아 먹듯이 졸속으로 의결하였다.

그런데 이 헌법재판소는 국회가 이와 같이 졸속으로 헌법과 법률에 위반하여 대통령을 탄핵 소추하더라도 의결 절차는 국회의 자율권에 속하므로 그 소추의 목적, 방법, 절차를 다툴 수 없다고 잘못 결정하였다. 그리고 이 결정을 이유로 피청구인 측, 즉 대통령 변호인들이 신청하는 모든 증거 제출을 소송 지연이라는 일방적인 이유로 불허하고 심리를 종결하였다.

이렇게 헌법재판소가 국회는 탄핵 소추의안의 심의, 표결 절차, 방법에 있어서 어떤 위헌, 위법을 저질러도 이결(已決)의 직접 당사자인 대통령은 물론 누구도 그 절차의 위법성을 헌재에서 다툴 수 없다고 결정하면, 이 나라에서는 누구도 국회의 위헌적인 졸속한 대통령 소추를 다툴 수 없고, 더 나아가 국회의 졸속한 법률안 처리, 의안 처리도 다툴 수 없게 된다.

이는 국회의원들에게 헌법과 법률을 위배해도 된다는 특권을 주는 것이 되어, 법치주의를 포기하는 것이 된다. 그렇다면 헌법재판소의 존재 이유가 없어진다.

국가의 원수인 대통령은 아무리 작은 직무라도 그 직무 수행의 목적과 방법, 절차를 헌법과 법률에 맞추어서 수행하여야 한다고 엄격한 법치주의를 요구하면서, 반면에 300명의 국회의원들은 아무리 엉터리, 황당한 속임수로 국가 원수를 탄핵해도 당사자인 대통령은 탄핵 재판에서 이를 다툴 수 없다는 것은 헌법상의 주권재민 원칙과 법치주의, 삼권 분립, 적법 절차, 공평하고 정당한 재판을 받을 헌법상의 권리에 모두 위배되는 반(反)헌법적 결정이다.

헌재는 변론을 재개하여 피청구인 측이 제기한 적법 절차 주장과, 그 입증을 허용하여야 한다.

③ 최순실 사건의 진실이 드러나기 시작하는 시점에서 심리를 종결하는 것은 불공정한 재판 진행이다. 이 사건 박 대통령의 탄핵 사유는 대부분이 뇌물죄, 강요죄 등의 파렴치한 경제 범죄이다. 같은 사건에 대하여 이미 공범자인 최순실이 구속되어 형사법원에서 재판을 받고 있다. 그렇기 때문에 헌재도 지난 두 달간 최순실 사건의 증거 자료와 증인을 이 사건에 옮기는 데 대부분의 시간을 썼다.

최순실 사건은 고영태의 태블릿 PC와 진술에서 발단이 되었다. 그런데 고영태의 태블릿 PC와 진술은 진위와 진실성이 매우 의심스럽다. 그동안 진상이 숨겨지고 감추어졌다가 최근에 와서 조금씩 진상이 드러나고 있다.

그 내용을 구체적으로 살펴보면, 고영태 일당이 최순실과 피청구인의 친분 관계를 알고, 이를 이용하여 사적인 이익을 취하려다 실패하자 박영선 의원, 손혜원 의원 등 야당 의원들이 고영태, 노승일 등과 합세하여 국회 청문회를 통하여 마치 대통령에게 무슨 잘못이 있는 양 몰아갔다.

특히 고영태 일당들이 검찰 조직에 심자고 모의했던 검사인 최재순은 노승일이 독일에 있던 최서원(최순실)과 통화를 하게 하여 확보한 자료를 박영선 의원에게 제보한 후, 그 공로로 박영수 특검에 파견된 것이다. 이는 결코 우연의 일치가 아니라 이 사건이 고영태 일당의 모의에 언론, 검찰, 국회가 합세하였거나 적어도 놀아난 것임을 명백히 보여주는 것이다.

그런데 헌재는 탄핵 소추 사유를 무너뜨릴 수도 있는 핵심 증인 고영태에 대한 증인 채택 결정을 불출석을 이유로 취소하였다. 그러나 고영태가 행방불명이라고 단정할 아무 근거가 없다.

또한 박영수 특검에 대해서도 그 조사 방법이 너무나 거칠어 인권이 유린되었다는 비판이 높다. 그런데 그 특검이 2월28일이면 기간 만료로 종료될 예정이다. 인권 유린을 통해 얻은 증거는 증거가 될 수도 없고, 그 특검 검사는 인권 유린에 대한 민·형사법의 책임을 져야 한다.

이렇게 진실이 드러나기 시작하는 시점에서 아무런 특별한 이유도 없이 3월13일 전에 재판을 끝내야 한다고 스스로 기한을 설정해놓고, 이 기한에 맞추어 결심을 하고 피청구인 측의 주장과 증거 신청을 기한에 늦었다는 이유로 배척하는 것은 공평한 재판 진행이 아니다.

변론을 재개하여 피청구인의 주장과 증거신청을 허용하여 주시기를 앙원한다.

(그러나 헌법재판소는 피청구인 측의 변론 재개 신청을 무시하고, 2017년 3월10일, 8명 전원일치로 박근혜 대통령을 파면하는 결정을 선고하였다.)

파면 결정이
내려지다

1 | 탄핵 절차의 적법(適法) 여부

2017년 3월10일 오전 11시, 헌법재판소는 평결에 참여한 8명 재판관 전원의 일치된 의견으로 국회의 탄핵 소추를 인용하는 결정, 즉 박근혜 대통령을 대통령 직에서 파면하는 결정을 내렸다. 파면 결정의 전문은 80페이지가 넘는 장문(長文)이다. 언론기관의 요약본을 [자료2]에 첨부한다. 아래에서는 법적 판단만을 뽑아서 요약하였다. (번호와 제목은 편의상 저자가 표기)

① 소추 의결서에 기재된 소추 사실이 구체적으로 특정되지 아니하였다는 점에 대하여:

헌법상 탄핵 소추 사유는 공무원이 그 직무 집행에서 헌법이나 법률을 위배한 사실이고, 여기서 법률은 형사법에 한정되지 않는다. 그리고 탄핵 결정은 대상자를 공직으로부터 파면하는 것이지 형사상 책임을 묻는 것은 아니다. 따라서 피청구인이 방어권을 행사할 수 있고 심판 대상을 확정할 수 있을 정도로 사실 관계를 기재하면 된다.

이 사건 소추 의결서의 헌법 위배 행위 부분이 분명하게 유형별로 구분되지 않은 측면이 없지 않지만, 법률 위배 행위 부분과 종합하여 보면 소추 사유를 특정할 수 있다.

② 이 사건 탄핵 소추안을 의결할 당시 국회 법사위의 조사도 없이 공소장과 신문기사 정도만 증거로 제시되었다는 점에 대하여:

국회의 의사 절차의 자율권은 권력 분립의 원칙상 존중되어야 한다. 국회법에 의하더라도 탄핵 소추 발의시 사유 조사 여부는 국회의 재량으로 규정하고 있으므로, 그 의결이 헌법이나 법률을 위배한 것이라고 볼 수 없다.

③ 이 사건 소추 의결이 아무런 토론 없이 진행되었다는 점에 대하여:

의결 당시 상황을 살펴보면 토론 없이 표결이 이루어진 것은 사실이나 국회법상 반드시 토론을 거쳐야 한다는 규정은 없고, 미리 찬성 또는 반대의 뜻을 국회의장에게 통지하고 토론할 수는 있다. 그런데 당시 토론을 희망한 의원은 한 사람도 없었으며, 국회의장이 토론을 희망하는데 못하게 한 사실도 없다.

④ 탄핵 사유는 개별 사유별로 의결 절차를 거쳐야 함에도 여러 개 탄핵사유 전체에 대하여 일괄하여 의결한 것은 위법하다는 점에 대하여:

소추 사유가 여러 개 있을 경우 사유별로 표결할 것인지, 여러 사유를 하나의 소추안으로 표결할 것인지는 소추안을 발의하는 국회의원의 자유로운의사에 달린 것이고, 표결 방법에 관한 어떠한 명문 규정도 없다.

⑤ 8인 재판관에 의한 선고가 9인으로 구성된 재판부로부터 공정한 재판을 받을 권리를 침해하였다는 점에 대하여:

헌법재판소는 헌법상 아홉 명의 재판관으로 구성되어 있다. 그런데 현실적으로 재판관의 공무상 출장이나 질병 또는 재판관 퇴임 이후 후임 재판관 임명까지 사이의 공백 등 여러 가지 사유로, 일부 재판관이 재판에 관여할 수 없는 경우는 발생할 수밖에 없다. 헌법과 법률에서는 이러한 경우에 대비한 규정을 마련해 놓고 있다.

탄핵의 결정을 할 때에는 재판관 6인 이상의 찬성이 있어야 하고, 재판관 7인 이상의 출석으로 사건을 심리한다고 규정하고 있다. 아홉 명의 재판관이 모두 참석한 상태에서 재판을 할 수 있을 때까지 기다려야 한다는 주장은, 현재와 같이 대통령 권한대행이 헌법재판소장을 임명할 수 있는지 논란이 되고 있는 상황에서는 결국 심리를 하지 말라는 주장으로서, 탄핵 소추로 인한 대통령의 권한 정지 상태라는 헌정 위기 상황을 그대로 방치하는 결과가 된다.

여덟 명의 재판관으로 이 사건을 심리하여 결정하는 데 헌법과 법률상 아무런 문제가 없는 이상, 헌법재판소로서는 헌정 위기 상황을 계속해서 방치할 수는 없다. 그렇다면 국회의 탄핵 소추 가결 절차에 헌법이나 법률을 위배한 위법이 없으며, 다른 적법 요건에 어떠한 흠결도 없다.

2 | 피청구인의 직무 집행과 법률 위배 여부

① 공무원 임면권을 남용하여 직업공무원제도의 본질을 침해하였다는 점에 대하여:

문화체육관광부 노 국장과 진 과장이 피청구인의 지시에 따라 문책성 인사를 당하고, 노 국장은 결국 명예퇴직 하였으며, 장관이던 유진룡은 면직되었고, 대통령 비서실장 김기춘이 제1차관에게 지시하여 1급 공무원 여섯 명으로 부터 사직서를 제출받아 그 중 세 명의 사직서가 수리된 사실은 인정된다.

그러나 이 사건에 나타난 증거를 종합하더라도, 피청구인이 노 국장과 진 과장이 최서원의 사익(私益) 추구에 방해가 되었기 때문에 인사를 하였다고 인정하기에는 부족하고, 유진룡이 면직된 이유나 김기춘이 여섯 명의 1급 공무원으로부터 사직서를 제출받도록 한 이유 역시 분명하지 아니하다.

② 언론의 자유를 침해하였다는 점에 대하여:

청구인은 피청구인이 압력을 행사하여 세계일보 사장을 해임하였다고 주 장하고 있다. 세계일보가 청와대 민정수석비서관실에서 작성한 정윤회 문 건을 보도한 사실과, 피청구인이 이러한 보도에 대하여 청와대 문건의 외부 유출은 국기(國基) 문란 행위이고, 검찰이 철저하게 수사해서 진실을 밝혀 야 한다고 하며 문건 유출을 비난한 사실은 인정된다. 그러나 이 사건에 나 타난 모든 증거를 종합하더라도 세계일보에 구체적으로 누가 압력을 행사하 였는지 분명하지 않고, 피청구인이 관여하였다고 인정할 만한 증거는 없다.

③ 세월호 사건에 관한 생명권 보호 의무와 직책 성실 의무 위반의 점에 대하여:

2014년 4월16일, 세월호가 침몰하여 304명이 희생되는 참사가 발생하였 다. 당시 피청구인은 관저에 머물러 있었다. 헌법은 국가는 개인이 가지는 불가침의 기본적 인권을 확인하고, 이를 보장할 의무를 진다고 규정하고 있 다. 세월호 침몰 사건은 모든 국민들에게 큰 충격과 고통을 안겨 준 참사라 는 점에서 어떠한 말로도 희생자들을 위로하기에는 부족할 것이다.

피청구인은 국가가 국민의 생명과 신체의 안전 보호 의무를 충실하게 이 행할 수 있도록 권한을 행사하고 직책을 수행하여야 하는 의무를 부담한다. 그러나 국민의 생명이 위협받는 재난 상황이 발생하였다고 하여 피청구인이 직접 구조 활동에 참여하여야 하는 등 구체적이고 특정한 행위 의무까지 바로 발생한다고 보기는 어렵다.

또한 피청구인은 헌법상 대통령으로서의 직책을 성실히 수행할 의무를 부담하고 있다. 그런데 성실의 개념은 상대적이고 추상적이어서, 성실한 직책 수행 의무와 같은 추상적 의무 규정의 위반을 이유로 탄핵 소추를 하는 것은 어려운 점이 있다.

헌법재판소는 이미 대통령의 성실한 직책수행 의무는 규범적으로 그 이행이 관철될 수 없으므로 원칙적으로 사법적 판단의 대상이 될 수 없어, 정치적 무능력이나 정책 결정상의 잘못 등 직책 수행의 성실성 여부는 그 자체로는 소추 사유가 될 수 없다고 하였다. 세월호 사고는 참혹하기 그지없으나, 세월호 참사 당일 피청구인이 직책을 성실히 수행하였는지 여부는 탄핵 심판 절차의 판단대상이 되지 아니한다.

④ 피청구인의 최서원에 대한 국정개입 허용에 대하여:

▲ 정호성 비서관의 서류 전달

피청구인에게 보고되는 서류는 대부분 부속 비서관 정호성이 피청구인에게 전달하였는데, 정호성은 2013년 1월경부터 2016년 4월경까지 각종 인사 자료, 국무회의 자료, 대통령 해외 순방 일정과 미국 국무부 장관 접견 자료 등 공무상 비밀을 담고 있는 문건을 최서원에게 전달하였다. 최서원은 그 문건을 보고 이에 관한 의견을 주거나 내용을 수정하기도 하였고, 피청구인의 일정을 조정하는 등 직무 활동에 관여하기도 하였다.

▲ 최서원의 공직 후보자 추천

최서원은 공직 후보자를 추천하기도 하였는데, 그 중 일부는 최서원의 이권 추구를 도왔다.

▲ 피청구인이 최서원의 부탁을 받고 현대자동차그룹에 거래 부탁

피청구인은 최서원으로부터 케이디코퍼레이션이라는 자동차 부품회사의 대기업 납품을 부탁받고, 안종범을 시켜 현대자동차그룹에 거래를 부탁하였다.

▲ 피청구인이 최순실과 공동으로 재단법인 설립하고 운영에 관여

피청구인은 안종범에게 문화와 체육 관련 재단법인을 설립하라는 지시를 하여, 대기업들로부터 486억 원을 출연 받아 재단법인 미르, 288억 원을 출연 받아 재단법인 케이스포츠를 설립하게 하였다. 그러나 두 재단법인의 임직원 임면, 사업 추진, 자금 집행, 업무 지시 등 운영에 관한 의사 결정은 피청구인과 최서원이 하였고, 재단법인에 출연한 기업들은 전혀 관여하지 못했다.

▲ 최서원이 미르재단 임원 추천하고, 이권개입

최서원은 미르가 설립되기 직전인 광고회사인 플레이그라운드를 설립하여 운영했다. 최서원은 자신이 추천한 임원을 통해 미르를 장악하고, 자신의 회사인 플레이그라운드와 용역 계약을 체결하도록 하여 이익을 취하였다.

▲ 피청구인이 최서원 위해 케이티, 현대·기아자동차에 인사 및 이권 청탁

최서원의 요청에 따라, 피청구인은 안종범을 통해 케이티에 특정인 2명을 채용하게 한 뒤 광고 관련 업무를 담당하도록 요구하였다. 그 뒤 플레이그라운드는 케이티의 광고대행사로 선정되어 케이티로부터 68억여 원에 이르는 광고를 수주했다.

또 안종범은 피청구인 지시로 현대자동차그룹에 플레이그라운드 소개 자료를 전달했고, 현대와 기아자동차는 신생 광고회사인 플레이그라운드에 9억여 원에 달하는 광고를 발주했다.

▲ 최서원이 케이스포츠재단의 인사에 관여하고 이권 취득

최서원은 케이스포츠 설립 하루 전에 더블루케이를 설립하여 운영했다. 최서원은 노승일과 박헌영을 케이스포츠의 직원으로 채용하여 더블루케이와 업무 협약을 체결하도록 했다.

▲ **최서원이 그랜드코리아레저와 포스코에 스포츠 팀 창단시키고 이권 취득**

최서원은 안종범을 통하여 그랜드코리아레저와 포스코가 스포츠 팀을 창단하도록 하고, 더블루케이가 스포츠 팀의 소속 선수 에이전트나 운영을 맡기도록 하였다.

▲ **최서원이 문화체육부 내부 문건 받아 이득 시도**

최서원은 문화체육관광부 제2차관 김종을 통해 지역 스포츠클럽 전면 개편에 대한 문화체육관광부 내부 문건을 전달받아, 케이스포츠가 이에 관여하여 더블루케이가 이득을 취할 방안을 마련했다.

▲ **피청구인이 롯데그룹 회장에게 체육 시설 건립 요청**

피청구인은 롯데그룹 회장을 독대하여 5대 거점 체육 인재 육성 사업과 관련해 하남시(河南市)에 체육 시설을 건립하려고 하니 자금을 지원해달라고 요구하여 롯데는 케이스포츠에 70억 원을 송금했다.

⑤ 피청구인의 직권 남용:

헌법은 공무원을 '국민 전체에 대한 봉사자'로 규정하여 공무원의 공익 실현 의무를 천명하고 있고, 이 의무는 국가공무원법과 공직자윤리법 등을 통해 구체화되고 있다. 피청구인의 행위는 최서원의 이익을 위해 대통령의 지위와 권한을 남용한 것으로서 공정한 직무 수행이라고 할 수 없으며, 헌법과 국가공무원법, 공직자윤리법 등을 위배한 것이다.

또한 재단법인 미르와 케이스포츠의 설립, 최서원의 이권 개입에 직·간접적으로 도움을 준 피청구인의 행위는 기업의 재산권을 침해하였을 뿐만 아니라, 기업 경영의 자유를 침해한 것이다. 그리고 피청구인의 지시 또는 방치에 따라 직무상 비밀에 해당하는 많은 문건이 최서원에게 유출된 점은 국가공무원법의 비밀 엄수 의무를 위배한 것이다.

3 | 헌법재판소 판결의 요지

① 대통령은 헌법과 법률에 따라 권한을 행사하여야 함은 물론, 공무 수행은 투명하게 공개하여 국민의 평가를 받아야 한다. 그런데 피청구인은 최서원의 국정 개입 사실을 철저히 숨겼고, 그에 관한 의혹이 제기될 때마다 이를 부인하며 오히려 의혹 제기를 비난하였다.

이로 인해 국회 등 헌법기관에 의한 견제나 언론에 의한 감시 장치가 제대로 작동될 수 없었다. 또한 피청구인은 미르와 케이스포츠 설립, 플레이그라운드와 더블루케이 및 케이디코퍼레이션 지원 등과 같은 최서원의 사익(私益) 추구에 관여하고 지원하였다.

피청구인의 헌법과 법률 위배 행위는 재임기간 전반에 걸쳐 지속적으로 이루어졌고, 국회와 언론의 지적에도 불구하고 오히려 사실을 은폐하고 관련자를 단속해왔다. 그 결과 피청구인의 지시에 따른 안종범, 김종, 정호성 등이 부패 범죄 혐의로 구속 기소되는 중대한 사태에 이르렀다. 이러한 피청구인의 위헌·위법 행위는 대의민주제 원리와 법치주의 정신을 훼손한 것이다.

② 한편 피청구인은 대국민 담화에서 진상 규명에 최대한 협조하겠다고 하였으나 정작 검찰과 특별검사의 조사에 응하지 않았고, 청와대에 대한 압수수색도 거부하였다. 이 사건 소추 사유와 관련한 피청구인의 일련의 언행을 보면, 법 위배 행위가 반복되지 않도록 할 헌법 수호 의지가 드러나지 않는다.

결국 피청구인의 위헌·위법 행위는 국민의 신임을 배반한 것으로, 헌법 수호의 관점에서 용납될 수 없는 중대한 법 위배 행위라고 보아야 한다. 피청구인의 법 위배 행위가 헌법 질서에 미치는 부정적 영향과 파급 효과가 중대하므로, 피청구인을 파면함으로써 얻는 헌법 수호의 이익이 압도적으로 크다고 할 것이다.

▲ 주문(主文)

이에 재판관 전원의 일치된 의견으로 주문을 선고한다.

주문; 피청구인 대통령 박근혜를 파면한다.

▲ 보충 의견:

① 김이수, 이진성 재판관

세월호 참사 관련하여 피청구인은 생명권 보호 의무를 위반하지는 않았지만, 헌법상 성실한 직책 수행 의무 및 국가공무원법상 성실 의무를 위반하였다. 다만 그러한 사유만으로는 파면 사유를 구성하기 어렵다.

② 안창호 재판관

이 사건 탄핵 심판은 보수와 진보라는 이념의 문제가 아니라 헌법 질서를 수호하는 문제로, 정치적 폐습을 청산하기 위하여 파면 결정을 할 수밖에 없다.

2017년 3월10일. 재판관 이정미

김이수

이진성

김창종

안창호

강일원

서기석

조용호

파면 결정에 대한 비판

1 | 경악스러운 재판관 전원 일치 판결

2017년 3월10일 파면 결정에 대하여 한국의 언론과 시민단체(변호사 단체 포함), 정당들은 거의 모두 당연하다, 국민 민주주의의 승리, 촛불 혁명의 승리라고 환영 일색이었다. 외국의 언론은 대부분 무관심하거나, 아니면 정부의 부패에 대한 사법부의 결정 또는 국민의 저항이라는 식으로 피상적인 보도로 그쳤다.

오직 SNS와 인터넷방송 가운데 전원 일치 판결에 대해 인민재판, 정치재판이라는 비판이 나왔다. 일부 비평가 중에는 헌법재판소가 "탄핵을 인용한다"고 판결하지 않고 "파면한다"고 판결한 것을 위법이라고 비판한다.

그러나 헌법재판소법 제53조 제1항에 보면 "탄핵 심판 청구가 이유 있는 경우에는 피청구인을 해당 공직에서 파면하는 결정을 선고한다"고 규정하고 있다. 탄핵 재판은 피청구인이 유죄인 경우, 징역이나 벌금 같은 형벌 대신에 파면을 선고하여 공직에서 추방하는 징벌 제도이다.

사법기관의 결정이기 때문에 일반인의 입장에서 비판이 쉽지 않았다고 보인다. 3월10일(금요일)부터 3월12일(일요일)까지 3일간 헌법재판소 앞과 서울 시내 도심 곳곳에서 대대적인 찬성, 환영 집회(=촛불 집회)와 반대집회(=태극기 집회)가 동시에 다발적으로 열렸다.

반대 집회자들이 경찰과 충돌하여 4명의 시민이 사망(사망자 이름 김완식, 김주빈, 김해수, 이정남)하고, 여러 명의 경찰이 부상하였다. 이로 인해 박성현, 손상대, 정광용 등의 태극기 집회 주최자들이 특수공무집행 방해 치상죄로 구속되고 재판을 받고 있다.

경찰의 철저한 중간 분리 경호로 양측 군중들이 직접 맞붙어 충돌하는 인명 사고는 없었다. 파면 결정에 반대하는 시민들은 특히, 헌법재판관 8명 전원이 파면 결정에 찬동하는 전원 일치 판결을 내린 데 대하여 경악했다. 군사 독재 시절에도 법원은 반대의견을 내며 저항을 표시하는 소수 의견이 있었는데 민주사회에서 어떻게 반대 의견, 소수 의견이 하나도 나오지 않느냐며 불가사의한 수수께끼라고 의아해했다.

박근혜 대통령 변호인단이 발표한 최종 입장 및 내가 강연 및 인터넷을 통해 발표한 비판론의 요지는 다음과 같다.

2 | 변호인단 최종 입장

더 이상 다툴 수 없는 헌법재판소의 결정에 대하여 받아들일 수밖에 없다는 점을 말씀드립니다.

다만 저희들은 ① "대통령에 대한 탄핵심판에서 소추사유를 인정하기 위하여는 헌법재판소법에 의하여 준용되는 형사소송법상의 엄격한 증명이 필요하다"는 피청구인 대리인들의 주장에 대하여, 헌재는 결정문에 사실인정

에 대한 입증의 정도를 전혀 설시하지 않은 점,

(이로 인하여 최서원과 피청구인의 공모 관계, 재단 설립에서 대기업이 느끼는 부담감 등의 문제 등에 대하여 적법하게 채택된 증거들에 의하여 엄격한 증명이 이루어졌는지 여부를 확인할 방법이 없음.)

② "형사법 위반(뇌물, 직권 남용 권리 행사 방해, 강요 등)으로 탄핵 소추 의결된 소추 사유에 대하여 헌재가 임의로 헌법 위배로 구성하는 것은 허용되어서는 안 된다"는 피청구인 측 대리인들의 주장에 대하여 헌재가 구체적 판단을 하지 아니한 채 "소추 사유를 어떤 연관 관계에서 법적으로 고려할 것인가 하는 것은 전적으로 헌법재판소의 판단에 달렸다"(2004헌나1)라는 이유만 설시하고, 소추 사유에는 형사법 위반으로 기재된 소추 사유를 헌법 위반으로 인정하여 파면 사유로 설시한 점,

(국회 탄핵 소추 사유서에 피청구인에 대한 소추 사유를 뇌물·직권 남용 권리 행사 방해·강요 등 형사법 위반이 아닌 "기업의 재산권을 침해하였다거나, 기업의 자유를 침해하였다"고 기재하였을 경우 탄핵 의결되었을 것인지 여부가 불분명.)

③ 헌재는 피청구인이 검찰 조사 및 특검조사에 응하지 않았고, 청와대에 대한 압수수색을 거부한 점을 피청구인의 헌법 수호 의지가 없는 것으로 설시하였으나, 검찰 조사 및 특검 조사에 응하지 않은 경위에 대하여 심판 과정에서 전혀 언급한 사실이 없고, 위와 같은 경위에 대하여 헌재는 피청구인 대리인들에게 석명을 요구한 사실도 없으며, 청와대에 대한 압수 수색을 허용할 것인지의 여부에 대한 결정은 직무 정지된 피청구인에게 있는 것이 아님이 명백하고, 이러한 문제에 대하여 심판 과정에서 전혀 심리하지 않았으므로 피청구인 측에서는 전혀 설명할 기회가 부여되지 않았던 점 등에 대하여 후일 엄정한 판례 평석이 이루어지기를 바랍니다.

3 | "이 나라 법치주의는 죽었다."
-김평우 변호사의 반대 의견

박근혜 대통령 변호인의 1인이었던 필자는 탄핵 인용 결정 다음날인 3월 11일(토요일) 오후 2시, 서울 도심지 대한문 앞에서 열린 탄핵 기각 국민운동본부(=탄기국) 태극기 집회에서 헌법재판소의 3월10일자 결정에 대하여 11개 반대 이유를 지적하였다. (당일 집회의 참석자 수는 약 10만)

① 어제 우리는 결코 지지 않았습니다. 진 것은 우리가 아니라 헌법재판소입니다. 여러분, 우리가 2012년 평등, 민주, 보통, 비밀선거에 의하여 뽑은 완벽한 민선(民選) 대통령, 그리고 대한민국 역대 대통령 중 가장 깨끗하셨고 헌법 수호에 용감하셨던 우리 역사 최초의 여성 대통령 박근혜 님은 어제로 비록 대한민국 대통령 직을 억울하게 빼앗겼지만, 그 대신 그보다 더 값진 법치 애국의 영원한 순교자가 되셨습니다.

② 이 판결은 강일원 재판관이 멋대로 정리한 새 탄핵 소추장을 기초로 하여 판결하고 있습니다. 이는 자기가 소추하고 자기가 재판한 판결입니다. 2016년 12월9일 국회 탄핵 소추장에는 13개의 탄핵 사유가 있었습니다. 그런데 강일원 재판관은 소위 준비 절차에서 '쟁점 정리'라는 이름 아래 자기 멋대로 13개 탄핵 사유를 5개로 줄여 재구성한 연후에, 이를 가지고 재판한다고 일방적으로 선언하였습니다.

국회의 권성동 소추위원은 2017년 2월1일 강일원 재판관이 써준 새로운 법리 구성에 따라 종전의 13개 탄핵 사유를 5개의 간략한 탄핵 사유로 바꾸어 새로운 탄핵 소추장을 '준비 서면'이란 이름으로 제출하였습니다. 어제 판결은 이 새로운 소추장을 가지고 재판한 것입니다.

이는 탄핵 소추는 국회의원 3분의 2의 동의로 성립된다는 헌법 제65조 2항의 명문 규정을 위배한 것입니다. 피청구인 측에서 국회의 3분의 2 동의

없이 탄핵 소추장을 변경하면 안 된다고 항의하였으나, 강일원 재판관은 이를 무시하고, 헌법 재판은 직권주의 재판이므로 불고불리(不告不理)의 소송법 대원칙이 적용되지 않는다며 밀어붙인 것입니다.

어제 판결은 자신이 멋대로 고친 이 5개 탄핵 사유를 가지고 판결한 것입니다. 그렇다면 이는 헌법 제65조에 위배되는 것은 물론이고, 법관이 자기가 소추하고 자기가 재판도 하는 세계 재판사상 유례가 없는 오만한 재판을 한 것입니다.

③ 13개 탄핵 사유별 투표를 하지 아니하고 탄핵의 찬반 투표만 한 것이 위헌이라는 주장에 대해서도, 표결 방법에 관한 아무 명문 규정이 없어 '의회의 자유'라고 의회에 완전한 면죄부를 주었습니다. 헌법재판소가 국회의 명문 규정이 없기 때문에 합헌이라고 판결한다면, 이는 국회의 규정이 헌법의 적법 절차 규정보다 높다는 것 아닙니까? 그러면 헌법재판소는 뭐 하러 있습니까?

④ 8인 재판의 위헌 주장에 대해서도 그 대답이 기가 막힙니다. 사정상 부득이한 경우에는 재판관 7인 이상 출석하면 심리할 수 있다는 헌법재판소법 제23조의 규정이 있으니까 평결도 할 수 있다는 것입니다. 우리 헌법 제111조에는 9인의 재판관으로 헌법 문제를 재판한다고 되어 있지, 7인 이상 재판할 수 있다고 되어 있지 않습니다.

오히려 헌법재판소법 제22조에는 헌법재판소의 심판은 재판관 전원(9인)으로 구성되는 재판부에서 관장한다고 명문으로 규정되어 있습니다. 7인 이상이 심리할 수 있다는 것은 헌법재판소법에 있지 헌법에 있지 않습니다. 그리고 그 법률 규정도 "7인 이상이 심리할 수 있다"고 되어 있지 심판할 수 있다고 되어 있지 않습니다.

헌법이 높고 법률은 그 아래 있기 때문에, 법률로 헌법을 뒤집을 수 없다는 이 간단한 헌법의 기본 원리도 모르는 사람이 헌법 재판관들이라니 놀라지 않을 수 없습니다. '심리(審理)'와 '심판(審判)'의 차이도 모르는 사람이 판사라니 정말 믿어지지 않습니다.

그러면 2014년에 박한철, 이정미, 이진성, 김이수 이 네 사람이 "8인 재판은 위헌"이라고 판결한 것은 실수입니까? 이렇게 수시로 의견이 바뀌고, 왜 바뀌었는지 설명도 안하는 사람이 과연 법관의 양심을 가진 법관입니까?

⑤ 특히 제가 2월27일 최종 변론에서 가장 힘주어 강조한 "고의 없으면 처벌 없다"는 근대법의 기본 원리를 위배하여, 고의에 대한 아무런 사실 적시와 증거 설명이 없습니다. 이 사건 국회의 탄핵 소추장과 마찬가지로 이 사건 판결문에도 피청구인, 즉 박근혜 대통령님이 '고의'나 '범죄 의사'를 가지고 최순실의 국정 관여를 방임하거나 도와주어 직권을 남용한 것이라는 고의, 공범자 의사에 대하여 아무런 적시나 설명도 없이 대통령 직 파면이라는 중대한 처벌을 내린 것입니다.

⑥ 이 판결문에 의하면, 우리 국민이 2012년에 평등·비밀·직접·보통선거에 의하여 뽑은 민선(民選) 대통령 박근혜 대통령 님을 국회와 헌법재판소가 합동하여 파면한 것입니다. 이 사건 판결서에 의하면, 국회가 2016년 12월9일 탄핵 소추장에서 탄핵 사유로서 가장 강조했던 '세월호 사건', '뇌물죄' 등 큰 것들은 다 죄가 안 된다고 판결하여 마치 탄핵이 기각되는 것처럼 판결하더니, 후반부에 '최순실의 국정 개입 허용과 직권 남용'이라는 제목의 부분에 와서 갑자기 헌법 위배, 법률 위배라고 유죄를 인정하고는, 이것이 바로 탄핵을 해야 될 중대한 위법성 있는 범죄라서 대통령을 파면한다는 것입니다.

여러분, 국회에서 중대한 범죄라고 소추한 것은 다 죄가 안 되고, 국회에서 가볍다고 생각한 것만 골라 중대한 범죄라니 이것은 누가 보아도 궤변 아닙니까? 국회는 이것만으로는 탄핵할 사유가 못된다고 생각해서 13개 탄핵 사유의 뒤쪽에 놓은 것을 꺼내서, 이것이 가장 중요한 탄핵 사유라고 하면 이것은 국회가 대통령을 탄핵하는 것이 아니라 헌법재판소 판사들이 대통령을 탄핵하는 것 아닙니까?

여러분, 이 나라의 유명한 전직 대법관님께서 헌재가 혹시 이러한 장난을 칠까봐 의견서를 내셨습니다. 여기서 이 분은 국회가 13개 탄핵 사유를 다 묶어서 일괄 투표를 하였으니까 탄핵 사유 중 한 개라도 헌법 위배, 법률 위배가 아닌 것이 있으면 그 전체를 기각하여야 한다고 지적하셨습니다.

너무나 당연한 논리 아닙니까? 한 개의 의안(議案)으로 해서 일괄 투표한 탄핵 소추 결의안이니까 헌재도 이것을 하나의 불가분한 의안으로 보고, 이 중에서 하나라도 헌법 위배나 법률 위배가 아닌 것이 있으면 의안을 기각해야 할 것 아닙니까?

13개 사유 전부가 탄핵할 사유라고 해서 한 개의 의안으로 일괄 투표한 것인데, 헌법재판관이 이 한 개의 안을 자기 멋대로 다시 풀어헤쳐서 자기 마음대로 5개의 의안으로 분류한 후에 마지막 다섯 번째 가장 가벼운 안을 가지고 탄핵을 시켰으니, 이번 대통령 탄핵은 국회가 탄핵한 게 아니라 헌법재판소가 탄핵한 것입니다.

⑦ '증거 없는 소추'의 위헌성에 대해서도 국회법에 증거를 붙여야 한다는 규정이 없으니까, 증거를 붙이고 안 붙이고는 국회 자유라는 것입니다. 여러분, 우리 형사소송법에는 검사가 증거 없이 기소하지 말라는 명문 규정은 없습니다. 그러면 검사는 아무 증거 없이 사람을 기소해도 자유입니까?

설사 법률에 아무런 규정이 없어도 헌법 제12조에는 적법 절차 규정이 있으므로 검사가 증거 조사도 아니하고, 증거도 없이 국민을 기소하는 것은 적법 절차에 위배된 기소로서 위헌입니다. 그리고 만일 고의적이면 이는 직권 남용 등의 범죄가 되는 것입니다.

국회도 마찬가지입니다. 증거가 있어야 대통령을 소추할 수 있는 것은 헌법 제12조의 적법 절차 규정상 너무나 당연한 것입니다. 헌법을 전문으로 재판하는 헌법재판소 재판관들이 국회가 증거 소추하라는 헌법의 규정이 없으니까 증거 없이 대통령을 소추해도 좋다고 하면, 이런 재판관이 어떻게 헌법을 지키는 재판소의 법관입니까?

⑧ 고영태 일당의 거짓 진술, 증언과 특검의 인권 침해에 대하여 아무런 판단도 하지 않고 있습니다. 이번 판결에서 박근혜 대통령은 결국 자신의 범죄가 아니라 최순실의 부정, 비리에 연루되어 유죄가 되었습니다. 그런데 최순실의 비리, 부정은 여전히 형사법원에서 재판하고 있습니다.

그것은 최순실의 비리, 부정을 언론과 검찰에 밀고한 고영태 일당의 진술, 증언이 자신들의 이익을 챙기기 위해 고의로 조작한 거짓 증거라는 것이 점차 드러나 그들의 진술이 신빙성을 잃어버렸기 때문입니다. 그런데 헌재는 형사법원도 망설이고 있는 최순실의 비리, 부정을 형사법원도 아닌 헌법재판소에서 유죄로 단정하여 이를 전제로 박근혜 대통령을 탄핵하는 결정을 내린 것입니다.

특검(特檢)의 경우도 마찬가지입니다. 특검의 조사는 인권을 침해한 불법 수사인데, 이를 증거에서 배제하지 않고 재판의 근거로 삼은 것은 적법 절차에 어긋나는 헌법 위배의 재판입니다.

⑨ "섞어찌개 범죄는 위헌이다"는 제 주장에 대해서는 아예 언급이 없습니다. 연대 책임이나 연좌제를 적용해서는 안 된다는 저의 주장에 대하여도 언급이 없습니다. '헌법 위배'는 '법률 위배'와 달라서, 단순한 개별적 법률 위배 행위가 바로 헌법 위배 행위가 되는 것이 아니라, 고의적으로 헌법 원칙을 정면으로 부정하거나 부인하는 것을 의미한다는 주장에 대하여도 언급이 없습니다.

⑩ 특히 검찰이나 특검의 조사에 응하지 않은 것을 헌법 부정으로 해석한 것은 수사 피의자의 자백 강요 금지, 진술 거부권 또는 자기 부죄(負罪) 거부의 특권(privilege against self-incrimination=범죄를 저질렀다고 기

소되거나 의심받는 사람이 형사상 자기에게 불리한 진술을 강요당하지 아니하는 권리)을 완전히 부정하는 완전히 전근대적인 반(反)헌법적 판결입니다.

⑪ 그러나 저를 가장 놀라게 하고 슬프게 한 것은 다름 아니라, 헌법재판관 8명 전원이 탄핵 인용에 찬성했다는 사실입니다. 저는 이 89쪽짜리 판결문을 읽는 것이 너무나 부끄럽고 죄송합니다. 이것이 우리 법조계의 엘리트라는 사람들의 법률 수준임이 이제 만천하에 드러났습니다.

⑫ 결국 이 사건 판결문은 국회의 졸속 소추장보다 더 졸속한 판결입니다. 2017년 3월10일 이 날은, 대한민국 법치주의의 최후의 보루인 헌법재판소가 스스로 헌법을 파괴하여 이 나라 법치주의를 자기들 손으로 무너뜨린 사법 자멸(自滅)의 날로 역사에 기록될 것입니다.

아시다시피 이 나라 언론은 지난 2016년 10월부터 언론 기관이 아니라 수사 기관, 재판 기관으로 나서서 그 본분을 잃었습니다. 그리고 국회는 이 언론과 촛불 집회에 밀려 2016년 12월9일 증거 조사도 없는 섞어찌개의 졸속한 대통령 탄핵 소추를 하여 이미 자신의 본분을 잃었습니다.

게다가 박영수 특검이 2016년 12월21일부터 2017년 2월28일까지 70일간의 공포 검찰 시대를 열어 국민을 공포의 도가니에 몰아넣음으로써 검찰이 국민의 자유·신체·생명을 보호할 검찰 본연의 임무를 저버린 데 이어, 이제 헌법재판소가 사법의 임무를 길거리에 갖다 던짐으로써 이 나라 사법은 완전히 그 직분을 잃었습니다.

이제 이 나라 법치주의는 끝났습니다. 앞으로 이 나라에는 혁명 검찰이 다시 나타나 완장을 차고 다니며 인권을 짓밟고, 사람을 마구 구속하는 기나긴 공포의 시대가 올 것입니다. 그리고 저들이 벌인 이 2016년 12월9일 정변의 마지막 목적인 조기(早期) 대통령 선거가, 역시 불법·졸속으로 치러질 것입니다. 그 뒤에 오는 것은 이 나라 역사에 처음으로 등장할 완벽한 좌파 정부일 것입니다.

⑬ 법치 애국 시민 여러분, 어떠한 일이 닥치더라도 용기를 잃지 마십시오. 여러분, 저들이 오늘 이렇게 언론과 국회, 검찰, 사법, 노조를 모두 장악하게 된 것은 결코 몇 년 만에 된 것이 아닙니다. 저들은 1987년 민주 헌법이 시행된 이래 지난 30여 년간 어린 자녀, 젊은이, 지도층을 하나하나 자신들의 민주·민족·민중의 삼민(三民)주의, 즉 김일성의 주체사상(主體思想)으로 물들였습니다.

그 총결산이 바로 어제 우리가 본 8인 헌재 재판관 전원 일치의 박근혜 대통령 탄핵 결정입니다. 그렇기 때문에 저들을 몰아내고 새로운 언론, 새로운 국회, 새로운 검찰, 새로운 법원, 새로운 노조를 만드는 것도 결코 하루 이틀에 되지 않습니다.

우리도 오랜 기간 고난과 인내의 대장정(大長征)을 거쳐야 잠자는 대중, 침묵하는 지도층, 마냥 행복한 부유층이 우리에게 동참과 협력의 손길을 뻗을 것입니다.

⑭ 누구를 위하여 종은 울리나? 어제 이 나라에서 울린 종은, 법치 민주주의 종언(終焉)을 알린 종입니다. 동시에 우리들에게 법치주의를 재건하여 우리의 후손들에게 국민이 진정한 이 나라의 주인이고, 우리를 '2등 국민'으로 능멸하는 오만한 법관, 검찰, 국회, 언론을 우리의 손으로 심판하기 위하여 용감하게 일어나 투쟁할 것을 명령하는 운명의 종입니다.

2017년 3월11일 김평우 변호사

헌법재판관이 만든
탄핵 사유

1 | 난데없이 등장한 새로운 용어

헌법재판소는 2017년 3월10일, 8명의 헌법재판관 전원 일치로 박근혜 대통령을 탄핵하는 결정을 내렸다. 이 탄핵 결정의 이유, 즉 탄핵 사유는 박근혜 대통령이 최순실의 사익(私益)을 위하여 대기업 사장들에게 지시하여 미르재단, 케이스포츠재단을 설립하게 하고 그 기본 재산을 출연하게 하였으며, 대기업들에게 최순실에게 특혜를 주도록 지시하는 등으로 대통령의 권한을 남용하였다는데 있다. 즉 '권한 남용'이 탄핵 이유이다.

그런데 이 '권한 남용'은 국회가 2016년 12월9일, 국회의원 234명의 찬성으로 결의한 탄핵 소추장의 탄핵 사유에는 없다. 뿐만 아니라 '권한 남용'이라는 용어는 형법상의 죄명도 아니고(형법에는 '직권 남용죄'는 있어도 '권한 남용죄'는 없다), 헌법상의 죄명도 아니다. 이건 탄핵 심판에서 헌법재판소가 처음 만들어 사용한 죄명이다.

그러면 '권력 남용'이란 생소한 탄핵 사유는 누가, 어떻게, 왜 만들었는가? 헌법재판소는 왜 국회가 소추한 탄핵 사유를 가지고 재판하지 않고, 이 생소한 정치적 죄명으로 박근혜 대통령을 탄핵하였을까? 이렇게 생소한 헌법 위반 사유로 탄핵한 것은 적법한가? 이제부터 이들 여러 문제를 검토해 보기로 한다.

2 | 국회가 의결한 탄핵 사유

헌법 제65조는 탄핵 사유를 "직무 집행에 있어서 헌법이나 법률에 위배한 때"라고 규정하고 있다. 이 규정에 의하면 헌법상 탄핵 사유는 헌법 위배와 법률 위배 두 유형이다.

국회가 의결한 탄핵 사유는 위 헌법 조항에 따라 작성되었다. 내용이 다소 복잡하지만 탄핵 소추장의 큰 제목 구분에 의하면, 헌법 위배 5개와 법률 위배 4개로 도합 9개 항이다. 구체적 위반사실로 보면 헌법 위배 사실 8개, 법률 위배 사실 8개의 도합 16개이다.

(헌법 위배의 경우에는 한 항목에 여러 개의 헌법 조항을 나열하여 탄핵 사유를 특정하기가 매우 어렵다. 그래서 나는 헌법 위배 탄핵 사유 5개, 법률 위배 탄핵 사유 8개, 도합 13개 탄핵 사유로 보고 있다. 만일 위법 사실을 기준으로 탄핵 사유를 계산하면, 총 16개 탄핵 사유로 보는 것이 옳다.)

이 탄핵 사유를 표로 정리하면 아래와 같다.

〈표1〉 국회의 탄핵 사유표 (2016. 12. 9. 탄핵 소추장)

헌법 위배 5개 항목 8개 사실	
위반 법령	위법사실
국민주권주의(헌법 제1조), 대의민주주의(헌법 제67조 제1항), 국무회의에 관한 규정(헌법 제88조, 제89조), 대통령의 헌법수호 및 헌법준수의무 (헌법 제66조 제2항, 제69조) 조항 위배	최순실에게 공무상 비밀 누설
	강제로 미르재단, 케이스포츠재단 설립하여 최순실에게 기부토록 강요
직업공무원 제도(헌법 제7조), 대통령의 공무원 임면권(헌법 제78조), 평등 원칙(헌법 제11조) 조항 위배	최순실의 인사 청탁받고 청와대와 문화체육부 간부를 임명 또는 해임
	최순실이 문화체육관광부로부터 동계 스포츠 영재센터를 통하여 6억 7000만 원, 그리고 늘봄체조를 통하여 3억 5000만 원의 예산지원을 받도록 방조하거나 지시
재산권 보장(헌법 제23조 제1항), 직업선택의 자유(헌법 제15조), 기본적 인권보장 의무(헌법 제10조), 시장경제질서(헌법 제119조 제1항), 대통령의 헌법 수호 및 헌법 준수 의무 (헌법 제66조 2항, 제69조) 조항 위배	최순실에게 사기업들이 뇌물 또는 특혜를 주도록 강요
	사기업의 임원 인사에 간섭
언론의 자유(헌법 제21조 제1항), 직업선택의 자유(헌법 제15조) 조항 위배	세계일보 사장에게 퇴진 강요
생명권 보장(헌법 제10조) 조항 위배	세월호 조난 사고 시 7시간 동안 구조 소홀히 하여 피해자들이 죽도록 방치

법률 위배 4개 항목 8개 사실	
위반 법령	위법사실
재단법인 미르, 재단법인 케이스포츠 설립 모금 관련 범죄 : 특정범죄 가중처벌법 제2조 위반 뇌물죄, 직권남용죄(형법 제123조), 강요죄(형법 제324조)	삼성그룹 출연액 204억 원, 에스케이그룹 출연액 111억 원, 롯데그룹 출연액 45억 원 도합 360억 원
롯데그룹 추가 출연금 관련 범죄: 뇌물죄, 직권남용죄, 강요죄	70억 원 추가 출연금
문서 유출 및 공무상 취득한 비밀 누설 관련 범죄: 공무상 비밀 누설죄(형법 제127조)	정호성에게 지시하여 최순실에게 47건의 공무상 비밀문서 유출

	케이디코퍼레이션 관련 5162만 원 특정범죄 가중처벌 등에 관한 법률위반(뇌물)죄, 10억 상당의 제품 납품 관련 직권남용 권리행사 방해죄, 강요죄
안종범 비서관에게 지시하여 대기업들이 최순실 등에게 제공한 특혜 관련 범죄: 특정범죄 가중처벌법 제2조 위반 뇌물죄, 직권남용죄(형법 제123조), 강요죄(형법 제324조)	현대자동차가 70억 광고 계약을 플레이그라운드와 계약한 건 관련 직권남용 권리행사 방해죄, 강요죄
	주식회사 포스코가 펜싱 팀 창단하고 더블루케이와 매니지먼트 계약 체결한 건 관련 직권남용 권리행사 방해죄, 강요죄
	주식회사 케이티가 68억 원 상당의 광고계약을 플레이그라운드와 채결한 건 관련 직권남용 권리행사 방해죄, 강요죄
	그랜드코리아레저가 더블루케이와 6000만 원의 선수 관리 계약 체결한 건 관련 직권남용 권리행사 방해죄, 강요죄

3 | 헌법재판소의 탄핵 사유

헌법재판소가 선고한 탄핵 심판 결정문에 보면, 헌법재판소는 국회의 탄핵 소추장에 적힌 13개 또는 16개의 탄핵 사유를 무시하고 간단하게 ①비선 조직에 의한 국정 농단에 따른 국민주권주의와 법치주의 위반 ②언론자유 침해(세계일보) ③생명권 침해(세월호사건) ④대통령의 권한 남용의 네 가지로 탄핵 사유를 나누어 차례대로 결정하였다.

유죄 판결, 즉 탄핵 결정의 중요사유는 대부분 ④의 '권한 남용'이다. 그런데, 이 탄핵 사유는 국회가 2016년 12월9일 의결하여 헌법재판소에 보낸 탄핵 소추장에는 없다. 이 탄핵 사유는 2017년 2월1일 국회의 탄핵 소추위원(=권성동 법사위원장)의 대리인이 제출한 준비 서면에 나온다. 2017년 2월1일 탄핵 사유 내용을 요약하면 다음의 표와 같다.

〈표2〉 헌법재판소의 탄핵 사유 (2017. 2. 1. 준비 서면)

유형 (죄명)	구체화 (위법 사실)	헌재판결
비선조직에 의한 국정농단에 따른 국민주권주의와 법치주의 위반	공무상 비밀 누설	유죄
	사인에게 국정을 맡긴 행위 국정 개입 허용: 연설문 수정, 공직자 임명	유죄
언론자유 침해	세계일보	무죄
생명권 침해	세월호	무죄
대통령의 권한 남용	공무원 임명권 남용(유진룡, 노태강, 진재수)	무죄
	재단법인 미르, 케이스포츠 설립 등 관련	유죄
	최순실에 특혜제공 -케이디코퍼레이션 -플레이그라운드 -포스코 펜싱팀 -케이티 -그랜드코리아레저 -씨제이 인사	유죄

4 | 국회와 헌법재판소의 차이점

우선 국회 소추장에는 탄핵 사유가 크게 헌법 위배와 법률 위배의 두 유형이다. 그런데 권성동 소추위원(국회 법사위원장)이 2017년 2월1일, 준비 서면의 형식으로 헌법재판소에 제출한 소추장에는 헌법 위배만 있고 법률 위배 유형은 없다.

국회 소추장에서 법률 위배로 소추된 사유 8개 중 공무상 비밀 누설죄(청와대 문건유출)는 소위 '국정 농단'이라는 정치적 이름의 헌법 위배(민주주의와 법치주의 위반) 유형으로 들어가고, 나머지 7개는 '권한 남용'이라는 생소한 헌법 위배 유형으로 들어갔다.

그리고 헌법재판소는 바로 이 '권한 남용'을 유죄로 인정하여 탄핵하였다. 결국 헌법재판소는 국회의 탄핵 소추장에 없는 '권한 남용'이라는 기상천외한 헌법 위배의 탄핵 사유를 만들어서 유죄를 인정하여 박근혜 대통령을 탄핵한 것이다.

두 번째로, 국회의 탄핵 소추안은 위배된 헌법 조항과 형법 조항이 구체적으로 명시되어 있다. (다만, 헌법 위배는 한 항목에 여러 개의 헌법 조항을 열거하여 위배된 항목이 특정되지 아니한다)

따라서 헌법 위배 사항은 몰라도 법률 위배 사항은 사실 관계와 적용 법률을 종합하면 탄핵 사유가 구체적으로 특정된다. 피청구인의 입장에서 방어권을 행사할 수 있다. 예컨대 범죄의 일시, 장소가 특정되면 알리바이 주장이 가능하다.

그런데 2017년 2월1일 소추장에는 위배된 헌법, 법률 조항이 하나도 명시되어 있지 않다. 따라서 법률상의 요건 사실이란 것이 없다. 오로지 제목과 추상적인 설명뿐이다.

헌법이나 법률의 위반으로 박근혜 대통령을 탄핵 소추한 것이 아니라, 정치와 언론으로 탄핵 소추한 것을 의미한다. 피청구인 박근혜 대통령의 입장에서는 사실로 다툴 수도 없고, 법률로 다툴 수도 없다.

셋째로, 국회 소추장에는 ①미르재단, 케이스포츠재단 출연금 360억 원 ②롯데그룹 추가 출연금 70억 원 ③케이디코퍼레이션의 납품 계약 ④현대자동차의 광고 계약 ⑤주식회사 포스코의 펜싱 팀 창단 ⑥주식회사 케이티 광고 계약 ⑦그랜드코리아레저의 선수 관리 계약 등 7개의 혐의 사건에 대하여 형법상의 직권남용죄, 강요죄 또는 가중 처벌 뇌물죄를 적용하여 소추하였다.

그런데 2017년 2월1일 소추장은 동일한 혐의 사실에 대하여 뇌물죄, 강요죄, 직권남용죄를 적용하지 않고, '권한 남용'이라는 헌법전에도 없고 형법전에도 없는 기상천외한 새로운 죄명을 창안하여 소추하였다.

5 | 강일원 재판관이 만든 탄핵 사유: '권한 남용'

대통령 등 모든 공무원은 직무상의 권한, 즉 직권을 적절히 행사하고 남용하지 말아야 한다. 그것은 공무원으로서 당연한 의무이다. 공무원이 직권을 남용하면 형법 제123조에 따라 처벌된다. 박근혜 대통령의 경우 국회는 이미 2016년 12월9일자 탄핵 소추장에서 위 7개 혐의 사실에 대하여 직권남용죄를 적용하여 탄핵 소추하였다.

그런데 이 '직권 남용'은 공무원의 '직무 권한 남용'을 줄인 말이다. 따라서 직권 남용과 권한 남용은 의미가 같다. 그렇다면 국회가 소추한 대로 직권남용의 혐의에 대하여 유죄 여부를 판단하여 직권남용죄로 탄핵 심판하면 되지, 굳이 '직권 남용' 대신에 '권한 남용'이라는 생소한 죄명을 만들어서 탄핵을 할 이유가 없다.

형식상으로 보면 국회의 탄핵 심판 소추위원인 권성동 국회 법사위원장이 2017년 2월1일 준비 서면을 제출하여 직권남용죄, 강요죄, 뇌물죄의 죄명을 버리고 '권한 남용'이라는 새로운 탄핵 죄명을 만든 것으로 보인다. 그러나 이는 사실과 다르다. 박 대통령 탄핵 사건에서 위 7개의 혐의에 대하여 직권남용죄, 강요죄, 뇌물죄 대신에 '권한 남용'이라는 죄명으로 묶어서 소추하라고 권성동 위원에게 지시한 사람은 강일원 헌법재판관이다. 2016년 12월9일 오후 4시경 국회에서 탄핵 소추를 결의하자마자, 헌법재판소는 당일 해외 출장에서 급히 귀국한 강일원 재판관을 주심판사로 임명하였다.

강일원 재판관은 2016년 12월22일, 제1회 준비 절차 기일에서 '쟁점 정리'라는 이름 아래 국회 탄핵 소추안을 ①국정 농단에 따른 국민주권주의와 법치주의 위반 ②대통령의 권한 남용 ③언론의 자유 침해 ④생명권 보호 의무 위반의 4개 '유형'으로 나누어 진행하겠다며 청구인과 피청구인 대리인들의 동의를 구하였다.

위 4개 항 중 국정 농단, 언론 탄압(세계일보 사장 사퇴), 생명권 침해(세월호 조난 구조 실패)의 3개 사유는 국회의 탄핵 사유에 이미 들어 있는 것이므로 문제가 안 된다. 문제는 ②의 '권한 남용'이다.

국회 소추장에 나오지 않은 생소한 '권한 남용'이라는 탄핵 사유를 갑자기 제시하며, 여기에다 국회 소추장의 7개 법률 위배를 모두 포함시키겠다고 일방적으로 선언하며 권성동 소추위원과 피청구인 측에게 동의를 요구하였다. 동의를 요구한다는 것은 이의하지 않겠다고 약속을 하라는 것이다.

2016년 12월22일 제1회 준비 절차 기일 변론 조서를 보면, 소추위원과 피청구인 양측이 동의하였다고 기재되어 있다. 그러나 쟁점 정리는 민사소송에서 사실 관계에 대한 상대방의 주장을 다투지 않기로 합의하는 절차이지, 탄핵 사건에서 국회의 탄핵 사유를 재판관이 바꾸는 데 당사자들이 동의하는 절차가 아니다. 피청구인 측은 재판관의 지시가 사리에 맞지 않지만 재판관에게 공개적으로 거역하는 것이 두려워서 반대를 못 한 것으로 보인다.

국회 소추위 권성동 위원 측도 강일원 재판관의 돌발적인 탄핵 소추장 변경 요구를 이해하지 못하여, 2017년 2월1일 제10회 변론 기일까지 명시적으로 응하지 않았다. 그동안 강일원 재판관은 국회 소추위 대리인들에게 탄핵 사유를 '권한 남용'으로 바꾸라고 수차례 지시하였다.

강일원 재판관의 숨은 의도를 이해하지 못한 국회 소추위 측이 마지못해(?) 한 달 뒤인 2017년 1월23일 박 대통령의 미르재단, 케이스포츠재단 관련 및 최순실 등에게 특혜를 제공한 것과 관련하여 국회가 소추한 뇌물죄, 강요죄, 직권남용죄의 7개 법률 위배는 법률 위배와 동시에 헌법을 위배한 '권력적 사실 행위'로서 헌법상의 '법률 유보 원칙', '과잉 금지 원칙', '자유시장 경제 질서', '자유민주적 기본 질서' 등을 위배하거나 침해하는 것이어서 중대한 헌법 위반에 해당한다고 주장하는 준비서면을 제출하였다.

그러나 이 준비 서면은 강일원 재판관이 지시, 요구한 대로 7개의 법률 위배 혐의 주장을 철회하고 그 대신 '권한 남용'의 헌법 위배를 주장한 것이 아니다. 법률 위배와 중첩적으로 '자유민주적 기본 질서 위배' 등의 헌법 위배를 추가하여 주장한 것이다. 강일원 재판관은 다시 준비 절차에서 쟁점 정리한 대로 탄핵 사유를 유형별로 구체화하라고 지시하였다.

드디어 국회 소추위원 측은 2017년 2월1일, 준비 서면을 제출하였다. 그 내용이 바로 앞의 〈표2〉에서 본 헌법재판소의 탄핵 사유표이다.

형식은 국회 소추위가 준비 서면을 제출하여 탄핵 소추장의 탄핵 사유를 바꾼 것으로 되지만, 실제는 앞에서 보았듯이 2016년 12월22일 제1차 준비 절차에서 강일원 재판관이 작성하여 국회 소추위 측에 준비 서면 형태로 제출하라고 강요한 새로운 탄핵 소추장이다.

결국 헌법재판소는 국회로부터 탄핵 소추장을 받자마자 국회의 탄핵 소추장으로는 재판을 할 수 없다고 판단하여, 헌법재판소가 재판하기 좋은 내용으로 탄핵 소추장을 고친 후 국회 소추위에 이대로 고치도록 지시하여 그 소추장으로 탄핵을 결정한 것이다.

6 │ 법률 적용은 법률 해석이 아니다

이 준비 서면에 대하여 피청구인 측은 2017년 2월6일자 준비 서면에서, 국회의 탄핵 소추안 변경 결의도 없이 탄핵소추안의 내용을 바꾸는 것은 위법한 소추안 변경이므로 인정할 수 없다고 이의를 제기하였다. 이 이의에 대하여 헌법재판소는 아무런 판단도 없이 무시하였다. 그리고는 2017년 3월10일 탄핵 결정문에서 느닷없이 "피청구인이 탄핵 사유 변경에 대하여, 14차 변론 때까지 이의를 제기하지 않다가 변론이 끝난 시점에 와서 이의하였으므로 이의는 이유 없다"고 판결하였다.

앞에서 보았듯이 이는 사실과 전혀 다르다. 피청구인은 소추위 측의 준비 서면을 받자마자 다음 재판일인 2017년 2월6일, 이의하는 준비 서면을 제출하였다. (변론 조서에 기재되어 있다.) 더 나아가 헌법재판소는 탄핵 사유의 사실을 추가하거나 변경하는 것은 허용이 안 되지만, 탄핵 사유의 법률 구성을 변경하는 것은 탄핵 사유의 변경이 아니라 법률 해석의 변경이므로 국회의 변경 의결이 없어도 무방하다고 판단하였다.

그러나 이 역시 전혀 사리에 맞지 않는 억지 주장이다. 법률 구성은 단순한 법률 해석이 아니다. 동일한 사실 관계라도 적용 법률을 달리하면 죄명이 달라지고 처벌이 달라진다. 그리고 이에 따라 탄핵의 유·무죄, 중대성 여부가 달라진다.

예컨대 미르재단, 케이스포츠재단의 삼성 출연금 204억 원을 보자. 서울지방검찰청은 2016년 11월20일 이 사실을 가지고 박근혜 대통령이 형법상의 직권남용죄, 강요죄에 해당하는 범죄를 저질렀다고 언론에 공표하였다.

그런데 국회는 2016년 12월9일 같은 사실을 가지고 특정 경제 가중처벌법상의 뇌물죄라고 탄핵 소추하였다. 그런데 강일원 재판관과 권성동 국회 소추위 측은 같은 사실을 가지고 '권한 남용'의 헌법 위배라고 법률적용을 바꾼 것이다. 똑같은 범죄사실을 법정형이 5년 이하인 '직권 남용'의 형사 범죄로 탄핵하는 것과 징역 10년 이상의 중형이 필수적으로 선고되는 특수뇌물죄로 탄핵하는 것, 막연히 '권한 남용'이라는 헌법 위배 탄핵 사유로 탄핵하는 것은, 그 요건 사실과 법적 효과 및 사회적, 정치적 의미가 전혀 다르다.

법률 적용이나 죄명을 바꾸는 것은 법률 해석의 차이이기 때문에 헌법재판소 재판관이나 국회 소추위원이 아무 때고 마음대로 바꿀 수 있다는 헌법재판소의 판결은 명백한 오판이다.

만일 그렇다면 국회가 신문 조각 몇 장 가지고 대통령의 탄핵 혐의 사실을 수십 장 나열한 후에, 죄명이나 위배되는 법 조항은 재판 도중에 판사의 의견에 따라 '쟁점 정리' 하면 된다는 이야기가 된다. (박근혜 대통령의 탄핵 소추와 재판이 바로 그렇게 된 것이다.)

헌법재판소 재판관이 재판의 당사자인 국회 소추위원에게 탄핵 소추안을 바꾸도록 지시하고 변경할 안까지 만들어 주는 것은, 소송법의 기본 원칙에도 맞지 않고 재판관의 중립 의무에도 위배되며, 공정하고 중립적인 제3자로부터 재판을 받을 헌법상의 기본권에도 정면으로 위배된다.

또한 국회의 소추위원이 국회의 탄핵 소추안을 변경하려면, 탄핵 소추안 의결 시와 마찬가지로 국회 재적의원 3분의 2의 동의를 받아야 한다. 국회의 동의도 없이 탄핵 소추위원이 국회의 탄핵 사유를 멋대로 변경하는 것은 헌법과 법률에 위배된다. 이름을 '준비 서면'이라고 붙였다 하여 실질상의 소추장 변경이 감추어질 수는 없다.

7 | 헌법재판소가 탄핵 사유를 바꾼 이유

그러면 헌법재판소는 왜 외견상 아무 문제가 없는 국회의 탄핵 소추안을 소위 '유형별 간소화'라는 구실 아래 전면 재구성하여 작성, 제출하도록 국회 소추위원에게 거듭 지시·요구하였을까? 그리고 국회 소추위 측은 강일원 재판관의 거듭되는 지시·요구에 불응하다가 왜 6주가 지난 시점에서 탄핵 소추 사유를 전면 변경하였을까?

헌법재판소가 집요하게 국회의 탄핵 소추안을 변경시킨 데는 필시 이유가 있다. 필자는 다음의 두 가지 이유가 있다고 본다.

첫째, 국회의 당초 소추안에 의하면 법률위배 8개 항의 사유는 모두 형법 조항 위반의 형사 범죄 혐의이다. 같은 형사 범죄 혐의에 대하여 공동정범(共同正犯) 혹은 주범(主犯)에 해당하는 박근혜 대통령은 피소추인의 신분으로 헌법재판소에서 탄핵 재판을 받고, 공범(共犯)인 최순실은 형사 피고인 신분에서 형사 재판을 받고 있었다.

그리고 당시 헌법재판소는 처음부터 재판 심리를 이정미 재판관의 퇴임 일자인 3월10일 전에 심판을 내린다는 스케줄을 가지고 있어서, 최순실의 형사 재판보다 먼저 심판을 내리는 것이 이미 확정되었다. 이러한 상황에서 헌법재판소가 가장 우려한 것은 양자의 충돌, 저촉 문제였다.

즉 만일 헌법재판소가 박근혜 대통령에 대하여 법률 위배 사항인 미르재단, 케이스포츠재단의 삼성·에스케이·롯데그룹의 출연금 360억 원과 관련하여 직권남용죄, 강요죄, 뇌물죄를 유죄로 인정하여 탄핵결정을 했다. (360억 원의 뇌물죄가 유죄로 인정되면 탄핵은 거의 불가피하다.)

같은 사실에 대하여 형사 법원에서 공범 최순실, 안종범에게 일부라도 무죄를 선고할 경우, 헌법재판소의 대통령 탄핵 결정은 오판이 되어 심각한 국민적 불신과 반발이 나올 수 있다.

헌법재판소 재판관들은 형사 법원 판결과의 충돌, 저촉을 회피하기 위하여 탄핵 사유를 형사 법원의 기소와 차별화시킬 필요가 절실하였다. 그러기 위하여 강일원 재판관은 국회 탄핵 소추장에 있는 8개 형법 위반 혐의 사실에 대하여, 사실은 못 바꾸더라도 적용 법조와 죄명만은 형사 법원의 최순실, 안종범 형사 재판 사건과 차별화시키기 위하여 형법 위반이 아니라 헌법 위반으로 고칠 것을 국회 소추위원 측에 강력히 요구, 지시한 것이다. 그리고 피청구인 측에 대하여는 이의를 못하도록 '쟁점 정리'라는 구실 하에 동의를 강요한 것이다.

실제로 2017년 3월10일 선고된 헌법재판소 탄핵 결정문에 보면 미르재단, 케이스포츠재단의 설립과 기본 재산 출연 및 5개의 최순실 특혜 등에 대하여 모두 유죄를 인정, 탄핵을 결정했다. 그러면서도 위반되는 법률의 적용과 죄명에 대하여는 2016년 12월9일 국회 탄핵 소추장에 기재된 형법 제123조(직권 남용죄), 형법 제324조(강요죄), 특정범죄 가중처벌 제2조 위반

(뇌물죄)을 하나도 적용하지 아니하고, 막연하게 박근혜 대통령이 대통령의 권한을 남용하여 헌법을 위배하였다고 얼버무렸다.

그 결과 국회가 박근혜 대통령을 탄핵 소추할 때에는 소추장에 박근혜 대통령과 최순실이 직권 남용하여 전국경제인회연합회 임원들에게 미르재단, 케이스포츠재단을 설립하라고 폭행, 협박으로 강요하고 거기다가 삼성·롯데·에스케이그룹으로부터는 360억 원의 뇌물을 받는 파렴치한 형사 범죄인이므로 박근혜 대통령을 탄핵 소추하는 것은 불가피하다고 국민들에게 선전했다. 그래놓고 석 달 뒤 헌법재판소에서는 박근혜 대통령이 대기업들로부터 360억 원의 뇌물을 받았는지, 또는 폭행과 협박으로 재단 설립을 강요하였는지, 대통령의 권한을 남용하였는지 여부는 헌법재판소로서 알 바 없다, 다만, 박근혜 피소추인이 대통령의 권한을 남용하여 헌법을 위반하였으므로 탄핵한다고 판결하였다.

결국, 국회가 탄핵 소추 당시에 소추장으로 언론과 국민들에게 공표한 탄핵 사유와는 완전히 다른 사유로 박근혜 대통령을 탄핵한 것이다. 만일에 국회가 직권남용죄, 강요죄, 특히 360억 원 특수 뇌물죄로 박근혜 대통령을 탄핵소추하지 않고, 나중에 헌법재판소에서 판결한 것처럼 막연하게 '대통령의 권한을 남용하여' 탄핵한다고 소추장을 작성·공표하였다면, 과연 몇 명의 국회의원이 그 탄핵 소추장에 찬성하였을까? 그리고 과연 몇 명의 국민이 박근혜 대통령을 즉각 퇴진하라고 외치며 촛불을 들고 거리의 데모에 참여하였을까?

결국 국회와 헌법재판소가 공모하여 석 달 동안 국민을 우롱하고, 박근혜 대통령을 희생의 제물로 삼아 정치쇼를 벌인 것이다.

둘째, 헌법재판소가 2016년 12월9일 국회의 탄핵 소추안에 있는 8개 법률 위배 탄핵 사유를 없애고 그 대신 '권한 남용'이라는 생소한 탄핵 사유를 만든 것은, 재판의 진행 절차와 증거에 관하여 형사 사건의 재판 절차에 적용되는 엄격한 증거법 제한과 헌법상의 인권보장 조항들을 적용하지 않고 회피하기 위한 것이라고 보인다.

실제로 헌법재판소는 제1차 준비 기일에서 탄핵 재판의 절차와 증거에 관하여 형사소송법을 배제하고 민사소송법의 당사자주의와 직권주의를 적용하겠다고 밝혔다. 이에 대하여 피청구인 측 대리인이 수차의 준비 서면에서 형사소송법상의 무죄 추정, 증거 제한 원칙과 '의심할 여지가 없는 엄격한 입증(beyond reasonable doubt)'이 적용되어야 한다고 이의하였다. 하지만 헌법재판소는 탄핵 재판은 형사 재판이 아니라 헌법 재판이라는 이유로 직권 재판주의를 강행하였다.

이는 헌법재판소가 형사 사건을 재판하는 것이 아니라 헌법 사건을 재판한다는 구실로 엄격한 증거 제한 규칙이나 증명의 정도에 구애 받지 않고 정치적 판단으로 자유스럽게 탄핵 사건을 재판하기로 처음부터 방침을 정하고, 거기에 알맞게 국회로 하여금 법률(형법) 위배의 탄핵 소추 사유들을 '권한 남용'이라는 정치적 탄핵 사유로 바꾸도록 지시한 것임을 증명한다.

8 | '권한 남용'은 탄핵 사유가 될 수 없다

국회의 탄핵 소추장 기재 법률 위배 탄핵 사유 8개 중 공무상 비밀누설 죄를 제외한 나머지 7개는 직권남용죄와 강요죄, 그리고 가중처벌법 위반 뇌물죄이다.

이 3가지 범죄 혐의를 포괄하기 위하여 강일원 재판관은 '권한 남용'이라는 새로운 용어를 만들어낸 것이다. 문제는 '권한 남용'이라는 죄명은 헌법 조항, 헌법 교과서, 헌법 판례 그 어느 곳에도 근거가 없는, 따라서 개념이나 요건, 효과가 전혀 특정되지 않는 법률 용어이다. 이렇게 전혀 새로운 용어로 탄핵 사유를 만들어 재판하면 재판 당사자, 특히 피청구인의 입장에서는 개념이나 요건 사실이 특정되지 않으므로 사실 부인도 법률 항변도 할 수 없게 된다.

물론 헌법재판소 재판관 입장에서는 '권한 남용'의 개념이나 요건이 특정되어 있지 않으므로, 재판관 임의로 개념과 요건을 정의하여 원하는 판결을 쉽게 할 수 있다.

원래 헌법 제65조가 탄핵 사유를 헌법 위배와 법률 위배의 두 가지 유형으로 한정하고, 헌법 제111조가 탄핵 심판을 법관으로 구성된 헌법재판소의 관할로 정한 것은, 국회의원들이 정적(政敵)을 정치적 사유로 탄핵하는 것을 방지하려는 취지이다. 다시 말하면 탄핵 제도가 법치주의를 빙자하여 정치인들의 권력 투쟁의 수단으로 이용되는 것을 막으려고 한 것이다.

그런데 강일원 재판관 등 헌법재판소의 재판관들은 국회가 헌법에 따라 형법 제123조(직권남용), 제324조(강요죄), 가중처벌법 제2조 위반(뇌물죄)의 법률 위배 탄핵 사유로 소추한 것을 바꾸어, '권한 남용'이라는 헌법과 법률에 없는 순전한 정치적 탄핵 사유로 박근혜 대통령을 증거와 법률에 구애 받지 않고 여론과 권력에 좇아 탄핵한 것이다. 어떠한 법적 장치도 그 법을 운영하는 법관이 준수하지 않으면 아무런 의미가 없다는 것을 여실히 보여주었다.

▲ 결론

2016년 12월9일부터 2017년 3월10일까지 진행된 헌법재판소의 박근혜 대통령 탄핵 심판 과정을 변론 조서 등의 자료로 분석하여 보면, 헌법재판소 재판관들, 특히 강일원 주심 재판관 등은 처음부터 박근혜 대통령을 탄핵하겠다는 목표를 세워 놓고 하루 빨리 탄핵 심판을 하여 끝낼 의도로 가능한 졸속으로 재판을 진행하고 판결하였다. 그 명백한 증거가 바로 헌법재판소 재판관이 '권한 남용'이라는 기상천외한 탄핵 사유를 새로 만들어 재판한 것이다.

17

재판관 고발,
재심 청구

1 | 헌재 판결에 대한 반응

　헌법재판소의 탄핵 결정에 대하여 신문, 방송 같은 전통적인 언론들은 모두 "민의(民意)가 이겼다", "시민 혁명이 승리하였다" 하며 환영일색이었다. 네이버, 다음과 같은 인터넷 포털도 찬성하는 시민의 의견이 압도적으로 높았다.

　그러나 유감스럽게도 헌법재판소라는 사법기관의 결정을 지지하는 언론의 보도나 국민의 의견이 하나같이 법적으로 평가하지 않고, 정치적인 의미로만 이해하고 해석하였다. 물론 유튜브와 카톡방 등 SNS 상에는 헌법재판소의 결정에 대하여 법적으로 비판하는 의견, 정치적으로 반대하는 의견이 다수 올랐다.

　뿐만 아니라 서울 등 대도시의 도심에는 태극기를 들고 거리에 나온 시민들이 수만 명이 되었다. 이들은 헌법재판소가 증거도 없이 박근혜 대통령을 파면하는 정치 재판을 하였다며 '탄핵 무효'를 외치는 집회를 열었다. (태극기를 들고 나오는 집회라고 하여 '태극기 집회'라고 부른다. 3년이 지난 지금도 매주 주말에 태극기 집회가 계속되고 있다.)

특히 이들은 파면 결정이 8명 참여 재판관 전원 일치로 내려진 것에 대하여 정치적 압력에 법치주의가 무너진 것으로 해석하고, 헌법재판소 결정을 불신한다.

헌법재판소의 결정에 불복하여 행정법원에 파면 결정 무효 확인을 청구하는 행정소송을 제기한 시민도 있다. 그러나 유감스럽게도 법률 교수나 변호사 등 법조인 중에는 한 사람도 없다. 행정소송의 결과에 대하여는 아직 알려진 바가 없다.

2 | 우종창 기자의 형사고발

헌법재판소 재판관들을 형사고발한 중견 언론인이 한 사람 있어 유명 인사가 되었다. 우종창이라는 전(前) 월간조선 기자이다. 우종창 씨는 헌재의 파면 결정이 나오고 4일 뒤인 2017년 3월14일, 헌재 재판관 8명을 직무 유기, 직권 남용, 허위 공문서 작성 등의 혐의로 형사 고발하였다.

우종창 씨는 탄핵 결정문을 정밀하게 분석하여 헌법재판소가 조금만 신중하게 조사하면 거짓임이 들어나는 허위 증언들과 서증들을 증거로 채택하여 잘못된 결론을 내렸다고 주장했다. 고발의 주요 요지는 다음과 같다.

① 헌재 재판관들은 차은택의 증언 중 "2015. 10. 미르재단이 설립되기 두 달 전쯤 최순실로부터 미르재단이 설립될 것이라는 이야기를 들었다"는 증언을 근거로 최순실이 미르재단 설립을 박근혜 대통령으로부터 들어 미리 알고 있었다고 단정하였다.

그러나 최서원은 2015년 8월14일부터 2015년 9월11일까지 한국에 있지 않았다. 조금만 검증하면 차은택의 증언은 허위가 드러나는 것인데, 피고발인들은 의도적으로 검증을 아니하였다. 이는 헌재 재판관으로서의 직무 유기이다.

② 헌재 재판관들은 최순실이 김필승을 시켜 케이스포츠 재단법인 설립 계획서를 작성하게 한 후, 그 사업계획서에 따라 재단 이사진을 구성하여 재단의 운영권을 장악하였다고 재판하였다. 그러나 김필승의 검찰 조서를 보면 김필승은 스스로 재단 설립 사업계획서를 작성한 것이 아니라, 전경련의 사회공헌팀 팀장으로부터 사업 계획서를 받았다고 진술했다.

헌재는 이 증거를 보고서도 이를 무시한 채, 사업 계획서를 최순실이 김필승을 시켜 작성하였다고 허위의 탄핵 결정문을 작성한 것이다. 이는 허위 공문서 작성죄에 해당한다.

③ 최순실은 검찰 조사에서부터 헌재 증언까지 일관되게 자신은 "재단의 설립에 관여한 사실이 전혀 없고, 안종범을 알지 못하며, 박 대통령으로부터 재단 운영을 뒤에서 살펴봐달라는 부탁을 받고, 재단의 실무자들이 부탁하는 사항들을 조언하고 도와준 것뿐이다"고 진술하였다.

최순실이 사익을 위해 재단을 설립하였다는 것은 노승일, 박헌영, 이승헌 등의 진술인데, 이들은 재단 설립 과정에 전혀 관여한 적이 없는 제3자들이다. 이들의 진술 동기는 의심스러운 데가 많다. 그런데도 헌재 재판관들은 헌재 결정문에서 최서원의 증언을 그대로 적시하지 않고, 아무 합리적 근거 없이 왜곡하였다. 이는 허위 공문서 작성이다.

④ 케이디코퍼레이션 부분은 공소장의 기재를 사실 확인도 아니하고 임의로 확대, 해석하여 유죄로 인정하였다. 이는 직무 유기, 직권 남용이다.

⑤ 고영태는 사건의 핵심 증인으로 수차례 증인 소환을 받고도 출석하지 않았음에도 불구하고, 헌재 재판관들은 헌법재판소법 제70조에 따른 고발과 제재를 아니하였다. 이는 직무 유기에 해당한다.

그러나 검찰과 법원이 이 같은 우종창 기자의 고발에 대하여 어떠한 조치를 하였는지는 아직 알려진 것이 없다.

3 | 헌법 재판과 재심 청구

한국의 헌법재판소는 일반 법원과 구별되는 특별한 사법 조직이다. 헌법재판소는 9명의 재판관으로 구성된 미니 재판소이다. (독일은 헌법 재판을 대법원 아래 헌법 전문부가 한다.)

9명 재판관 전원이 한 개의 재판부를 구성하는 전원 재판부이다. 한국에서 유일한 재판부이다. 상급 법원도, 하급 법원도 없는 단심(單審) 법원이다. 따라서 헌법재판소 결정에 대하여는 상소(上訴)나 항고(抗告)할 길이 없다.

헌법재판소법에는 재심(再審)에 대하여 아무 규정이 없다. 그러나 헌법재판소법 제40조는 "헌법재판소의 심판 절차에 관하여는 헌법 재판의 성질에 반하지 아니하는 한도 내에서 민사소송에 관한 법령이 규정을 준용한다. 탄핵 심판의 경우에는 형사소송에 관한 법령을 함께 준용한다"라고 규정하고 있다.

헌법 재판이라고 하여 재심이 안 된다고 볼 이유가 없으므로, 박근혜 대통령 탄핵 사건 파면 결정도 민사소송법 제451조 재심 사유나 형사소송법 제420조의 사유가 있으면 민사 재심 청구가 가능하다.

(2001. 9.27. 선고, 2001헌아3 결정 참조)

▲ 민사소송법상의 재심 사유

민사소송법 제451조 1항에 규정한 재심사유 중 아래의 사유들은 유력한 재심 사유이다.

① 1호: 법률에 따라 법원을 구성하지 아니한 때:

재판 도중 퇴임한 박한철 헌재 소장의 후임자 임명을 기다리지 아니하고 8명의 재판관으로 최종 결정을 선고하였다.

② 9호: 판결에 영향을 미칠 중요한 사항에 관하여 판단을 누락한 때:

(ㄱ) 국회 탄핵 소추의 핵심은 박근혜 대통령이 삼성전자 등 대기업에 부당한 청탁을 받고 그 대가로서 공익 스포츠재단의 설립 출연금 기부 명목으로 수백억 원의 돈을 뇌물로 받았다는 뇌물죄의 위법인데, 헌법재판소는 이 부분을 고의적으로 판단하지 않았다.

(ㄴ) 고의범인 직권남용죄에 대하여 피청구인의 직권 남용이 고의인지 여부에 대하여 판단하지 아니하고, 직권 남용의 위법을 인정하였다.

(ㄷ) 국회는 직권 남용을 법률 위배(형법 위반)로 소추하였는데, 헌재는 국회가 소추하지도 않은 헌법 위배로 인정, 판단하였다.

(ㄹ) 최서원의 위법 행위에 대하여 피청구인이 위법 책임을 져야 할 법적 근거를 판단하지 않고 연대 책임을 지웠다.

(ㅁ) 검찰 특히 박영수 특검이 최서원으로부터 수집·제출한 증거는 강압 수사에 의하여 수집한 증거로서 인권 침해의 가능성이 농후한데, 증거의 수집 과정에 대하여 판단하지 아니하고 적법 증거로 채택하였다.

(ㅂ) 고영태 등의 최서원에 대한 진술과 증거는 공갈 협박용으로 조작한 불법 증거일 가능성이 농후하다. 그런데 헌재는 증거의 수집 과정에 대하여 조사하지 않고 적법 증거로 채택하였다.

③ 10호: 재심을 제기할 판결이 전에 선고한 확정 판결에 어긋나는 때:

8인 판결이 적법하다는 결정은 8인 판결이 위법이라는 종전 헌재 판결(2004. 4.14. 선고 2002헌마2 퇴임 재판관 후임자 선출 부작위 위헌 확인 사건)에 저촉된다.

4 | 재심 청구의 가능성

박근혜 대통령은 재심 청구를 제기하지 않았다. 박근혜 대통령이 탄핵 결정에 대하여 승복하지 않는 것은 분명하다. 박근혜 대통령은 최순실의 비리에 대하여 자신의 관리 부주의는 인정하지만, 도덕적이나 법적인 책임에 대하여는 단호하게 결백을 주장한다.

그러나 헌재 결정에 대하여 법적 투쟁을 하는 것은 거절하였다. 어차피 인민 재판, 정치 재판이라 현재의 정치상황에서 공정한 재판을 기대할 수 없기 때문이리라. 앞으로 정치상황이 바뀌면 재심 청구가 제기될 가능성은 높다.

최순실 형사사건

1 | 사건의 특수성과 매스컴의 허위 보도

2016년 9월29일, 투기자본 감시센터라는 시민단체가 서울중앙지검에 "박근혜 대통령의 오랜 친구 최순실이란 여자가 안종범 청와대 경제수석과 함께 대기업들로부터 거액의 뇌물을 받았으니 처벌하여 달라"는 내용의 진정서를 제출하였다. 검찰은 근거 없는 진정으로 보고 무시하였다. (최순실은 안종범 경제수석을 알지 못하고 만난 적이 없다.)

그런데 한 달 뒤인 10월24일, jtbc의 사장이자 저명 앵커인 손석희 씨가 태블릿 PC 한 대를 들고 방송에 나와, 박근혜 대통령의 오랜 친구 최순실의 PC 라면서 (입수한 경위는 지금까지 밝히지 않고 있다) 박근혜 대통령이 최순실의 가족 모임에 참석하고, 함께 해외 여행하는 영상(影像)들을 보여주었다.

그리고 박 대통령의 연설문을 빨간색 줄로 그어서 고친 수정 연설문 화면도 보여주었다. 손석희 사장은 위 영상들을 보여주며 독신인 박근혜 대통령이 최순실과 가족처럼 생활하고, 최순실은 박 대통령의 살림을 관리하는 외에 국정 연설문까지 마음대로 고쳤다고 설명하였다.

공신력 있는 주류(主流) 언론의 방송사 사장이 직접 태블릿 PC 화면을 증거로 제시하며 방송하니까 많은 국민들은 이 보도를 진실로 믿었다.

몇 달 뒤 그 PC는 최순실의 소유가 아니고, PC의 화면들은 누군가에 의하여 사후에 편집된 것이며, 특히 연설문을 수정한 화면은 방송사가 방송용으로 만든 것으로 드러났다. 그러나 손석희 사장은 끝내 사과하지 않았고, PC의 입수 경위도 밝히지 않았다.

순식간에 최순실의 이름이 전국에 알려졌다. 동시에 최순실이 고등학교 밖에 안 나왔으며 (실제는 대학원 졸업자이다) 박 대통령과 최순실은 최순실의 부친인 고(故) 최태민(崔泰民)이 세운 사교(邪敎)의 신자라는 근거 없는 괴소문이 인터넷을 통하여 삽시간에 퍼졌다.

최순실을 제정(帝政) 러시아의 마지막 황제 니콜라이 2세를 뒤에서 조종한 요승(妖僧) 라스푸틴 같은 마녀로, 그리고 박근혜 대통령을 이 마녀에게 조종당하는 어리석은 지도자로 패러디하는 동영상이 인터넷과 주류 언론에 그대로 보도되어 삽시간에 국민의 귀와 눈을 사로잡았다.

다음날부터 주류 언론들과 인터넷은 마치 사전에 담합이라도 한 양 하나같이 '최순실의 국정 농단 비리'라는 타이틀을 사용하여 최순실과 박근혜 대통령 두 사람에 대하여 확인되지 않은 갖가지 부정적인 소문들을 과장하여 보도하였다.

2 | 야당의 정치 공세

근거 없는 괴소문에 놀란 박근혜 대통령이 공개방송에 나와서 최순실의 국정 개입 의혹을 철저히 조사하여 밝히겠다고 발표하였다. 이 발표에 따라서 서울중앙지검은 최순실이 과연 언론의 보도처럼 박근혜 대통령의 뒤에서 대통령의 권한을 행사하며 온갖 비리를 저질렀는지 확인하기 위하여 특별수사팀을 구성하여 수사에 착수하였다.

그러나 이미 언론의 거짓, 선동 보도에 흥분한 대중들은 검찰의 최순실 비리 수사 결과를 기다리지 않고, 박근혜 대통령의 즉시 사퇴를 요구했다. 민주노총의 노조원들은 붉은 두건으로 얼굴을 가리고 나와 박근혜 대통령을 처형하는 퍼포먼스를 벌였다.

많은 시민들이 주말이면 촛불을 들고 거리에 나와 음악 콘서트를 들으며, 유명 가수들과 야당 정치인들이 외치는 구호에 따라 박 대통령의 퇴진과 혁명(소위 촛불 혁명)을 외쳤다.

문재인, 추미애 등 야당 지도자들은 촛불 데모대의 선두에서 혁명과 청와대 진격을 외쳤다. 어느 야당 의원은 국회의사당 전시장에 박근혜 대통령의 나체 그림 전시회를 열었다. 그리고 어느 야당 의원은 최순실이 박근혜 대통령의 노후를 위하여 수십조 원의 부정 축재 재산을 독일 등 해외에 도피시켰다며 최순실 체포조(組)를 만들어 독일로 갔다.

당시 최순실은 독일에서 딸 정유라가 출산한 손자를 돌보고 있다가 이런 소식을 들었다. 최순실은 자신은 태블릿 PC를 소유하거나 사용한 적이 없고 사용할 줄도 모른다며, jtbc가 보도한 태블릿 방송이 허위임을 밝히겠다고 2016년 10월30일 독일에서 자진 입국하여 검찰에 출석하였다.

그러나 이미 때가 늦었다. 아무도 최순실의 해명에 관심을 갖지 않았다. 여론조사에서 대통령 지지도가 5%로 떨어졌다. 언론과 야당 및 시민단체들은 주권자인 국민의 요구이니, 박근혜 대통령은 즉시 하야하라고 외쳤다.

박근혜 대통령은 검찰의 수사 결과를 기다리자고 호소하며, 헌법에 따라 5년 단임의 대통령 임기를 마치기 전에 임의로 사퇴할 수 없다고 야당의 사퇴 요구를 거부하였다. 그러자 야당과 언론, 시민단체들은 주권자의 요구를 거부하는 대통령을 국회가 탄핵하자며 탄핵 데모를 시작하였다.

3 | 대통령 탄핵을 노린 검찰 수사

박근혜 대통령의 지지도가 5%로 떨어지고, 야당·언론·노조·시민단체들
이 촛불 혁명의 이름으로 박근혜 대통령의 탄핵을 외치며 거리 시위를 계속
하자, 검찰은 겉으로는 최순실의 국정 농단 비리 의혹을 조사한다고 하면서
실질상으로는 박근혜 대통령의 탄핵 사유가 될 수 있는 비리 의혹을 조사
하는 데 목표를 두고 서둘러 수사를 진행하였다. 최순실 비리 조사로 최순
실도 잡고 박근혜 대통령도 잡는 일석이조를 노린 것이다. 흔히 말하는 '양
날의 칼'을 휘둘렀다.

수사의 명칭은 '최순실 국정 농단 비리 의혹 조사'이지만 실질은 '박근혜
대통령 국정 농단 비리 탄핵 의혹 조사'였다. 그 수사 결과가 최순실에 대한
여섯 차례의 검찰 기소이다.

검찰은 기소장에서 검찰이 피의자로 정식 입건, 조사하지도 아니한 박근
혜 현직 대통령을 최순실의 공동정범이라고 명기(明記)하여 언론에 공표하
였다. 이는 법률상으로는 피의사실 공표죄, 명예훼손죄에 해당하는 범법 행
위이다.

그러나 검찰은 이 기발한 언론 플레이를 통하여 박근혜 현직 대통령을 합
법적이고 공식적인 수사, 기소, 재판의 복잡한 사법 절차 없이 최순실의 공
동정범으로 인민 재판, 언론 재판, 정치 재판을 받도록 술수를 부린 것이다.

대다수의 국민들은 공신력 있는 서울지방 검찰청 검사장의 발표를 믿고,
박근혜 대통령이 최순실과 함께 국정 농단의 범죄를 저질렀다고 확신했다.
(서울지방검찰청은 주요 정치 사건을 도맡아 처리하는 정부의 직속 수사기
관이다.)

박 대통령의 탄핵을 외치는 시민들의 촛불데모가 전국의 거리를 뒤덮었다. 국회는 검찰의 최순실에 대한 기소장을 공신력 있는 증거로 제시하며 박근혜 대통령을 탄핵 소추하였다. 헌법재판소 역시 검찰의 최순실에 대한 기소장을 공신력 있는 증거로 채택하여 박근혜 대통령을 대통령 직에서 파면하는 탄핵 결정을 내렸다.

최순실에 대한 기소장으로 최순실뿐만 아니라 최순실의 오랜 친구 박근혜 대통령까지 잡는 검찰의 기발한 일석이조 전략이 성공하였다.

4 | 검찰 기소 6차례, 혐의 사실 37개

검찰은 최순실에 대하여 2016년 11월20일부터 2017년 4월27일까지 5개월 동안에 6차례에 나누어 총 37건의 범죄 혐의를 기소했다. 이 가운데 1차·3차·4차의 16개 기소 사실에 박근혜 대통령이 공동정범으로 명기되어있다.

기소장만 200여 페이지이다. 죄명도 직권남용, 강요죄, 특수뇌물죄, 업무방해죄 등으로 다양하다. 아래에 기소된 범죄 내용을 요약하여 소개한다.

① 서울지검 제1차 기소(2016년 11월20일): 혐의사실 11개
▲ 재단법인 미르 관련 직권남용죄 및 강요죄
박근혜 대통령, 안종범과 공모하여 대통령 및 경제수석비서관의 직권을 남용하여 미르재단, 케이스포츠재단을 설립하고, 이승철 등 전경련 임직원과 삼성전자 대표 권오현 등 기업체 대표 및 담당 임원 등으로 하여금 2015년 10월, 486억 원의 금원을 미르재단에, 2016년 1월23일 케이스포츠재단에 386억 원을 각 출연하도록 함으로써 의무 없는 일을 하게 하였다.
▲ 케이디코퍼레이션 관련 직권남용 및 강요죄
박근혜 대통령, 안종범과 공모하여 대통령 및 경제수석비서관의 직권을

남용하여 현대자동차그룹 부회장 김용환 등으로 하여금 케이디코퍼레이션과 제품 납품 계약을 체결하게 함으로써 의무 없는 일을 하게 하였다.

▲ 플레이그라운드 관련 직권남용 및 강요죄

박근혜 대통령, 안종범과 공모하여 대통령 및 경제수석비서관의 직권을 남용하여 현대자동차그룹 김용환 등으로 하여금 플레이그라운드에 광고를 발주하게 함으로써 의무 없는 일을 하게 하였다.

▲ 롯데그룹 관련 직권남용 및 강요죄

박근혜 대통령, 안종범과 공모하여 대통령 및 경제수석비서관의 직권을 남용하여 롯데그룹 회장 신동빈, 부회장 이인원, 사장 소진세 등으로 하여 케이스포츠재단에 70억 원을 지원하게 함으로써 의무 없는 일을 하게 하였다.

▲ 포스코 관련 직권남용 및 강요죄

박근혜 대통령, 안종범과 공모하여 대통령 및 경제수석비서관의 직권을 남용하여 권오준, 황은연으로 하여금 2017년도에 펜싱 팀을 창단하고, 더블루케이가 매니지먼트를 하기로 하는 내용의 합의를 하게 함으로써 의무 없는 일을 하게 하였다.

▲ 케이티 관련 직권남용 및 강요죄

박근혜 대통령, 안종범과 공모하여 대통령 및 경제수석비서관의 직권을 남용하여 케이티 회장 황창규 등으로 하여금 플레이그라운드를 광고대행사로 선정하고 광고제작비를 지급하게 함으로써 의무 없는 일을 하게 하였다.

▲ 그랜드코리아레저(GKL) 관련 직권남용 및 강요죄

박근혜 대통령, 안종범과 공모하여 대통령 및 경제수석비서관의 직권을 남용하여 이기우 등 그랜드코리아레저 관계자들로 하여금 선수 위촉 계약을 체결하게 함으로써 의무 없는 일을 하게 하였다.

▲ 포레카 관련 강요 미수

안종범과 공모하여 경제수석 비서관의 직권을 남용하여 포스코의 광고회사인 포레카를 인수하기로 마음먹고, 한상규에게 지분 80%를 양도하라고 청와대의 위세를 과시하며 위협하였다. 그러나 한상규가 응하지 않아 실패하였다.

▲ 사기 미수(단독범)

피고인이 운영하는 더블루케이는 연구 실적이나 능력이 없음에도 불구하고 연구 용역 제안서를 작성, 케이스포츠재단에 제출하여 7억여 원의 연구 용역비를 사취하려 하였으나 채택이 되지 않아 미수에 그쳤다.

▲ 증거 인멸 교사(단독범)

피고인은 2016년 10월25일, 친지인 김영수 및 장순호에게 지시하여 더블루케이에서 가져온 컴퓨터 5대를 손괴시켰다.

[주(註)1: 기소 사실 11개 중 8개 범죄 사실에 박근혜 대통령이 공동정범으로 명기되어 있다. 이 8개 범죄 사실이 박근혜 대통령에 대한 국회 탄핵 소추안의 탄핵 사유 중 8개의 법률 위배 사실이다. 동시에 이 8개 범죄 사실이 헌법재판소의 박근혜 대통령 파면 결정의 주요 이유이다. 결국 박근혜 대통령을 탄핵시킨 것은 최순실에 대한 서울지검의 이 기소장이다.]

[주(註)2: 서울지검은 2016년 11월20일, '최순실 국정 농단 비리 의혹 수사 결과 발표'라는 이름으로 기자회견을 열었다. 그 자리에서 서울지검장이 직접 최순실, 안종범, 정호성에 대한 위 기소장의 내용을 국민에게 공표하였다. 기소장에는 피고인 최순실 등이 저지른 국정 농단범죄의 '공동정범'으로 박근혜 대통령이 명기(明記)되어 있다.

수사기관이 피고인으로 기소되지도 아니하고 피의자로 정식 입건하여 소환하지도 아니한 사람(법률상으로는 참고인 또는 제3자이다)을 기소하는 범죄의 몸통, 즉 주범이라고 언론에 공표하는 것은 피의 사실 공표죄에 해당하는 범죄 행위이다. 동시에 형법상의 명예훼손죄이다.

이런 법리를 모를 리가 없는 서울지검장이 왜 범법의 위험을 무릅쓰고, 헌법상 국가

원수이며 행정의 수반으로서 사실상 검찰 인사권을 가진 현직(박근혜) 대통령을 국정 농단 비리의 공동정범으로 언론에 공표하는 상식 밖의 범법을 저지른 것이다.

이 시점에서 이미 한국의 검찰은 박근혜 대통령에 대한 충성을 거두고 배신을 하였다.]

② 서울지검 제2차 기소(2016년 12월10일): 혐의 사실 2개

서울지방검찰청은 최순실에 대하여 전(前) 문화체육부 차관 김종(金鐘)과 공범으로 아래의 직권남용 및 강요죄 혐의 사실을 추가로 기소하였다.

▲ 삼성그룹의 영재센터 후원 관련 직권남용 및 강요죄

피고인은 김종 전 문화체육부 차관 등과 공모하여, 김재열 등 삼성그룹 관계자들로 하여금 영재센터에 후원금 명목으로 2회에 걸쳐 총 16억2800만 원을 지원하게 함으로써 의무 없는 일을 하게 하였다.

▲ 그랜드코리아레저의 영재센터 후원 관련 직권남용 및 강요죄

피고인은 김종 전 문화체육부 차관 등과 공모하여 이기웅 등 GKL 관계자들로 하여금 영재센터 후원금 명목으로 총 2억 원을 지급하게 함으로써 의무 없는 일을 하게 하였다.

[주(註): 이 기소장에는 박근혜 대통령이 최순실의 공범으로 기재되어 있지 않다. 그런데 2017년 4월17일자 박근혜 대통령에 대한 검찰 기소에는 박근혜 대통령이 영재센터 후원 관련 직권남용 및 강요죄의 공범으로 들어있다.

동일한 사실을 가지고 검사에 따라 기소 여부가 다르다. 검찰이 스스로 법적 안정성을 무너뜨리는 것이다. 검찰의 큰 문제점이다. 그러나 보다 큰 문제는 한국에서는 누구도 이런 검찰의 문제점을 지적하거나 공개하는 사람이 없다는 점이다.]

③ 박영수 특검의 제3차 기소(2017년 2월28일): 혐의 사실 4개

2016년 10월24일 jtbc에서 소위 최순실 태블릿 PC 방송을 하자, 국회는

'최순실 국정농단 비리 의혹' 조사를 위한 특별검사법을 제정하였다. 이 법에 따라 2016년 11월30일, 박영수 전(前) 서울고검장이 특검에 임명되었다.

박영수 특검은 그 해 12월21일부터 이듬해 2월28일까지 10주에 걸쳐 수사를 진행하였다. 특검은 2월28일, 수사 결과를 발표하면서 최순실 등에 대하여 아래와 같이 4개의 혐의 사실을 기소하였다.

이 기소장에서 박영수 특검은 박근혜 대통령을 (피고인으로 기소하지도 않았고 피의자로 수사를 한 것도 아닌데) 최순실의 공동정범이라는 이름으로 수백억 뇌물수수죄의 몸통, 즉 수백억의 뇌물을 받은 범죄인으로 언론에 공표하는 범법(犯法)을 저질렀다.

[주(註): 특검의 이러한 발표는 박근혜 대통령에 대하여 명백하게 피의사실 공표죄, 명예훼손죄에 해당될 수 있는 범죄 행위이다. 그런데도 특검은 이를 무시하고 최순실 수백억 뇌물죄의 몸통은 박근혜 대통령이라고 단정, 공표하여 박근혜 대통령을 사회적·정치적으로 수백억 뇌물죄의 범법자로 낙인찍었다.

특검이 이 발표를 한 그 날은 국회가 아무런 근거도 없이 신문 보도만 가지고 박근혜 대통령을 수백억 뇌물죄의 범죄인으로 탄핵 소추하여, 헌법재판소에서 탄핵 심판을 하고 있던 때이다. 특검의 이 발표로 인하여 석 달 전에 국회가 의결한 박근혜 대통령 뇌물죄 탄핵 소추는 때늦었지만 외견상 법적 정당성을 갖추게 되었다.

특검의 이 발표 후 열흘이 지난 3월10일, 헌법재판소 재판관 8명이 전원일치로 박근혜 대통령을 탄핵 결정하였다. 프랑스의 몰리에르가 말한 대로 "먼저 사형을 집행하고 사후에 재판한다"는 모습이었다.]

▲ 정유라의 승마 지원 관련

피고인은 박근혜 대통령, 이재용 삼성 부회장과 공모하여 위 이재용으로부터 회장직의 승계 작업 등을 도와달라는 부정한 청탁의 대가로 이재용과 최순실이 지배하는 독일 소재 페이퍼컴퍼니인 코어스포츠 명의 계좌로 213억 원을 지급받기로 약속했다.

그 약속에 따라 이재용으로부터 합계 36억3484만 원을 용역 대금 명목으로 코어스포츠 명의 계좌로 지급받고, 추가로 말 구입 및 부대 비용 명목으로 41억6251만 원을 지급받아 도합 77억9735만 원의 뇌물을 수수(授受)하였다.

[주(註): 이 혐의 사실은 최순실에 대한 서울지방검찰청의 2016년 11월20일 및 12월10일자 기소에서는 나오지 않은 전혀 새로운 범죄 혐의 사실이다. 죄명도 지금까지 서울지검의 수사에서는 한 번도 나오지 않았던 특정범죄 가중처벌법 제2조의 뇌물죄로서, 유죄가 인정되면 최소한 징역 10년 이상이 선고되어야 하는 중범죄이다.

형법 제250조 제1항에 의하면 살인죄는 법정형이 징역 5년 이상이다. 특정범죄 가중처벌법 제2조의 뇌물죄는 법정형이 징역 10년 이상이므로 살인죄보다 더 무겁다고 볼 수 있다.]

▲ 동계 스포츠 영재센터 지원 관련

피고인은 박근혜 대통령, 이재용 삼성 부회장과 공모하여 이재용으로부터 승계 작업 등을 도와달라는 부정한 청탁을 받고, 그 대가로 제3자인 영재센터에 16억2800만 원을 지원하게 함으로써 공무원의 직무에 관하여 부정한 청탁을 받고 그 대가로 제3자인 영재센터에 위 금원을 공여하게 하였다.

[주(註)1: 앞에서도 보았지만 삼성그룹이 동계 스포츠 영재센터에 후원한 이 16억2800만 원은 특검이 새로 발견한 사건이 아니다. 서울지검이 이미 제2차 기소에서 최순실과 체육부 차관 김종을 공범자로 지정하여 직권남용과 강요죄로 기소한 사건이다.

그런데 박영수 특검은 같은 혐의 사실을 가지고 징역 10년 이상의 중형이 선고되는 특정범죄 가중 처벌법 제2조의 특수뇌물죄를 추가로 적용한 것이다. 더 나아가 서울지검의 제2차 기소에서는 공범자로 지정하지 아니한 박근혜 대통령을 뇌물죄의 공범으로 추가하였다.

결국 동일한 사건을 가지고 서울지검은 뇌물죄가 안 된다고 보아 기소하지 않았는데, 특검은 뇌물죄가 된다고 보아 추가 기소를 하였다. 거기다가 서울지검은 박근혜 대통령을 공범에서 제외하였는데, 박영수 특검은 공범으로 기소하였다.

같은 사건을 놓고, 검사에 따라 범죄의 성립 여부와 적용되는 죄와 형벌이 완전히 달라진다. 다른 말로 하면, 죄와 벌이 아무런 객관적 기준 없이 검사의 재량으로 좌우된다는 의미이다.]

[주(註)2: 범죄의 성립 여부가 이렇게 아무 객관적 기준 없이 검사에 따라 좌우되면 법치주의는 불가능하다. 이렇게 되는 근본 원인은 한국의 검사들은 기소할 때에 미국처럼 확립된 선례를 기소의 근거로 제시하여야 한다는 규칙(Rule)이 없기 때문이다.

다시 말하면, 한국의 검사는 기소할 때 객관적인 근거(authority)를 제시할 법적, 윤리적 의무가 없다. 검사장만 승인하면 얼마든지 검사의 개인적인 사실 인정과, 법률 해석을 가지고 누구든 중범죄로 기소를 하고 구속할 수 있다. 다른 검사가 죄가 안 된다고 판단하였어도 이는 아무런 기속력이 없다.

검사의 기소권 행사가 이렇게 원칙 없이 행하여지므로 한국 국민들의 자유와 재산은 검사의 손아귀에 들어가 있다. 이것이 바로 한국에서 검찰이 최고의 권력기관으로 군림하는 이유이다.]

▲ 삼성의 미르재단, 케이스포츠재단 지원 관련

피고인은 박근혜 대통령, 안종범 경제수석비서관 등과 공모하여 이재용으로부터 승계 작업 등을 도와달라는 부정한 청탁을 받고, 그 대가로 제3자인 미르재단, 케이스포츠재단에 204억 원을 공여하게 하였다.

[주(註): 이 기소 범죄 사실 역시 박영수 특검이 처음 조사, 공표한 범죄사실이 아니다. 서울지검의 제1차 기소 때 혐의 사실에서 이미 직권남용 및 강요죄를 적용하여 기소한 사건이다.

서울지검은 동일한 사건에 대하여 직권남용과 강요죄는 몰라도 뇌물죄는 적용이 안 된다고 보아, 직권남용 및 강요죄만 기소하고 뇌물죄는 적용하지 않은 것이다. 그런데 박영수 특검은 서울지검과 해석을 달리하여 뇌물죄도 성립된다고 보아 3개월 뒤에 204억 원의 거액 특수 뇌물죄를 추가, 적용한 것이다.

그 바람에 최순실은 징역 5년 이하의 가벼운 형벌의 범죄 혐의자에서 갑자기 징역 10년 이상의 중범죄 피의자로 바뀌었다. 덩달아서 박근혜 대통령도 최순실의 공범자로서 징역 10년 이상의 형벌이 적용되는 중범죄자가 된 것이다.

그러면 왜 박영수 특검은 서울지검이 최순실과 안종범을 제1차로 기소할 때 적용하지 아니한 삼성의 재단 출연금 관련 204억 원의 특수뇌물죄를, 3개월 뒤에 갑자기 적용하여 기소하였을까?

박영수 특검은 수사 능력과 법률 지식이 뛰어나고 서울지검은 수사 능력과 법률 지식이 모자라서일까? 물론 이는 아니다. 박영수 특검이 최순실을 특수뇌물죄로 기소한 것은 최순실을 중범죄자로 기소하여야만 박근혜 대통령도 공범자로서 중범죄인이 되기 때문이다.

그리고 그렇게 하여야만 국회가 아무런 증거나 법적근거 없이 박근혜 대통령 탄핵의 가장 주요한 사유로 내세운 삼성그룹의 미르재단, 케이스포츠재단 출연금 204억 원 관련 뇌물죄 탄핵 소추가 법적으로 근거가 있는 탄핵 소추로 정당화되기 때문이다.]

▲ 은행 임원 인사 관련

피고인은 박근혜 대통령과 공모하여 김정태(하나금융그룹 회장)로 하여금 이상화를 글로벌 영업2본부장으로 임명하게 함으로써 의무 없는 일을 하게 하였다.

④ 박영수 특검의 제4차 기소(2017년 2월28일) : 혐의 사실 14개

▲ 이화여대 입학 관련

피고인은 이대 총장, 입학처장, 보건대학장 등과 공모하여 면접위원들로 하여금 최고 점수를 정유라에게 주게 하여 정유라를 입학시킴으로써, 면접 위원들의 업무를 방해하였다.

▲ 이대 업무 방해

피고인은 이대 교수들과 공모하여 출석하지 않은 정유라에게 학점 주고 출석 처리하도록 하여 학교의 업무를 방해하였다.

▲ 청담고 관련 뇌물 공여

피고인은 2012년 4월7일, 청담고 체육부장 교사에게 정유라에 대한 학사 관리상의 편의 제공에 대한 대가로 30만 원을 교부하여 뇌물을 공여하였 다.

▲ 청담고 관련 공무 집행 방해

피고인은 2013년 4월 말경, 수업중인 청담고 체육부 교사에게 욕설을 하 여 수업을 방해하였다.

▲ 사문서 위조 미수

피고인은 2015년 11월~12월경 사단법인 대한승마협회 회장 직원에게 승 마협회장의 직인을 위조하여 문서를 작성하라고 지시하여 이메일로 발송하 였다.

▲ 승마협회로부터 허위의 봉사 활동 확인서를 발부받아 청담고등학교에 제출하여 총 16시간의 가짜 봉사 활동 시간을 인정받는 등 허위 서류들로 출석 처리 등의 학사 혜택을 받아 공립학교의 업무를 방해하였다.

[주(註)1: 위 4차 기소는 최순실의 딸 정유라의 입학 및 학사 비리이다. 고등학교 재학 시절 비리 사건 7건, 이대 입학 및 재학 시절 비리 사건 7건으로 총 14건이다. 정유라는

1996년 10월30일생으로, 2014년 아시안 게임 마장마술 단체 종목에서 금메달을 딴 승마 선수이다. 2015년 3월, 이대에 체육 특기생으로 입학하였다.]

[주(註)2: 체육 특기자를 면접위원들이 인터뷰로 선발하는 것은 이대 등 사립대학들의 오랜 전통이다. 정유라는 아시안게임에서 금메달을 수상한 승마 선수이므로 체육 특기자에 해당한다.

이대 총장 등이 정유라의 모친 최순실이 박근혜 대통령과 가까운 사이란 것을 알고 면접위원들에게 후한 점수를 주라고 청탁한 것은 도덕적으로 비난받을 만하다. 그러나 이것이 과연 국가가 형사 범죄로 다룰 사건인가?

국가의 사법권이 사립대학의 입학 선발권까지 관여하면, 대학의 자율성이 훼손된다. 더욱이 이런 작은 문제를 가지고 대학 총장, 교무처장, 대학장 등 5명의 저명한 교육자들을 도주 및 증거 인멸의 우려가 있다고 긴급 구속하여 수사하고 재판하는 것은 대한민국 사법사에 일찍이 없는 일이다.

당시 박근혜 대통령을 탄핵하려는 촛불 혁명의 열풍이 없었으면 결코 일어나지 않았을 일이다. 지금 돌아보면 모두 낯 뜨거운 부끄러운 일이 아닐까?]

[주(註)3: 정유라는 이대 입학이 취소된 것은 물론, 5년 전의 청담고등학교 졸업도 소급하여 취소되었다. 그리고 승마협회에서 제명되어 더 이상 선수 생활이 불가능해졌다. 어느 야당 국회의원은 수사관을 자처하며 독일과 덴마크로 날아가 정유라의 행방을 추적하여 정유라가 독일에서 덴마크로 도피한 사실을 언론에 제보, 특종 보도하였다.

박영수 특검은 덴마크로 도피한 정유라를 구속하기 위하여 인터폴에 정유라를 국제 테러범으로 신고하여 출산한 지 1년도 안된 정유라를 아들과 함께 한국으로 강제 송환시켰다. 언론은 정유라의 혼전 임신과 출산을 대대적으로 보도하였다. 사회전체가 약자인 젊은 여성에게 돌팔매질을 하였다.

인권 보호의 최후의 보루인 검찰과 법원조차 정유라와 모친 최순실을 마치 흉악범처럼 긴급 구속하여 처벌하는 데 앞장섰다. 인격 살인(人格殺人)에 가까운 가혹한 인권 침해이다. 이런 악의적인 인권 침해, 사생활 침해에 대하여 여성 인권단체, 변호사 단체들이 모두 침묵을 지켰다.

정유라와 최순실에 대하여 무슨 원한이 있어서 이렇게 온 국민이 증오하는 것일까? 내가 보기에는 정유라와 최순실이 미워서가 아니다. 박근혜 대통령에 대한 증오가 그의 측근이라는 최순실로 옮겨지고, 나아가 최순실의 어린 딸에게까지 옮겨진 것이다.

그러면 박근혜 대통령을 왜 그렇게 갑자기 온 국민이 증오하게 된 것일까? 내가 보기엔 야당 의원들의 정치적 증오가 언론과 노조를 통해 온 국민에게 전염된 것이다. 결국 근본 원인은 목숨 걸고 정권 쟁취 투쟁을 하는 정치인들이 온 국민을 이렇게 잔혹한 증오의 싸움판으로 몰아나간 것이다.]

⑤ 서울지검의 제5차 기소(2017년 4월17일): 혐의 사실 4개

▲ 롯데그룹 관련

피고인은 박근혜 대통령, 롯데그룹 신동빈 회장과 공모하여 신동빈으로부터 면세점 허가를 받게 해달라는 부정한 청탁을 받고, 그 대가로 제3자인 케이스포츠재단에 뇌물 70억 원을 공여하게 하였다.

▲ 에스케이그룹 관련

피고인은 박근혜 대통령과 공모하여, 에스케이그룹 회장 최태원의 형사 사건 처리를 잘 해준다는 조건으로, 최태원 회장 및 부회장, 전무 등으로 하여금 더블루케이에 4억 원, 케이스포츠재단에 35억 원, 비텍스포츠에 50억 원, 합계 89억 원을 뇌물 공여하라고 요구하였으나 거절되었다.

▲ 범죄수익 은닉의 규제 및 처벌

피고인은 이재용 삼성 부회장 등과 뇌물 사실을 감추고자 실재하지 않는 삼성전자 승마단을 위해 케이스포츠가 용역 계약을 맺은 것처럼 각종 서류를 조작하고, 정유라에게 사준 말도 삼성전자 승마단이 산 것처럼 말을 바꾸는 계약서를 만들어 범죄로 인한 수익의 처분에 관한 사실을 가장하였다.

▲ 특가법 알선 수재죄

피고인은 미얀마 대사 및 코이카 이사장과의 친분을 이용하여 2016년 6월, 인(印) 모 사장으로부터 주식 3060주를 조카 명의로 받았다.

⑥ 서울지검 6차 기소: 혐의 사실 2개

▲ 피고인은 미르재단, 케이스포츠재단 설립 및 운영 등과 관련하여 2016년 12월7일 10시 국회의사당에서 열리는 '최순실 국정 농단 의혹과 관련한 국정 조사 특별위원회'에 증인으로 출석하라는 출석 요청 통지서를 2016년 11월25일 서울구치소에서 전달받고도 "관련 형사재판이 진행 중이고 건강이 좋지 않다"는 등의 사유로 불출석 사유서를 제출하고 출석하지 아니함으로써 정당한 이유 없이 증인으로 출석하지 아니하고, 2016년 12월 15일경 전달받은 12월22일 회의에 대하여도 같은 사유서를 제출하고 출석하지 아니하여 2회에 걸쳐 정당한 이유 없이 불출석하였다.

▲ 피고인은 2016년 12월7일, 12월22일, 12월26일, 3회에 걸친 국회 특별조사위원회의 동행 명령을 요구받고도 이를 거부하였다.

5 | 검찰 기소의 문제점

① 박근혜 대통령을 기소외(起訴外) 공동정범으로 공표한 것은 직권 남용 및 피의 사실 공표죄, 명예훼손죄에 해당하는 위법이다.

원래 박근혜 대통령의 탄핵 사유를 조사하려면 박근혜 대통령의 비리를 직접 조사하는 것이 정도(正道)이다.

그런데 헌법 제84조에는 "대통령은 내란, 외환의 죄가 아니면 재직 중 형사소추를 받지 아니한다"는 형사 책임 면책 조항이 있다. (국회의원에게는 헌법 제44조에 현행범이 아닌 한 국회 회기 중 체포할 수 없다는 불체포 특권이 있고, 헌법 제45조에는 직무상 발언에 대한 면책 특권이 있다.)

이 헌법 제84조 조항 때문에 박근혜 대통령의 재직 중에는 외환, 내란의 죄가 아닌 이상 검찰이 박 대통령의 비리를 범죄 소추하기 위한 수사를 하지 못한다. 검찰은 이 헌법 조항을 회피하는 편법으로서 최순실을 수사하여 기소하면서, 최순실의 기소장에 박근혜 대통령을 그 공동정범으로 부가(附加) 기재하여 언론에 공표하는 편법을 사용하였다.

박근혜 대통령을 형사 소추하지 않았으므로 형식상으로는 헌법 제84조에 위배되지 않았다. 그러나 검찰이 최순실, 안종범의 직권남용, 강요죄, 특수뇌물죄 등의 범죄 수사 결과를 발표하는 기회를 이용하여 (헌법 제84조 제한 때문에 박근혜 대통령을 최순실, 안종범과 공동으로 기소를 하지는 못하지만) 최순실, 안종범과 같이 범죄를 저지른 공동정범이라고 언론과 국민에게 공표하는 것은, 검찰이 박근혜 대통령의 피의 사실(수사기관이 조사한 범죄 혐의 사실)을 공표하는 것이므로 형법 제126조의 피의 사실 공표죄 혐의가 있다.

뿐만 아니라 공연히 사실을 적시하여 박근혜 대통령의 명예를 훼손한 것이므로 명예훼손죄 혐의도 있다. 직권 남용의 혐의도 있다. (박근혜 대통령의 입장에서 보면 자기의 지휘를 받는 검찰이 정식으로 입건도 하지 않고, 본인에게 알리지도 않고, 해명할 기회도 주지 않고 일방적으로 죄인의 낙인을 찍어 국민에게 공표하는 배신을 당한 것이다.)

검찰이 현직 대통령을 이렇게 배신한 것은 대한민국 역사상 초유의 일이다.

② 공동정범자의 실행 행위가 구분, 특정되어 있지 않다. 형법상 공범에는 공동정범(형법 제30조), 교사범(형법 제31조), 종범(형법 제33조)의 세 가지 형태가 있고, 각기 구성 요건이 다르다. 또한 형벌도 다르다.

그런데 최순실에 대한 검찰의 공소장에 보면, 피고인 최순실과 안종범은 박근혜 대통령과 공모하여 범행을 하였다고만 기재하고 공범의 형태가 공동 범행인지, 교사인지, 방조인지를 명시하지 않았다. 다만 적용 법조에서 형법 제30조를 기재하여 공동정범의 형태로 기소한 것을 추측할 수 있을 뿐이다.

문제는 공동정범이라면 각자의 범죄 실행 행위가 무엇인지 구체적으로 특정되어야 하는데 범죄 실행 행위가 특정되어 있지 않다. 따라서 각 피고인의 입장에서 방어권(예컨대 알리바이)을 행사하는 것이 사실상 불가능하다.

③ 폭행, 협박의 증거 없이 강요죄를 적용하였다. 서울중앙지검 특수부는 전국경제인 연합회가 박 대통령과 안종범 경제비서관의 권고에 좇아 미르문화재단과 케이스포츠재단이라는 두 개의 공익 재단을 설립하기로 한 사실과 그 신설 재단의 기본 재산으로 삼성그룹, 현대자동차그룹, 에스케이그룹, 롯데그룹 등 19개 회원사에게 총 744억 원을 분담, 출연하도록 한 사실을 각 인정하였다. 문제는 이 객관적 인정 사실에 대한 법률 적용이다.

서울지검은 전경련 회장단이 공익 재단을 설립하여 그 기본 재산을 출연할 의무가 없는데 박근혜 대통령과 안종범 비서관, 최순실 3인이 직권을 남용하고, 폭행과 협박으로 재단 설립을 강요하여 공포심에서 재단을 설립하고 출연한 것이므로 박근혜 대통령, 최순실, 안종범 3인은 직권남용과 강요죄의 범죄인으로 처벌되어야 한다고 주장한다.

그러나 우선 기소장 어디에도 박근혜 대통령이나, 최순실 또는 안종범이 언제, 어디서, 누구에게, 어떻게 폭행과 협박하였다는 것인지 아무런 구체적 사실 적시와 증거 제시가 없다. 그렇다면 폭행과 협박을 요건으로 하는 강요죄는 적용될 수가 없는데 적용한 것이다.

④ 재단 설립 및 출연(기부)의 자유와 권리가 있음을 간과하고 직권남용죄, 강요죄를 적용하였다. 전경련이나 그 회원사들이 공익 재단을 설립하고

그 기본 재산을 출연할 법적 의무는 없다. 그러나 재단을 설립하고 그 기본 재산을 출연(기부)할 자유와 권리는 누구에게나 있다.

박근혜 대통령도 대통령의 지위에서 전경련이나 그 회원사들에게 공익 재단을 설립해 달라고 권유할 직무상 의무나 권한은 없지만, 권유할 권리와 자유는 있다. 실제로 전경련과 그 회원사들은 이명박 대통령, 노무현 대통령, 김대중 대통령, 김영삼 대통령 정부 하에서 수차례에 걸쳐 대통령의 권유에 따라 공익 재단을 설립하고 회원사들이 기본 재산을 출연하였다.

한국에서 공익 재단의 설립과 출연을 대통령이 전경련에게 권유하고 전경련이 이에 따라 공익 재단을 설립, 운영하는 것은 오랜 전통이다. 대기업들의 의무는 아니지만 노블레스 오블리제(nobless oblige)로 오랫동안 인식되었다. 정부도 출연 기업들에게 면세의 혜택을 주었다.

그런데 서울지검은 전경련과 그 회원사들은 공익 재단을 설립하고 그 기본 재산을 출연할 권리와 자유가 없고, 대통령도 전경련에 공익 재단의 설립을 권유할 자유나 권리가 없다는 전제에서, 전경련의 이 건 공익 재단 설립과 출연을 대통령의 권한 남용과 강요에 따른 범죄 행위로 간주하여 기소하고 있다. 과거의 많은 선례를 전혀 무시한 일방적인 주장이고 법률 해석이다.

⑤ 최순실은 전경련 사람들과 만난 적 없으므로 직권남용죄, 강요죄의 공동정범이 될 수 없다. 만일 검찰의 주장대로 전경련 회장단에게 재단 설립과 기본 재산 출연을 권고한 것이 직권남용 및 강요죄의 범죄 행위라면, 그러한 범죄 행위를 실행한 박근혜 대통령과 안종범 비서관 두 사람이 공동정범이다.

따라서 헌법 제84조 규정 때문에 박근혜 대통령을 직접 조사, 기소할 수 없다면 안종범을 기소하여야지, 전경련 회장단을 알지도 못하고 만나본 적도 없는 최순실을 공동정범으로 기소할 아무런 근거가 없다.

검찰이 최순실을 기소한 것은 박근혜 대통령을 직접 기소하지 못하므로 박근혜 대통령 대신에 최순실을 기소하고, 박근혜 대통령을 최순실의 공범이라고 최순실 기소장에 부기(附記)하여 언론에 공표함으로써 박근혜 대통령을 인민 재판, 정치 재판하기 위한 것이다.

결국 최순실은 아무런 죄도 없이 박근혜 대통령을 인민 재판, 정치 재판으로 탄핵하기 위한 수단으로 이용된 희생양이다.

⑥ 최순실은 공무원이 아니므로 공무원 신분 범죄인 직권남용죄나 뇌물죄의 공동정범이 될 수 없다. 직권남용과 뇌물죄는 특정 직권, 직무가 있는 공무원에게 적용되는 신분 범죄이다. 최순실은 공무원이 아니므로 남용할 직권이나 위배할 직무가 없다.

그렇다면 직권, 직무가 있는 공무원(박근혜 대통령이나, 안종범 비서관)의 직권남용이나 직무 위배를 교사하거나 방조할 수는 있어도, 직접 공동정범이 되어 직권을 남용하거나 직무 위배를 할 수는 없는 법리이다. 그런데 검찰은 아무런 직권, 직무도 없는 최순실에게 직권남용죄와 뇌물죄의 공동정범 책임을 묻고 있다.

⑦ 미르재단, 케이스포츠재단의 기본 재산으로 출연된 자금을 최순실, 박근혜가 개인적으로 사용, 처분하는 것은 법적으로나 사실상으로나 불가능한데, 그 출연금에 대하여 이들에게 뇌물죄 책임을 묻는 것은 불능범에게 형사 책임을 묻는 것과 같다.

미르재단, 케이스포츠재단은 전경련의 회원들이 공동 출연하여 세운 공익 재단이다. 정부가 주도하여 세운 공익 재단이므로 업무 및 자금의 운영에 있어서 정부의 엄격한 통제와 감독을 받는다. 또한 최순실, 박 대통령 중 누구도 재단의 운영에 관여하는 이사가 아니다.

따라서 이들이 재단의 기본 재산으로 출연된 자금을 취득할 아무런 법적, 사실적 수단이 없다. 이들이 출연금을 이득할 수단이 있다는 아무런 증거도 없다. 그렇다면 피고인들이 그 출연금을 이득한다는 전제에서 뇌물죄를 적용한 것은 근거가 없다.

⑧ 직권남용 및 강요죄와 뇌물죄는 선택적 관계인데 검찰은 병렬적으로 기소하고 있다.

검찰은 삼성그룹의 재단 출연금 204억 원, 동계 스포츠 영재 센터 후원금 16억 원, 롯데그룹 추가 출연금 70억 원, 에스케이그룹 출연금 등에 대하여 직권남용죄 및 강요죄와 동시에 뇌물죄를 적용하였다.

그러나 직권남용과 강요죄는 출연자나 후원자인 대기업 측이 아무런 법적 의무가 없는데 박근혜 대통령, 최순실 등으로부터 폭행과 협박을 받고 강요당하여 출연, 후원한 것이라는 전제이므로 출연자, 후원자는 범죄의 피해자가 된다.

반면에 뇌물죄는 제공자가 공무원에게 청탁을 하고 그 대가로서 출연 또는 후원한 것이므로, 피해자가 아니라 범죄인이 된다. 따라서 논리적으로 뇌물죄는 직권남용 및 강요죄와는 양립할 수 없다. 그런데 박영수 특검은 대기업의 출연금, 후원금에 대하여 서울지검이 기소한 직권남용, 강요죄와 병행시켜 추가적으로 특수뇌물죄를 기소하고 있다. 논리적으로 모순이다.

6 | 최순실 변호인의 최후 변론 요지

▲ 미르, 케이스포츠재단 설립·운영에 대해: 최순실은 양 재단의 출연금 모금에는 전혀 관여한 바 없다. 안종범 경제수석비서관은 만난 적이 없고 알지 못한다. 박근혜 전 대통령은 물론이고 피고인조차 미르재단, 케이스포

츠재단에서 한 푼의 자금이나 이익을 가져온 바 없다.

▲ 동계 스포츠 영재 센터 지원에 대하여: 피고인은 영재 센터 지원에 대해 박 전 대통령에게 요청한 바 없다. 피고인 자신도 영재 센터를 지원한 삼성그룹 김재열 사장이나 그랜드코리아레저 관련자를 알지 못하고 접촉한 사실도 없다. 피고인은 영재 센터로부터 어떠한 이익도 받은 바 없다.

▲ 삼성·롯데·에스케이의 재단 출연금 뇌물사건에 대하여: 기업 총수들과 박 대통령의 단독 면담은 대통령과 주요 민간 경제 대표가 만나 상호 의견을 교환하는 대통령의 정상적 업무 수행이었고, 뇌물 혐의를 추리할 기재 사항은 없다. 면담 당사자들의 진술도 한결같다.

삼성은 물론이고 롯데나 에스케이 모두 박근혜 전 대통령에게 부정한 청탁을 한 사실이 없다고 진술하고 있다.

▲ 삼성의 정유라 승마 지원 사안에 대하여: 삼성의 정유라 승마 지원 약정은 정유라의 매니저 박원오와 삼성전자 박상진(대한승마협회 회장) 간에서 맺은 약정이었다. 박근혜 전 대통령과 이재용 부회장은 모른다.

피고인 최순실은 삼성 측 사람들을 알지 못하였고, 승마 훈련 용역 계약 체결에 필요한 승마 관련 기술적 용어조차 알지 못한다. 승마용 말 구입은 전적으로 박원오의 업무이며, 커미션도 그에게 돌아간다.

7 | 대법원의 최종 판결 남아

▲ 장기 구속과 인권 탄압

최순실은 2016년 10월31일 구속 영장이 발부되었다. 구치소에 수용되어 푸른색의 죄수복을 입고 수사와 재판을 받았다. 현재까지 3년이 넘는 장기 구속이다.

형사소송법(제92조)에 규정된 심급(審級)마다 최장 6개월의 구속 기간이 여러 차례 연장되었다. 구치소에서 검찰청이나 법원으로 이동 중에는 손목에 수갑이 채워졌다. 심지어는 입에 테이프를 붙여서 언론에 억울한 사정을 공개 호소하지 못하도록 하였다.

▲ 재판과 판결

최순실에 대한 37건의 기소 사실 중에서 박근혜 대통령의 탄핵 사건과 관련이 없는 제4차 기소 사건, 즉 정유라 관련 입학 비리사건 14건은 분리 재판하여 2017년 6월30일 1심에서 최순실에게 징역 3년형이 선고되었다. 2017년 11월14일 2심에서 역시 3년형이 선고되고, 이어서 2018년 5월15일 대법원에서 3년형이 확정되었다.

나머지 23건의 범죄 사실은 서울중앙지법에서 병합 심리하여, 1년여 간 재판이 진행되었다.

2017년 12월14일 결심까지 150여 회의 공판이 열렸다. 검찰 증거 기록은 25만 쪽에 이른다. 이 사건 재판은 대한민국 형사사법사상 거의 모든 기록을 갈아 치웠다.

"전쟁 같은 재판이었다. 끝까지 재판을 버틴 피고인들이 기적이다"라고 최순실 담당 변호인이 결심 공판에서 소감을 말했다.

검찰은 최순실에게 징역 25년과 1185억 원의 벌금과 77억 원의 추징을 구형하였다. 공범자인 안종범 비서관에게는 징역 6년, 신동빈 롯데그룹 회장에게는 징역 5년이 각 구형되었다.

2018년 2월13일 1심에서 징역 20년, 벌금 180억 원, 추징금 72억9427만 원이 선고되었다. 그리고 2018년 8월24일 2심에서 징역 20년, 벌금 200억 원, 추징금 70억5281만 원이 선고되었다. 현재 대법원의 최종 판결을 기다리고 있다.

측근들의
형사 사건

1 | 검찰의 구속 수사

박근혜 대통령 탄핵은 대통령 자신의 비리나 불법이 아니라 오랜 개인적 친구 최순실의 개인 생활 비리에 대한 언론의 각종 의혹보도에서부터 시작되었다. 예컨대 최순실의 딸 정유라의 이화여대 승마 입학 비리, 고영태라는 젊은 남자 친구와의 수상한 관계, 독일의 호텔 운영 관련 재산 도피 의혹, 오래 전에 죽은 부친의 종교 활동과 여자 관계, 박근혜 대통령과의 친분 정도 등 수없이 많다.

언론의 경쟁적인 선정(煽情) 보도가 시민들의 분노를 불러일으켰다. 이 분노를 표현하는 수단으로서 야당과 시민단체들이 경쟁적으로 대중 집회를 열었다. 2016년 10월25일에 시작된 촛불 집회와 데모가 한 달 뒤에는 수십만(주최 측은 수백만이라고 주장한다)의 군중 데모로 발전하여 세계적인 관심을 불러일으켰다. 언론은 촛불 집회를 2002년 월드컵 축구 이래 한국인의 자존심을 세계에 알리는 자랑스러운 문화, 정치 행사라고 선전하였다.

언론과 국민의 의혹을 확인하여 국민들의 분노를 해소시켜준다는 다분히 정치적인 의도를 가지고, 국회와 검찰이 경쟁적으로 조사와 수사에 나섰다. 언론 보도와 시민단체의 제보를 중요한 단서로 삼아 관련자들을 소환, 밤샘 조사를 하였다.

그리고 일단 증거 인멸의 우려를 이유로 영장을 청구하고, 법원은 예외없이 구속영장을 발부하였다. 최순실과 안종범, 정호성 등 박근혜 대통령의 측근들이 구속될 때마다 야당과 언론과 시민단체는 승리를 환호하며 더 많은 의혹과 제보를 경쟁적으로 국회와 검찰에 제공하였다.

국회의 조사와 검찰의 수사는 청와대의 거의 모든 비서관과 박근혜 정부의 장·차관, 국장 등을 넘어서 국정원장, 이재용 삼성그룹 부회장과 임원으로 확대되었다. 심지어는 대통령의 주치의와 미용사 등에게까지 확대되었다.

2 | 검찰의 수사 목적

검찰이 2016년 11월부터 박근혜 대통령 탄핵과 관련하여 소환 또는 체포하여 조사한 사람의 숫자가 얼마인지 정확히 알 수 없으나, 수백 명에 달할 것으로 추정된다. 신문에 이름이 오른 유명 인사들 중에서 구속 기소된 사람만 2017년 12월 말 현재 30명이 넘는다. (소환 조사를 받은 사람과 불구속 기소된 사람들의 숫자는 아직 파악하지 못하였다.)

검찰 수사는 시기적으로 보면 크게 4기로 나누어 볼 수 있다.

▲ 제1기: 2016년 11월3일 최순실의 구속부터 11월20일 수사 결과 발표까지

이 시기의 검찰 조사는 서울중앙지검 특수부가 이영렬 검사장의 지휘 하에 진행하였다. 주(主) 조사 대상이 미르재단, 케이스포츠재단의 설립, 모금

과 최순실의 개인적인 비리이다.

구속 기소된 사람은 최순실, 안종범, 정호성, 장시호, 송성각, 차은택, 김종으로 총 7명이다. 이 검찰 수사 결과가 2016년 12월3일 야당 의원 171명이 국회에 제출한 탄핵소추안에 그대로 옮겨졌다. 즉 이 수사 결과가 국회 탄핵 소추안의 골자이고, 헌법재판소의 탄핵 결정 이유이다.

이 시기 검찰 수사는 쓰나미처럼 몰아치는 여론과 군중 데모의 광기(狂氣)에 영합하여, 국회가 박근혜 대통령 탄핵 소추에 필요한 소추 사유를 제공하는데 검찰 수사의 목적이 있었던 것으로 보인다. 한국적 탄핵 정변의 시작이다.

▲ 제2기: 2016년 12월 하순부터 2017년 2월28일까지 헌법재판소의 탄핵 사건 심판 기간

이 기간 수사는 국회가 법률로 지시한 사항을 박영수(변호사, 전 서울고등검찰청 검사장) 특검이 진행하였다. 실제 수사는 서울중앙지검의 윤석열 차장검사가 검찰로부터 검사 및 수사관을 차출하여 진행하였다. 말이 특검이지 실제는 검찰 지휘권을 임시로 국회에 빌려준 격이다.

이 기간에 구속 기소된 사람은 문형표, 류철균, 남궁곤, 김종덕, 신동철, 김경숙, 김기춘, 조윤선, 이인성, 박채윤, 최경희, 이재용으로 13명이다. 이 중 김기춘, 조윤선, 김종덕, 정관주, 신동철 5명은 소위 '블랙리스트' 사건의 구속·기소자들이고, 이재용과 문형표 2명은 '삼성 뇌물 사건'의 구속·기소자들이다. 류철균, 남궁곤, 김경숙, 이인성, 최경희 5명은 '이대 입학 비리 사건'의 구속·기소자들이다.

박근혜 대통령의 탄핵 심판과 직접 관련된 것은 삼성 뇌물 사건과 블랙리스트 사건이다. 이대 입학 비리 사건은 최순실과 정유라의 비리 사건이다.

매일 박근혜 대통령과 최순실의 비리에 관련된 대통령 측근들의 구속 기사가 언론에 특별 기사로 실렸다. 이 기사들은 대중의 분노를 불러 일으켜

촛불 데모로 이어지는 한국형 정변의 패턴이 계속 이어지면서, 사회 전체가 혁명 열기와 공포 분위기에 휩싸였다. 탄핵 정변의 전성기(全盛期)이다 .

▲ 제3기: 2017년 3월10일부터 2017년 5월9일까지 탄핵 심판이 끝나고 대통령 보궐선거가 치러진 기간

이 기간 동안 구속 기소된 사람은 박성현과 박근혜 대통령 두 사람뿐이다. 수사는 서울 중앙지검 특수부가 시행하였다. 선거 기간 중이라 박성현과 박근혜 대통령 두 사람을 구속하는 이외의 다른 구속은 없었다.

▲ 제4기: 2017년 5월19일 이후 현재까지

수사 주체는 박영수 특검의 수사를 실제로 지휘한 윤석열 신임 서울중앙지검장(2017년 5월19일 대구고검 검사에서 서울중앙지검장으로 특별 승진)의 특수부이다.

이 기간 중 구속 기소된 사람은 정기양, 정광용, 손상대, 홍완선, 이영선, 김상률, 장충기, 최지성, 안봉근, 이재만, 남재준, 이병기 등 12명이다.

박근혜 대통령 형사 사건과 관련된 사건은 남재준, 이병기, 안봉근, 이재만 등 전 국정원장들의 대통령 특별활동비 사건이다.

(대통령의 특별활동비를 국정원 예산에 숨겨서 편성하는 오랜 관행을 '적폐 청산'이란 구호 아래 뇌물죄로 수사하여 남재준, 이병기 두 국정원장을 박근혜 대통령의 공범으로 구속 기소했다.)

▲ 탄핵 정변 구속자

필자가 조사한 구속자들에 관한 상세한 내용은 [부속 자료3] '구속자 명단' 참조

3 | 이재용 삼성전자 부회장 뇌물 사건

이재용 뇌물 사건은 국회가 박근혜 대통령을 탄핵 소추하면서 처음 제기

한 범죄 사건이다. 소추장에서 국회는 박근혜 대통령이 삼성그룹 이재용 부회장의 회장 직 승계에 협력해주는 대가로 자신과 최순실이 소유하는 미르재단, 케이스포츠재단에 204억 원을 출연하게 하여 뇌물을 받았고, 이는 특정 범죄 가중 처벌법(뇌물죄)에 위배하여 무기 징역 또는 10년 이상의 징역형을 받을 중범죄이므로 박근혜 대통령은 대통령직에서 파면되어야 한다고 소추하였다.

국회가 제기한 탄핵 사유 13개 중에서 가장 죄질이 나쁘고, 형벌이 무거운 탄핵 사유이다. 수사 기관도 아닌 국회가 증거 조사도 없이 무조건 소추장에 기재한 탄핵 사유이기도 하다.

그런데 국회가 의결하여 90일 기한부로 설치한 박영수 특검이 2017년 2월17일, 이재용 부회장을 뇌물 혐의로 구속하였다. 그리고 2월28일 기소하였다.

(헌법재판소는 탄핵 결정에서 이유 설명 없이 이재용 뇌물죄 부분은 판단하지 않았다.)

이재용 뇌물 사건은 해외에서 많이 소개되었다. 외국인들은 박근혜 대통령이 이재용 뇌물 사건으로 대통령 자리에서 쫓겨난 것으로 알고 있다. 실제로 금액 면에서는 박근혜 대통령에 대한 13개 탄핵 사유와 17개 기소범죄 중 가장 큰 금액이 이재용 뇌물 사건이다.

이 사건은 박근혜 대통령 탄핵 정변이 표면적으로는 보수 정치의 정경(政經) 유착에 대한 국민의 반감을 대변한다는 대의명분(大義名分)을 가짐과 동시에, 반(反)재벌의 좌파적 이데올로기를 나타내고 있다.

검찰의 이재용 부회장 뇌물죄 관련 기소장은 100여 페이지의 방대한 분량이다. 2017년 8월25일 선고된 1심 판결문도 272페이지의 방대한 양이다. 공판만 53회이며, 신문한 증인이 54명이다.

법원은 이재용 회장에게 징역 5년, 최지성, 장충기 이사들에게 각 징역 4

년과 37억여 원의 추징을 선고하였다. 1심 판결에서 유죄로 인정된 죄는 뇌물공여죄, 특가법상의 횡령죄, 특가법상의 재산 국외 도피, 범죄 수익 은닉, 국회 증언 위증의 5가지이다. 핵심은 뇌물공여죄이고, 나머지는 뇌물 공여와 관련하여 생긴 부수적 범죄이다. 뇌물공여죄의 내용을 요약하면 아래와 같다.

[박근혜 대통령과 이재용 삼성 부회장이 2015년 7월과 2016년 2월 두 차례 업무 면담을 하면서 이재용 부회장은 박근혜 대통령이 청탁하는 최순실의 '영재스포츠센터'와 '정유라의 승마 훈련'을 도와주고, 박근혜 대통령은 이재용 부회장의 삼성 회장 직 승계를 도와주기로 '묵시적 합의'를 하고, 이 합의에 따라 정부는 국민연금공단의 삼성 지분권을 행사하고, 이재용 부회장 등은 영재 센터에 16억2800만 원, 승마 지원에 72억9427만 원을 지출하여 이득을 주었다.

1심 법원은 미르재단과 케이스포츠재단에 대한 삼성그룹의 출연금 204억 원에 대하여 무죄를 선고하고, 승마 지원금 72억9427만 원과 영재 센터 후원금 16억2800만 원에 대하여는 유죄를 선고했다.

2018년 2월5일 서울고등법원은 승마 지원금 중 36억 원만 유죄를 인정하였다. 이에 따라 형벌도 징역 2년6개월에 집행유예 4년으로 감형하여 이재용 부회장은 석방되었다.]

4 | 블랙리스트 사건

박영수 특검이 2017년 1월 김기춘 청와대 비서실장 등 7명을 구속 수사하여 2월28일 기소한 사건이다. 박근혜 대통령에 대하여는 4월17일 기소하였다.

흔히 문화계 블랙리스트 사건이라고 부른다. 이 사건은 박근혜 대통령과 김기춘 비서실장이 학술·문화·예술계의 반정부 좌경화를 막기 위해 학술·예술·문화 진흥위원회로 하여금 정부가 지원하지 않는 학자·예술가 리스트('블랙리스트')를 만들어서 2015년도 지원심사 때 리스트에 있는 사람들을 지원 대상에서 배제하였다는 혐의로 김기춘 청와대 비서실장, 조윤선 문화부 장관 등을 직권남용, 강요죄로 기소한 사건이다.

이 사건은 박근혜 대통령 탄핵 정변이 이데올로기 투쟁이며, 중국의 문화혁명과 유사한 좌파의 우파에 대한 복수전의 성격이 있음을 보여준다.

김기춘 비서실장 등은 이는 정부 정책이므로 직권남용죄나 강요죄가 될 수 없다고 항변하였다. 그러나 1심 법원은 2017년 7월27일에 선고한 판결에서 정부의 블랙리스트 작성 지시, 시행은 문화·예술의 자유를 침해한 헌법 위반이라고 직권남용죄의 유죄를 인정하였다. 다만 강요죄는 무죄를 선고하였다.

김기춘 비서실장에게 징역 3년이 선고되었다. 나머지 피고인들에게도 징역 2년에서 1년 6월의 실형이 각 선고되었다. 다만 조윤선 장관은 무죄가 선고되었다. 그러나 2018년 1월23일 서울고등법원은 김기춘 비서실장은 징역 4년, 조윤선 장관은 징역 2년을 각 선고하였다. 현재 대법원에서 심리 중에 있다.

5 | 태극기 집회 주동자 구속 사건

2016년 10월 하순, 박근혜 대통령의 하야와 탄핵을 요구하는 시민 집회가 촛불을 들고 모이자, 이에 대항하여 그해 11월 하순부터 박근혜 대통령을 지지하는 시민들의 집회가 태극기를 들고 모이기 시작했다.

처음에는 촛불 집회에 비해 참여자 수가 적었다. 그러나 12월부터 태극기 집회의 참여자 수가 늘어나기 시작하였다. 2017년 1월에 들어서면서부터는 태극기 집회의 참여자 수가 촛불 집회 참여자 수를 앞서서 2월부터는 압도적으로 수가 많았다.

그해 3월1일의 서울 시청 앞 태극기 집회 참여자 수는 30만을 넘어 대한민국 사상 최대 집회가 되었다. 이 태극기 집회는 2년 6개월이 지난 지금까지도 한국과 해외 곳곳에서 계속되고 있다. 지금 태극기 집회는 '박근혜 대통령 석방'과 '문재인 퇴진'을 외치고 있다.

태극기 집회를 주도한 사람들이 다수 구속되어 재판을 받고 있다. 언론에 전혀 보도가 안 되어 이름을 알 수 없다. (언론은 태극기 집회를 철저히 무시하며 일체 보도하지 않는다) 이름이 알려진 구속자는 박성현, 손상대, 정광용 3명이다.

이 중 손상대, 정광용은 2017년 12월, 1심 재판에서 징역 2년의 실형을 선고받았다.

6 | 이명박 정부 고위직 구속

문재인은 2017년 5월9일, 대통령 보궐선거에서 제19대 대통령에 당선되었다. 그렇지만 본인은 선거가 아닌 촛불 시민 혁명에 의하여 대통령이 되었다고 주장하며 (종전 대통령과 달리 대통령 취임식을 하지 않았다) 과거 정부의 '적폐 청산'을 선언하였다.

그리고 박근혜 대통령의 전임인 제17대 이명박 대통령을 포함하여 이명박 정부의 고위직 공무원들을 직권남용 등의 애매한 죄명으로 구속하여 기소하였다.

[주(註): 이명박 대통령은 박근혜 대통령과 같은 새누리당의 대통령 후보이다. 보수

우파 정치인이다. 문재인 대통령은 진보 좌파 정당인 더불어민주당 정치인이다.

문재인 정부가 적폐 청산이란 이름으로 구속 기소한 공무원은 대부분 보수 정부의 공직자들이다. 적폐 청산이란 이름으로 보수 청산을 한다는 의혹을 받고 있다.

▲ 이명박 대통령: 2018년 3월23일 구속/뇌물수수, 횡령,

징역 15년, 벌금 130억 원(2018. 10.5.)

▲ 조현오 경찰청장: 2018년 10월5일 구속/댓글 공작 혐의

▲ 배득식 국군 기무사령관: 2018년 6월15일 구속/직권 남용

▲ 이현동 국세청장: 2018년 2월3일 구속/뇌물수수 혐의

▲ 김진모 청와대 비서관: 2018년 7월17일 구속/국정원 특수 활동비 횡령 혐의

▲ 김백준 청와대 비서관: 2018년 1월17일 구속/국정원 특수 활동비 횡령 혐의

7 | 2018년 구속된 박근혜 정부 고위직

박근혜 정부의 공직자들에 대한 적폐 청산(보수 청산)은 2018년에도 계속되었다.

▲ 이재수 기무사령관: 세월호 사건으로 검찰 조사받던 중 2018년 12월7일 투신 자살

▲ 허현준 청와대 행정관: 2018년 10월5일 구속/공직선거법 위반 혐의

▲ 김병철 육군 준장(기무사 차장): 2018년 9월28일 구속/세월호 유족 사찰 혐의

▲ 소강원 육군 소장(기무사 참모장): 2018년 9월5일 구속/세월호 유족

사찰 혐의

  ▲ 백낙종 육군 소장(국방부 조사본부장): 2018년 2월9일 구속/직권 남용
혐의

  ▲ 신동빈 롯데그룹 회장: 2018년 2월13일 구속/뇌물수수 혐의

  ▲ 변희재 미디어워치 대표: 2018년 5월30일 구속/정보통신법 위반
  징역 2년 선고(2018. 12.10.)

  ▲ 황의원 미디어워치 대표: 2018년 12월10일 구속/정보통신법 위반
  징역 1년 선고

8 | 대법원장 구속

2019년에 들어오면서 문재인 정부의 적폐 청산은 마침내 대한민국 건국
이래 처음으로 대법원장을 구속하기에 이르렀다. 검찰은 양승태(梁承泰) 전
(前) 대법원장(2011. 9.~2017. 9.)이 좌파 법관들에게 불이익한 인사를 하여
사법 인사권을 남용한 혐의가 있다며 구속 영장을 신청하였다.

법원은 혐의가 인정되고 증거 인멸의 우려가 있다며 구속 영장을 발부하
였다. 앞으로 많은 고위직 법관들이 줄지어 구속될 것으로 예상된다.

20

박근혜 대통령
형사 사건

1 │ 최순실 국정 농단 비리 사건

헌법재판소가 2017년 3월10일, 박근혜 대통령을 소위 최순실의 국정 농단 비리에 대한 공범자 책임을 물어서 '권력 남용'이라는 애매모호한, 포괄적인 헌법 위반을 이유로 대통령 직에서 파면하였다.

검찰은 기다렸다는 듯이 며칠 지나서부터 박근혜 전 대통령을 특정 범죄 가중처벌법 상의 뇌물죄(공무원의 뇌물 액수가 1억 원 이상일 때 성립되며, 최소한 징역 10년 이상의 중형이 선고되는 중범죄이다) 피의자로 소환하여 조사하기 시작했다. (최순실, 김기춘 등 관련 공범자들은 이미 2016년 11월 31일부터 차례로 구속되어 기소된 상태이다.)

마침내 2017년 3월31일, 검찰은 구속영장을 신청, 법원으로부터 영장을 발부받아 구치소에 수감했다. 그리고는 2017년 4월17일, 특정 범죄 가중처벌법상의 뇌물죄 등 18개 범죄 혐의로 기소하였다.

2 | 기소 사실 요약

검찰 기소장은 우선 분량이 154페이지로, 한 권의 책이다. 기재된 범죄 사실도 많고, 공동 피고인도 10여 명이다. 언론은 이 기소장의 범죄 사실을 18개라고 했다. 그러나 1개의 혐의 사실에 대하여 직권남용죄와 강요죄 두 범죄를 적용하고, 때로는 뇌물죄도 같이 적용하고 있어 죄명 기준으로 보면 31개의 범죄이다.

[주(註): 원래 형사소송법 제254조 4항에 보면 "공소 사실의 기재는 범죄의 시일, 장소와 방법을 명시하여 사실을 특정할 수 있도록 하여야 한다"고 규정하고 있다. 다른 사건의 경우에는 이 형사소송법 원칙에 따라 6하(5W1H) 원칙으로 공소 사실을 구체적으로 특정한다.

그런데 이 사건 기소장은 범죄 항목 아래 배경 사실과 공소 사실을 구별하지 않고 모든 관련 사실을 길게 나열한 후, 마지막에 결론이란 이름 아래 일시, 장소, 방법이 빠진 추상적인 공소 사실을 2~3줄 간략하게 기술하는 특이한 방법으로 작성했다.]

결론이란 이름 아래 요약한 공소 사실을 그대로 옮기되, 순서는 직권남용 및 강요죄, 공무상 비밀누설죄, 뇌물죄 순서로 배열하면 다음과 같다.

▲ 재단법인 미르 관련 직권 남용 권리 행사 방해 및 강요

피고인 박근혜는 최서원, 안종범과 공모하여 대통령의 직권과 경제수석비서관의 직권을 남용함과 동시에, 이에 두려움을 느낀 피해자 이승철 등 전경련 임직원, 피해자 삼성전자 대표 권오현 등 기업체 대표 및 담당 임원 등으로 하여금 2015년 10월27일, 재단법인 미르를 설립하도록 하고 486억 원의 금원을 출연하도록 함으로써 의무 없는 일을 하게 하였다.

▲ 재단법인 케이스포츠 관련 직권 남용 권리 행사 방해 및 강요

피고인 박근혜는 최서원, 안종범 등과 공모하여 대통령과 경제수석비서관의 직권을 남용함과 동시에, 이에 두려움을 느낀 피해자 이승철 등 전경

련 임직원, 피해자 현대자동차 대표 김충호 등 기업체 대표 및 담당 임원으로 하여금 2016년 1월13일 재단법인 케이스포츠를 설립하도록 하고, 288억 원의 금원을 출연하도록 함으로써 의무 없는 일을 하게 하였다.

▲ 케이디코퍼레이션 관련 직권 남용 권리 행사 방해 및 강요

피고인 박근혜는 최서원, 안종범과 공모하여, 대통령의 직권과 경제수석비서관의 직권을 남용함과 동시에, 이에 두려움을 느낀 피해자 현대자동차그룹 부회장 김용환 등으로 하여금 케이디 코퍼레이션과 제품 납품 계약을 체결하게 함으로써 의무 없는 일을 하게 하였다.

▲ 플레이그라운드 관련 직권 남용 권리 행사 방해 및 강요

피고인 박근혜는 최서원, 안종범과 공모하여 대통령의 직권과 경제수석비서관의 직권을 남용함과 동시에, 이에 두려움을 느낀 피해자 현대자동차그룹 김용환 등으로 하여 플레이그라운드에 광고 계약을 발주하게 함으로써 의무 없는 일을 하게 하였다.

▲ 포스코 관련 직권 남용 권리 행사 방해 및 강요

피고인 박근혜는 최서원, 안종범과 공모하여 대통령과 경제수석비서관의 직권을 남용함과 동시에, 이에 두려움을 느낀 피해자 권오준, 황은연으로 하여금 2017년도에 펜싱 팀을 창단하고 더블루케이가 매니지먼트를 하기로 하는 내용의 합의를 하게 함으로써 의무 없는 일을 하게 하였다.

▲ 케이티 관련 직권 남용 권리 행사 방해 및 강요

피고인 박근혜는 최서원, 안종범과 공모하여 대통령과 경제수석비서관의 직권을 남용함과 동시에, 이에 두려움을 느낀 피해자 케이티 회장 황창규 등으로 하여금 플레이그라운드를 광고대행사로 선정하고 광고 제작비를 지급하게 함으로써 의무 없는 일을 하게 하였다.

▲ 그랜드코리아레저(GKL) 관련 직권 남용 권리 행사 방해 및 강요

피고인 박근혜는 최서원, 안종범, 김종과 공모하여 대통령의 직권과 경제

수석비서관의 직권 및 문체부 제2차관의 직권을 남용함과 동시에, 이에 두려움을 느낀 피해자 이기우 등 그랜드코리아레저 관계자들로 하여금 선수 위촉 계약을 체결하게 함으로써 의무 없는 일을 하게 하였다.

▲ 삼성그룹 관련 직권 남용 권리 행사 방해 및 강요

피고인 박근혜는 최서원 등과 공모하여 대통령의 직권을 남용함과 동시에, 이에 두려움을 느낀 피해자 삼성그룹 부회장 이재용 등 삼성그룹 관계자들로 하여금 영재 센터에 2회에 걸쳐 16억2800만 원을 지원하게 함으로써 의무 없는 일을 하게 하였다.

▲ 씨제이그룹 관련 강요 미수

피고인 박근혜는 조원동과 공모하여 피해자들을 협박하여, 이에 두려움을 느낀 피해자들로 하여금 피해자 이미경이 씨제이그룹 부회장직에서 사퇴하고 경영 일선에서 물러나도록 하는 등 의무 없는 일을 하게 하려 하였으나, 피해자들이 응하지 아니함으로써 미수에 그쳤다.

▲ 은행 임원 인사 개입 관련 직권 남용 및 강요

피고인 박근혜는 최서원, 안종범, 정찬우(금융위원회 부위원장)와 공모하여 대통령, 경제수석비서관, 금융위원회 부위원장의 은행에 대한 감시 감독 권한 등 직권을 남용함과 동시에, 이에 두려움을 느낀 피해자 김정태(하나금융그룹 회장)로 하여금 이상화를 글로벌 영업2본부장으로 임명하게 함으로써 의무 없는 일을 하게 하였다.

▲ 노태강 사직서 관련 직권 남용 및 강요

피고인 박근혜는 김상률(교육문화수석비서관), 김종덕(문화체육관광부 장관)과 순차 공모하여 국가공무원은 본인의 의사에 반하여 휴직, 강임 또는 면직을 당하여서는 아니 됨에도 불구하고 대통령 및 문체부장관, 교문수석 등의 직군을 남용함과 동시에, 두려움을 느낀 피해자 노태강으로 하여금 사직서를 제출하게 함으로써 의무 없는 일을 하게 하였다.

▲ **문화예술계 지원 배제 및 관련 인사 조치 관련 직권 남용 및 강요**

피고인 박근혜는 김기춘(청와대 비서실장), 조윤선(문화체육관광부 장관), 김상률(교육문화수석비서관), 김소영(문화체육비서관), 김종덕(문화체육관광부 장관), 신동철(국민소통비서관), 정관주(문화체육관광부 차관) 등과 순차 공모하여, 대통령 및 비서실장, 정무수석, 소통비서관, 정무비서관, 교문수석, 문체비서관, 문체부장관, 문체부 공무원 등의 직권을 남용함과 동시에, 두려움을 느낀 피해자 문화체육부 직원 최규학, 김용삼, 신용언으로 하여금 각각 사직서를 제출하게 하고, 예술위·영진위·출판진흥원 소속 임직원들로 하여금 예술위의 책임 심사위원 선정과 문예기금 지원 심의, 영진위의 영화진흥사업 지원 심사, 출판진흥원의 세종도서 선정 심사 등에 각각 부당 개입함으로써 각각 의무 없는 일을 하게 하였다.

▲ **공무상 비밀 누설**

피고인 박근혜는 2013년 1월경부터 2016년 4월경까지 정호성 비서관에게 지시하여 총 47회에 걸쳐 공무상 비밀 내용을 담고 있는 총 47건의 문건을 최서원에게 이메일 또는 인편으로 전달함으로써, 정호성과 공모하여 법령에 의한 직무상 비밀을 누설한 것이다.

▲ **롯데그룹 관련 직권 남용 권리 행사 방해, 강요, 특가법 뇌물**

피고인 박근혜는 최서원, 안종범과 공모하여 대통령의 직권과 경제수석비서관의 직권을 남용함과 동시에, 이에 두려움을 느낀 피해자 롯데그룹 회장 신동빈, 부회장 이인원, 사장 소진세 등으로 하여금 케이스포츠재단에 70억 원을 지원하게 함으로써 의무 없는 일을 하게 함과 동시에, 공무원의 직무에 관하여 부정한 청탁을 받고 롯데그룹 신동빈으로 하여금 제3자인 케이스포츠재단에 70억 원을 공여하게 하였고, 피고인 신동빈은 이와 같이 부정한 청탁을 하고 70억 원을 공여하였다.

(실제로는 2~3일 뒤 케이스포츠재단에서 롯데에 70억 원을 바로 돌려주

었다.)

▲ 에스케이그룹 관련 특가법 위반 뇌물

피고인 박근혜, 피고인 최서원은 공모하여 공무원의 직무에 관하여 부정한 청탁을 받고 에스케이그룹 회장 최태원, 부회장 김영태, 전무 박영춘 등으로 하여금 더블루케이에 4억 원, 케이스포츠 재단에 35억 원 및 비텍스포츠에 50억 원, 합계 89억 원을 공여하도록 요구하였다.

▲ 삼성그룹의 미르재단, 케이스포츠재단 지원 관련 특가법 위반 뇌물수수

피고인 박근혜는 이재용으로부터 승계 작업 등을 도와달라는 부정한 청탁을 받고 최서원과 공모하여 그 대가로 제3자인 미르재단, 케이스포츠재단에 금원 204억 원을 공여하게 하였다.

▲ 정유라의 승마 지원 관련 뇌물수수

피고인 박근혜는 피고인 최서원과 공모하여 이재용의 승계 작업 등을 도와달라는 부정한 청탁의 대가로 이재용과 최서원이 전적으로 지배하는(?!) 독일 소재 페이퍼컴퍼니인 코어스포츠 명의 계좌로 213억 원을 지급받기로 약속하고, 그 약속에 따라 이재용으로부터 합계 36억3484만 원을 용역 대금 명목으로 코어스포츠 명의 계좌로 지급받고, 추가로 41억6251만 원을 공무원의 직무에 관하여 부정한 청탁을 받고 추가로 말 구입 및 부대 비용 명목으로 지급받아 합계 77억9735만 원의 뇌물을 수수하였다.

▲ 한국 동계 스포츠 영재 센터 지원 관련 뇌물수수

피고인 박근혜는 최서원과 공모하여 이재용으로부터 승계 작업 등을 도와달라는 부정한 청탁을 받고 그 대가로 제3자인 영재 센터에 금원 16억2800만 원을 지원하게 함으로써 공무원의 직무에 관하여 부정한 청탁을 받고 그 대가로 제3자인 영재 센터에 위 금원을 공여하게 하였다.

3 | 기소 사실의 특징

▲ 박근혜 전 대통령에게 공동정범의 교사범, 방조죄 책임을 적용

18개 검찰 기소 사실 중에서 박근혜 전 대통령의 단독 범죄는 하나도 없다. 모든 범죄가 공동(집단) 범죄이다. 박근혜 전 대통령을 주범으로 하고, 친구 최순실을 비롯하여 박근혜 정부의 비서실장 및 비서관과 정부의 장·차관, 국정원장, 대기업 회장 등이 공범이다.

공범자는 최순실만 제외하고는 모두 고위직 공무원이거나 대기업 회장 같은 한국 사회의 최고 지도층이다.

▲ '최순실 비리 사건'과 '블랙리스트 사건'으로 대별(大別)

18개 범죄 중에서 최순실의 이름이 없는 사건은 속칭 '블랙리스트 사건' 뿐이다. 나머지 공소 사실은 소위 '최순실 비리 사건' 또는 '국정 농단 사건' 이다.

블랙리스트 사건은 '좌파 문화예술 작품'에 대해 국가 지원을 배제하려는 박근혜 정부의 문화정책을 직권남용죄, 강요죄로 구속기소한 사건이다. 박근혜 전 대통령은 그 정책 지시자로 기소되었다. 최순실 국정 농단 비리 사건은 최순실이 박근혜 전 대통령의 뒤에서 국정을 농단하여 개인적으로 치부(致富)하였다고 언론에 보도된 사건이다. 박근혜 전 대통령과 안종범은 최순실의 국정 농단을 공모, 실행한 공범(공동정범)이다.

▲ 죄명은 4개

18개 공소 사실을 죄명으로 보면, 형법 제123조의 직권남용죄, 형법 제324조의 강요죄, 특정범죄 가중처벌법(줄여서 '특가법'이라 한다) 제2조의 뇌물죄, 형법 제127조의 공무상 비밀 누설죄의 4종류이다. 이 가운데 강요죄를 제외한 나머지 범죄는 모두 공무원 범죄이다. (그런데 검찰은 공무원도 아닌 최순실에게 이 공무원 범죄들을 적용하고 있다)

직권남용죄는 '공무원이 직무를 남용하여 사람으로 하여금 의무 없는 일을 하게 하거나, 사람의 권리 행사를 방해한 때' 성립되고 18개 공소 사실 중 12개에 적용되었다. (공소 사실 1-11 및 14.)

강요죄는 '폭행 또는 협박으로 사람의 권리행사를 방해하거나 의무 없는 일을 하게 한 때' 성립되고, 13개에 적용되었다. (공소 사실 1-12 및 14.)

공무상 비밀 누설죄는 '공무원 또는 공무원이었던 자가 법령에 의한 직무상 비밀을 누설한 때' 성립되고, 18개 공소 사실 중 1개에 적용되었다. (공소 사실 13)

특정 범죄 가중 처벌법 제2조의 뇌물죄는 '공무원이 그 직무에 관하여 1억 원 이상의 뇌물을 수수(收受), 요구 또는 약속한 때' 또는 '공무원이 그 직무에 관하여 부정한 청탁을 받고 제3자에게 1억 원 이상의 뇌물을 공여하게 하거나, 공여를 요구 또는 약속한 때'에 성립되고 이 사건 18개 기소 사실 중 5개에 적용되었다.

구체적으로는 ①롯데그룹이 케이스포츠재단에 추가 출연하였다가 바로 돌려받은 70억 원 ②에스케이그룹이 더블루케이에 4억 원, 케이스포츠재단에 35억 원, 비텍스포츠에 50억 원을 각 기부하도록 요구받았으나 거절한 89억 원 ③삼성이 미르재단, 케이스포츠재단에 출연한 출연금 204억 원 ④삼성이 정유라 승마 지원을 위해 약속한 213억 원 및 그중에 실제로 지급한 77억 원 ⑤삼성이 동계 스포츠 영재 센터 후원을 위해 지급한 16억2800만 원의 다섯이다.

뇌물로 약속한 금액은 총 592억여 원이고, 실제 수수된 금액은 총 297억여 원이다.

▲ 형벌은 가벼운 죄와 아주 무거운 죄의 두 종류

형벌에서 보면, 직권 남용죄와 강요죄는 둘 다 5년 이하의 징역형이다. 그리고 공무상 비밀 누설죄는 2년 이하의 징역이나 금고(禁錮) 또는 5년 이하의 자격정지이다. 징역형의 장기(長期)만 있고 단기(短期)가 없다. 따라서 법적으로는 징역 1개월도 가능하며, 집행유예도 가능하다.

반면에 특가법 상의 뇌물죄는 형벌이 무기징역 또는 10년 이상의 징역에 처하며, 수뢰액의 2배 이상 5배 이하의 벌금형이 병과(併科)된다. 그리고 뇌물은 추징된다. 유죄가 인정되면 최소한 징역 10년이다. 집행유예는 불가능하다.

따라서 특가법의 뇌물죄 이외의 공소 사실 13개가 모두 유죄로 인정되어도 형벌은 최대 7년6개월을 넘지 못하고(형사소송법 제38조 제1항 2호 참조) 집행유예가 가능한 반면에, 특정 범죄 가중 처벌법의 뇌물죄가 적용된 공소 사실 5개 중 단 하나라도 유죄가 인정되면 10년 이상의 징역형이 필수적이다. 집행유예도 불가능하다. (형사소송법 제38조 제1항 1호 참조)

[주(註): 국회와 검찰은 박근혜 전 대통령을 가능한 무거운 형벌로 탄핵, 구속시키기 위하여 형벌이 가벼운 직권남용, 강요죄보다는 형벌이 무거운 특가법상의 뇌물죄로 처벌하는 데에 총력을 기울였다.

국회가 검찰 수사도 하기 전에 무조건 박근혜 전 대통령을 특가법 뇌물죄로 탄핵 소추한 것, 그 후 국회의 박영수 특검이 이재용 삼성 부회장과 신동빈 롯데 회장의 뇌물죄 수사에 총력을 기울인 것, 지금도 재판의 초점이 이재용 삼성 부회장과 롯데 신동빈 회장의 뇌물죄에 쏠리는 것은 바로 이것 때문이다.]

4 | 기소의 문제점

▲ 구체적인 일시와 장소, 방법이 불명(不明)

이 건 기소장은 박근혜 전 대통령에 대하여 형사소송법에 따라 법원에 재판을 청구하는 공문서이므로 형사소송법 제254조 4항이 요구하는 대로 일시, 장소, 방법을 명시하여야 한다. 이는 근본적으로 피고인의 방어권 행사(예컨대 알리바이 주장)를 가능하게 하기 위해서이다.

그런데 앞에서 보듯이 이 사건 기소장은 배경 사실과 공소 사실을 구별하지 않고 섞어서 모든 관련 사실을 길게 나열한 후, 마지막에 결론이란 이름 아래 일시와 장소, 방법이 빠진 추상적인 공소 사실을 2~3줄 간략하게 기술(記述)하여 공소 사실의 일시, 장소, 방법이 전혀 특정되지 아니한다.

박근혜 피고인의 변호인들이 재판 중에 이 점을 지적하며 시정을 요청하였으나, 법원은 무시하였다.

▲ 범죄 성립의 기본 요소인 '위법성' 요건 흠결(欠缺)

국가가 어느 시민에게 형사처벌을 가하려면, 법 조문상의 범죄 구성 요건 사실 이외에, '위법성'과 '책임'의 일반 조건을 갖추어야 한다. (소위 범죄 구성의 3대 요소이다.)

그런데 이 건 기소장을 보면 154페이지 전체에서 위법성을 주장, 입증하는 설명이 전혀 없다. 가장 문제는 공소 사실 12개에 적용된 직권남용죄이다. 형법 제123조의 직권남용죄는 '공무원이 직무를 남용하여 사람으로 하여금 의무 없는 일을 하게 하거나, 사람의 권리 행사를 방해한 때' 성립된다.

그런데 이 사건에서 박근혜 전 대통령이 미르재단과 케이스포츠재단의 설립을 측근에게 지시하고 그 재단의 기본 재산 출연을 경제인연합회 및 대기업 회장들에게 요청한 것, 대기업체 사장들에게 최순실의 관련 업체를 소개, 추천한 행위가 왜 직권 남용에 해당하는 위법한 행위, 즉 금지된 행위인지에 대하여 아무런 설명이 없다.

과연 대통령은 국회의원이나 일반시민과 달리 국가의 문화, 체육 진흥을 위해 공익 문화재단이나 스포츠재단을 설립할 자유가 없고, 더 나아가 그 기본 재산의 출연을 대기업이나 국민에게 요청, 호소할 자유나 권한이 없으며, 친구의 사업을 타인에게 소개, 추천할 자유가 없는 것일까?

만일 국가의 법이 금지한 행위라면 누가, 언제, 어떻게 금지하였는지 기소장에 명시하였어야 할 것인데, 이를 흠결하고 있다.

[주(註): 전임 이명박 대통령, 노무현 대통령 등도 임기 중에 박근혜 전 대통령과 똑같이 여러 개의 공익재단을 설립하고 전경련을 통하여 수천억 원의 기본 재산을 모금하였다.

또한 친지, 친척의 사업을 대기업 오너들에게 소개, 추천하였다. 그러나 당시나 사후에 어떤 언론, 국회의원도 이를 위법이라고 비판하지 않았고, 검찰도 기소한 적이 없다. 그런데 탄핵 정변이 터지면서 유독 박근혜 전 대통령에 대하여서 과거의 잘못된 폐습을 청산(소위 적폐 청산)한다며 검찰이 위법 행위라고 기소한 것이다.]

▲ 폭행과 협박 사실 명시 않고 강요죄 적용

형법 제324조의 강요죄는 '사람이 폭행 또는 협박으로 다른 사람의 권리 행사를 방해하거나 의무 없는 일을 하게 한 때'이다. 그런데 이건 기소장 어느 곳에도 박근혜 전 대통령이 누구에게 폭행, 협박을 가하였다거나, 비서관이나 장관에게 폭행 협박을 가하여 업무를 수행하라고 지시한 내용이 없다. 그럼에도 불구하고 강요죄를 13개나 적용한 것은 이해가 안 된다.

▲ 범죄 성립 기본 요소인 '고의(故意)' 요건을 흠결

앞에서 말했듯이 국가가 어느 시민에게 형벌처벌을 가하려면, 법 조문상의 범죄 구성 요건 사실과 위법성 이외에 책임 요소로서 악의, 즉 고의로 행하였다는 조건을 갖추어야 한다. (형법 제12조)

그런데 이 건 기소장에는 박근혜 전 대통령이나 다른 피고인들이 자신의 행위가 위법임을 알면서 악의(법률 용어로는 고의)로 행한 것이라는 사실, 즉 범죄의 성립 요건인 고의에 대하여 아무런 주장도 입증도 없다.

▲ 공동 범죄 기본 요소인 '공모 행위' 흠결

공소 사실 18개 중에서 공무상 비밀 누설죄를 제외한 나머지 17개는 모두 안종범, 김기춘, 조윤선 등 고위직 비서관이나 최순실이 범죄의 실행 행위자이고, 박근혜 대통령은 그 실행 행위를 지시(법률 용어로는 교사)한 교사범(敎唆犯) 또는 방조범(傍助犯)이다.

따라서 박근혜 전 대통령이 타인의 실행 행위에 대하여 공동 책임자로서 (민사의 연대 책임자에 해당) 같은 형벌을 받으려면 실행자들과 언제, 어떻게 범죄의 실행을 모의하였는지 국가가 상세히 주장, 입증하여야 한다.

그런데 이 건 기소장에는 피고인들이 언제, 어디서, 어떻게, 무슨 내용의 모의를 하였는지에 대하여 아무런 구체적 사실 적시나 증거가 없다. 막연하게 '공모하여' 순차로 공모하여'라고 기재하고 있다. 이는 공범의 구성 요건 사실인 공동 모의의 조건을 흠결한 것이다.

▲ 공익재단이 박근혜 전 대통령의 사유 재산이라는 묵시적 전제에서 뇌물죄 적용

앞에서 보았듯이 이 건 기소장에서 핵심은 5개의 특가법상 뇌물죄이다. 그런데 공소 사실 가운데 일부는 삼성·롯데·에스케이의 3개 그룹이 미르재단, 케이스포츠재단에 출연한 출연금이거나 출연하였다가 돌려받은 돈, 또는 출연을 거부한 돈이다. 따라서 법적으로 박 대통령의 개인 이득이 아니다.

이를 박 대통령의 뇌물로 간주하려면 미르재단, 케이스포츠재단이 형식만 재단이지 실제로는 박 대통령이나 최순실의 개인 재산이라는 주장, 입증이 있어야 한다. [소위 법인격 부인(Corporate Veil)의 법리를 적용할 조건을 갖추어야 한다.]

그런데 이 건 기소장에는 이 점에 대하여 아무런 주장, 입증도 없다. 무조건 미르재단, 케이스포츠재단이 박 대통령과 최순실의 공동 개인 재산이라는 암묵적 전제에서 뇌물죄를 적용하고 있다.

▲ 아무런 개인적 이득이 없는데도 뇌물죄 적용

재판에서 가장 논란이 많은 것은 삼성그룹이 정유라 승마 후원금으로 독일 회사 코어스포에 낸 77억여 원과, 역시 삼성그룹이 동계 스포츠 영재 센터에 후원한 16억여 원이다. 이 두 회사는 최순실과는 관련이 있지만 박 대통령과는 아무런 관련이 없다.

박 대통령이 어떤 경제적 이득도 취한 것이 없다. 대통령이 대기업 회장에게 친구 딸의 승마 훈련 지원을 부탁하였다고 하여 검찰이 뇌물죄를 적용한 것은 그 선례가 없다.

5 | 장기 구속과 재판 거부

2017년 4월17일자 기소는 범죄 사실이 18개나 되고, 공동 피고인도 10여 명이다. 1심 법원(서울중앙법원 형사22부, 재판장 김세윤)은 일주일에 4회씩, 1회에 10시간 이상 재판을 하는 무리한 재판 스케줄을 강행하였다. 나이 66세의 구속된 독신 여성 피고인인 박근혜 전 대통령에게는 정신적으로나 육체적으로나 매우 힘든 재판 진행이었다.

2017년 10월16일, 제80회 재판 기일에 이르러 6개월의 법정 구속 기간이 만료되자 변호인 측은 형사소송법 제92조의 "심급당(審級當) 구속 기간은 최대한 6개월로 한다"는 규정에 따라 구속을 해제하고 불구속으로 재판을 진행해줄 것을 요구하였다.

그러나 검찰은 구속 재판을 계속 주장하면서 이미 재판이 진행 중인 기소 범죄 사건에 대하여 추가 조사할 필요가 있다는 이유로 구속영장(실질상은 구속 기간 연장 신청)을 청구하였다.

법원이 검찰 측의 신청을 받아들여 구속 기간을 또 다시 6개월 연장하자, 박근혜 대통령은 검찰과 법관들이 법대로 불구속 재판을 하지 않아 더 이상 공정한 재판을 기대할 수 없다는 이유로 일체의 법적 대응 거부(포기)를 선언하였다. 박근혜 전 대통령의 변호인들도 전원 사임하였다.

2017년 10월16일 이후 박근혜 전 대통령은 법정에 출석하지 않고, 변론도 하지 않았다. 법원은 피고인이 불출석한 상태에서 국선(國選) 변호인의 참여 하에 재판을 계속 진행하였다.

6 | 1년 5개월 만의 판결과 추가 기소

2018년 2월27일, 검찰은 징역 30년, 벌금 1185억 원을 구형하였다. 그 해 8월24일, 피고인 박근혜 전 대통령이 불출석한 상태에서 법원은 18개 범죄의 대부분을 유죄로 인정하고 징역 24년에 벌금 180억 원의 판결을 선고하였다. 박근혜 전 대통령이 2017년 3월31일 구속된 후 거의 1년 5개월이 지나 판결이 선고된 것이다.

박근혜 전 대통령은 항소하지 않고 검찰만 항소하였다. 서울고등법원 형사4부(재판장 김문석)은 2018년 11월21일, 역시 피고인이 궐석한 상태에서 징역 25년, 벌금 200억 원을 선고하였다. 박근혜 전 대통령은 상고하지 않고 검찰만이 상고하여 현재 대법원에서 심리 중이다.

2018년 1월4일, 서울중앙지검은 박근혜 전 대통령이 2013년 5월부터 2016년 9월까지 남재준, 이병기, 이병호 전 국정원장들로부터 매달 5000만 원부터 2억 원씩 총 35억 원을 국정원 특별활동비 중에서 받아 사용한 혐의(특정 범죄 가중처벌법 상의 뇌물수수, 횡령, 국고 손실죄)로 기소하였다.

이어서 그해 2월1일에는 박근혜 전 대통령이 2015년 11월부터 2016년 3월까지 제20대 국회의원 총선(2016년 4월)에서 친박(親朴) 정치인을 대거 당선시킬 목적에서 선거운동 기획, 여론 조사 등을 한 혐의(공직선거법 위반)로 추가 기소했다.

[주(註)] : 서울중앙법원 형사 제32부(재판장 성창호)는 2018년 7월20일, 국정원 특별활동비 사건에 대하여 국고 손실죄를 인정하여 징역 6년, 추징금 33억 원을 선고하였다. 그리고 공천 관여죄에 대하여는 징역 2년을 선고하였다.

박근혜 전 대통령은 법정에 출석하지 않았고 항소도 하지 않았다. 검찰만 항소하였다. 서울고등법원 형사 제1부(재판장 김인겸)은 2018년 11월21일, 공천 관여 사건에 대한 검찰 항소를 기각하였는데 검찰이 대법원에 상고하지 않아 징역 2년형이 확정되었다.

다만 국정원 특별활동비 사건에 대하여는 아직 항소심의 판결이 선고되지 않고 있다. 이로써 2108년 12월 현재 박근혜 전 대통령은 총 징역 33년, 벌금 200억 원, 추징금 33억 원의 형을 선고받았다.]

박 대통령 탄핵 사건을
어떻게 볼 것인가?

1 | 다양한 시각

박근혜 탄핵 사건을 어떻게 보는가는 각인각색(各人各色)이다. 가장 흔한 시각은 박근혜 대통령이 친구 최순실을 통하여 삼성 등의 기업체로부터 수백억 원의 뇌물을 받은 사건이 검찰 수사에서 드러나 삼성의 이재용 부회장, 롯데의 신동빈 회장은 구속되고, 박근혜 대통령은 국회에서 탄핵 소추되어 헌법재판소에서 파면되었다는 것이다.

박근혜 대통령과 재벌의 정경 유착 비리가 드러나 법의 심판을 받고 물러났으므로 법치주의(法治主義) 입장에서 당연하다는 시각이다. 박근혜를 부패한 정치인으로 잘못 알고 있는 것이다. 정치에 관심이 없고 언론과 정부의 홍보를 따르는 일부 한국인, 그리고 한국의 실정을 모르는 외국인이나 외신(外信)의 시각이다. 한마디로 피상적(皮相的)이고 수동적(受動的)인 시각이다.

문재인 정부는 박근혜 탄핵 사건을 '촛불 혁명'이라고 부르고 있다. 박근혜 대통령이 세월호 여객선 조난 사건 때 신속하게 구조조치를 취하지 않아 300여 명의 학생을 죽게 하였고, 최순실이라는 무식한 여자 친구에게 국정(國政)을 맡기고 자신은 사교(邪敎)에 빠져 국정을 소홀히 하였기 때문에 국민의 5%만 박근혜 대통령을 지지하고, 나머지는 퇴진을 원하였다.

이 민의(民意)를 좇아 국회가 탄핵 소추를 하고, 헌법재판소가 파면을 하였다. 그리고 보궐선거에서 문재인을 대통령으로 선출하였다. 따라서 박근혜 대통령 탄핵은 비록 임기중단의 정변(政變)이지만, 민의에 의한 정변이므로 민주적인 시민 혁명이다. 정부의 공식적인 해석이며, 언론과 시민 단체의 시각이다.

그러나 이런 정부 주장과 전혀 상반된 시각이 있다. 박근혜 대통령은 직무상 아무런 위법이 없는데 좌(左)편향된 언론, 국회, 시민 단체, 노조, 검찰, 법원이 단합하여 임기 말의 레임덕에 빠진 박근혜 대통령을 허위 선정 보도와 군중 시위의 위력(威力), 그리고 법의 탈을 쓴 인민재판으로 축출한 것이다.

그리고 보궐선거라는 졸속 선거로 문재인을 대통령으로 뽑아 대한민국을 친미·친일의 자유·민주·법치의 체제에서 친북·친중의 사회주의 체제로 바꾸려고 한다.

마치 1960년대 중국에서 마오쩌둥(毛澤東)의 지시를 받은 쟝칭(江靑) 등 공산당의 문화소조(文化小組) 4인방이 홍위병(紅衛兵)을 동원하여 국가주석 류샤오치(劉小奇) 등 정부 고관을 인민재판에 회부하여 축출하고 감옥에 가둔 것과 유사하다. 나를 비롯하여 일부 시민들의 시각이다.

2 | 시민 혁명 시각의 문제점

혁명이라면 타도의 대상인 독재 정부가 있고, 국민의 분노를 살 정도의 극심하고 고질적인 부정, 부패, 억압이 있어야 한다. 그런데 박근혜 정부가 독재 정부라거나, 조직적인 부정부패를 저질렀다는 어떤 흔적도 없다.

정부를 타도하자는 혁명의 구호를 외칠 뿐, 왜 타도하여야 하는지 아무런 구체적 내용이 없다. 고작 들고 나온 내용이 세월호 사건, 정유라 입학 부정, 최순실의 정치 개입, 이권 개입이다.

그러나 세월호 조난자들이 박근혜 대통령의 부주의나 잘못으로 죽었다는 주장은 비상식적이다. 아니 황당하다. 그럼에도 불구하고 사고가 생긴 2014년 4월16일 이후 수개월간 이런 비상식이 한국사회를 지배하였다.

세월호 조난 사건이 박근혜 대통령의 부주의에서 생긴 것이므로 박근혜 대통령은 무조건 자신의 사고 당일 7시간의 행적을 밝히고 국민에게 사과하라는 야당 국회의원들의 황당한 주장과, 이 같은 주장이 옳다는 언론의 일방적인 보도, 그리고 그 황당한 주장을 지지한다는 수십만 군중과 시민 단체의 외침이 한국사회를 태풍처럼 휩쓸었다.

박근혜 대통령이 최순실이라는 여자 친구에게 국정을 맡기고 사교에 빠져 국정을 소홀히 하였다는 주장도 객관적 증거는 없다. 최순실은 한국에서 몬테소리 유치원을 운영한 교육자이고 사업가이다. 박근혜 대통령의 오랜 친구인 것은 맞지만, 재산관리인은 아니다.

국정에 관여하였다는 것은 박근혜 대통령의 연설문을 한두 번 읽고 의견을 주었다는 것 정도이다. 그러나 이런 진실은 전혀 보도되지 않았다. 2016년 10월22일부터 2016년 12월9일까지 50일간 한국의 언론들은 아무런 객관적 근거도 없이 최순실(최서원으로 개명)이 장·차관 인사를 주무르고, 재벌들을 협박하여 수십조 원의 재산을 축재하고, 이를 해외에 도피시켰다는 야당 국회의원들과 일부 기자들의 근거 없는 추측을 마치 사실인 양 보도하였다.

박근혜 대통령의 사생활에 대하여도 온갖 추악한 가십과 루머로 신문 지면이 채워졌다. 그리고 흥분한 군중들의 촛불 데모가 연일 거리를 메웠다. 이성이 마비되고 비상식이 한국사회를 지배하였다.

3 | 반정부 운동의 관행

그러나 여기까지는 한국인들에게는 꽤 익숙한 언론과 야당(좌파)의 관행적 행태이다. 한국에서는 2002년 6월에 미군 장갑차가 군사훈련 이동 중에 여학생 2명을 치어죽인 사건이 있었다. 그때에도 언론이 수개월간 미군의 고의적인 살인 사건으로 몰아서 과장, 선동 보도를 계속하였다.

그리고 좌파(민주당) 의원들과 이에 동조하는 수만 명의 시민들과 시민 단체, 노조원들이 미군 철수를 외쳐대며 촛불을 들고 야간에 데모하는 소위 촛불 데모로 반미(反美) 운동을 벌였다.

또한 2008년 4월에는 MBC가 수입한 미국 소고기를 먹으면 광우병에 걸린다는 근거 없는 보도를 하면서, 좌파 의원들과 시민 단체들이 전국적인 미국산 소고기 거부 운동을 일으켰다. 마침내는 이명박 대통령의 퇴진을 요구하는 촛불 데모가 전국적으로 일어났고, 이명박 대통령은 여러 차례 사과 성명을 내며 야당과 딜을 하여 겨우 수습하였다.

2014년 4월의 세월호 조난 사고 때도 객관적 사실은, 나이 어린 학생 승객들의 구조를 외면하고 자신들부터 피신하여 사실상 승객을 죽인 선장과 선원의 잘못이다. 그러나 언론과 야당 등은 선주(船主)가 주검으로 발견되자 정부의 늑장 대응으로 구조를 못하였다고 정부에 책임을 돌렸다.

그리고 이에 동조하여 수만의 시민이 촛불을 들고 데모를 벌여 박근혜 정부의 퇴진을 요구하였다. 부득이 정부는 특별법을 만들어 엄청난 보상금(1인당 약 8억 원이라고 한다)을 유족들에게 지급하고 겨우 사태를 수습하였다.

거의 6년 주기로 한국사회에서는 인명사고나 안전사고를 가지고 언론이 과장된 허위·선동보도를 하면 좌파(민주당) 의원들과 시민 단체들이 중심이 되어 정부를 공격하고, 이에 동조하여 수만 명의 시민들이 촛불을 들고 거리에 나와 반정부 데모를 벌이는 것이 반복되어 한국사회의 관행처럼 자리 잡았다. 공격의 대상은 우파 보수 정부, 즉 이명박 정부와 박근혜 정부였다.

그런데 그것이 정권 교체, 즉 정변(政變)으로까지 발전한 예는 그동안 없었다. 1987년 이래 4년마다 국회의원 선거가 있고, 5년마다 단임제(單任制) 대통령 선거가 치러지는 안정된 민주 정치 체제가 자리 잡고 있기 때문이었다. 따라서 국민들도 최순실 비리 사건이 언론에 보도될 때만 해도, 이것이 임기 중에 대통령이 물러나는 정변으로 발전하리라고는 누구도 생각하지 않았다.

4 | 검찰과 법관의 반란

2016년 10월20일경 발생한 최순실 비리 사건이 탄핵 정변으로 발전한 직접적 계기는 그해 11월20일에 있었던 서울중앙지방검찰청 검사장(이영렬)의 폭탄적인 수사 결과 발표였다. 박근혜 정부가 문화·스포츠 발전이라는 명분 아래 설립한 미르재단과 케이스포츠재단이 실상은 박근혜 대통령이 최순실과 공모하여 처음부터 재단을 사유화할 목적으로 설립한 것이 수사 결과 밝혀졌다고 발표했던 것이다.

대통령의 권위로 재벌들을 강압하여 재단 출연금(出捐金) 명목으로 기부금을 받아 공익재단을 설립하였으므로, 재벌들이 낸 출연금 700여억 원은 박근혜 대통령과 최순실의 공모에 의한 강요와 직권 남용의 범죄 이득물이라고 검찰이 수사 의견을 공표하였다.

검찰이 수사 의견을 단정적으로 발표하는 것은 그 자체가 피의 사실 공표죄가 된다. 특히 박근혜 대통령은 직접 피의자가 아니고 직접 조사 대상도 아닌데 강요죄, 직권남용죄의 공범이라고 단정적으로 발표한 것은 명예훼손이다.

그러나 언론은 물론 변호사회 등 법조계의 어느 누구도 검찰의 이 명백한 위법을 지적하거나 비판하지 않았다. 오히려 모두 검찰 발표를 지지하였다.

지금까지 대한민국 역사에서 검찰이 현직 대통령을 공개적으로 현행 범죄인으로 지목한 예가 없다. 더욱이 역대 대통령이 거의 모두 기업의 기부금을 출연 받아 공익재단을 만들었지만, 그 재단 설립을 대통령이 사익(私益)을 취할 목적으로 설립하였다고 말한 사람은 한 명도 없었다.

그런데 돌연 서울지검장이 현직 대통령을 보고 사익을 취할 목적으로 문화·스포츠 공익재단을 만들었다고 단정하여 언론에 공표한 것이다. 그리고 대통령의 지시를 받아 재단 설립에 관여한 비서관과 최순실을 직권남용, 강요죄의 공범으로 구속기소하였다.

박근혜 대통령으로서는 전혀 상상하지 못한 검찰의 배신이었다. 물론 이는 이영철 지검장 단독의 개인 판단이 아니라 검찰총장(김수남), 법무장관(김현웅), 국무총리(황교안)의 결재를 받았던 것으로 보인다.

검찰이 현직 대통령을 강요, 직권남용범으로 공개 지목하는 이 하극상은 대한민국의 사법 역사에 처음 있는 일이다. 대한민국의 사법 역사가 새로 쓰인 순간이다.

5 | 검찰 발표가 가져온 충격과 문제점

이 하극상 사건은 종전의 효순이·미선이 사건, 광우병 사건, 세월호 사건, 최순실 입학 비리 사건 등과는 그 차원이 다르다. 단순한 정치공세가 아니라 대통령 개인의 비리에 대한 직접적인 법률 공격이다. 만일 검사의 주장이 옳다면 박근혜 대통령은 정치적으로 무능하거나 잘못된 것이 아니라, 부도덕하고 파렴치한 범죄인이 된다.

대통령 직을 당장 그만두고 오히려 감옥에 가야 한다. 특히 사리사욕(私利私慾)을 위한 강요, 직권 남용은 박근혜 대통령에게 가장 치명적인 인신공격이다. 박근혜 대통령은 가족이 없는 독신여자로서, 사생활이 근엄하여 그녀는 청렴결백의 상징이었다.

정치인으로서 그녀 인기의 기본은 청렴하고 강직한 도덕성이다. 실제로 박근혜 정부는 재임 중 아무런 부정 스캔들이 없었다. 그런데 재벌들로부터 수백억의 불법 이익을 받았다면, 지금까지 그녀가 수십 년 쌓아온 모든 정치적·인간적 신뢰가 일시에 무너진 것이다.

언론은 그녀를 재벌과 결탁하여 수백억 원의 뇌물을 받은 나쁜 대통령이라고 비난하는 기사를 연일 실었다. 촛불 데모대가 그녀와 삼성전자 이재용 부회장을 처단하는 퍼포먼스를 벌였다. 어린 학생들이 두 사람의 얼굴을 공에다 그려 발로 차는 놀이를 서울의 도심 한복판에서 벌였다. 언론은 이를 크게 보도하였다. 재벌과 권력자에 대한 증오와 잔혹한 복수심이 한국사회를 휩쓸었다.

그러나 검찰의 직권 남용과 강요죄 주장, 더 나아가 언론의 뇌물죄 주장은 조금만 깊이 생각하면 아무 증거가 없는 일방적 주장이라 신빙성이 아주 빈약했다. 박근혜 대통령은 자신이 2016년 10월20일 발표한 대국민 사과 성명, 2017년 1월1일 신년 기자회견에서 밝힌 결백 선언, 2017년 1월25일 정규재 한국경제신문 주필과의 단독 인터뷰에서 말한 결백 주장, 그리고 2017년 2월27일 헌법재판소에 보낸 최후 진술서를 통해 일관되게 자신은 정치 생활에서 단 한 푼의 뇌물도 받지 않았다고 당당하게 밝혔다.

박근혜 대통령에게 뇌물을 주었다는 어느 사람도 나타나지 않았다. 박근혜 대통령의 은행 계좌에 검은 돈이 입금되었다는 어떤 주장, 증거도 없었다.

두 재단에 출연한 기업들의 기부금은 전경련을 통하여 공개적으로 모금되었다. 모두 세금계산서가 발부되고, 세무서에 신고되었다. 그리고 재단의 장부에 기본 재산으로 입금되었다. 이사들이 재산을 관리하고 정부의 감독을 받는다. 출연금은 전액 재단 장부에 남아 있다.

박근혜 대통령이 재단을 사유화하여 개인 재산으로 전환시킬 어떤 방법도 없고, 플랜도 없다. 박근혜 대통령의 친인척은 이사진에 없다. 최순실도 이사가 아니다. 공익 재단의 기본 재산을 박근혜 대통령의 개인 재산과 동일시 할 수 있는 어떤 법적 근거, 즉 선례나 법 조항이 없다.

기업들이 미르재단, 케이스포츠재단이라는 두 공익 재단에 기부한 재단의 기본 재산 출연금 774억 원이 박근혜와 최순실의 공동 개인 돈(私金)이므로 박근혜 대통령은 뇌물죄가 된다는 국회와 박영수 특별검사의 일방적이고 비상식적인 주장뿐이다.

6 | 상식을 벗어난 황당한 주장

앞에서 본 세월호 조난자를 박근혜 대통령이 죽였다는 황당한 주장과 비슷한 비상식적인 주장이 국회와 특별검사의 수사 의견으로 국민에게 공표되었다. 법원의 판사가 삼성 이재용 부회장, 박근혜 대통령, 최순실, 안종범 수석비서관에 대한 뇌물죄 구속영장을 발부하여 이 같은 황당한 주장의 합법성을 확인해주었다.

그리고 박근혜 대통령은 황당한 뇌물범으로 먼저 국회에서 탄핵 소추되어 대통령 직무가 정지되고, 그 후 헌법재판소에서 파면되었다. 그런 다음 검찰에 의해 구속되어 지금까지 재판을 받고 있다.

세월호 조난 사건, 최순실 비리 사건, 공익 재단 설립과 그 출연금 뇌물 사건, 이 세 가지 사건이 모두 비상식적이다. 그러나 언론, 국회, 군중, 검찰, 법원이 모두 이성을 잃은 가운데 비상식적인 언론 보도, 비상식적인 군중 데모, 비상식적인 검찰 기소, 비상식적인 국회 소추, 비상식적인 헌법재판소 결정으로 이어졌다.

결국 박근혜 대통령이 파면되었다. 이어서 그 두 달 뒤엔 시민 혁명을 일으켜 박근혜 대통령을 퇴진시켜야 한다고 가장 앞장서서 외친 문재인이 후임 대통령으로 선출되었다.

이렇게 보면, 박근혜 대통령 탄핵 사건은 한국 국민과 사회가 일시적으로 정치 열풍에 빠져 저지른 비상식적 해프닝의 연속이다. 이론과 논리가 적용되지 않고, 오로지 감정과 분노가 지배한 일련의 집단 광기(狂氣)였다.

7 | 광기(狂氣)의 배후에 도사린 정치적 음모

돌이켜 보면 2016년 10월20일부터 짧게는 이듬해 3월10일까지 5개월간, 길게는 2017년 5월9일 대통령 선거일까지 7개월간, 이런 비상식적인 광기가 수천만의 국민을, 그것도 사회 지도층인 언론과 국회, 검찰, 법원을 지배하였다는 것은 단순히 감정과 해프닝으로만은 설명이 안 된다.

더욱이 3년이 지난 지금도 박근혜 대통령 탄핵에 대하여 비판이나 반성은 일어나지 않고 있다. 박근혜 대통령은 국민 대다수의 망각 속에서 2년 넘게 차가운 감옥에 갇혀 있다. 이런 현실을 볼 때, 탄핵 사건을 해프닝이나 실수로만 넘길 일이 아니다. 오히려 박근혜 대통령을 임기 전에 대통령 직에서 몰아내고 정권을 잡으려는 정치 음모 또는 정치 공작이 있었고, 그것이 성공했다고 보는 게 현실에 가깝다.

박근혜 대통령 탄핵을 결과로 본다면, 좌파 이념의 문재인을 대통령으로

세우려는 정치 집단, 정치 세력이 언론과 시민단체, 검찰, 법원, 국회, 헌법재판소를 총동원하여 탄핵 사건을 일으키고 보궐 선거까지 끌고나간 것이라고 볼 수 있다.

2016년 10월부터 진행된 반(反) 박근혜 언론 가운데에는 조선일보·중앙일보·동아일보라는 정통 보수계의 적극적인 동참이 있었다. 그리고 최종적으로 박근혜 대통령을 법적으로 대통령 직에서 강제로 끌어내린 것은, 검찰·법원·헌법재판소라는 전통적인 보수 엘리트들이었다.

2017년 5월9일 대통령 보궐 선거에서는 좌파인 문재인이 41%의 지지를 받아 보수계의 홍준표(24%), 온건 진보의 안철수(21%), 강남 진보(BMW LEFT) 유승민(6.7%), 노동계 심상정(6.1%)을 모두 누르고 대통령이 되었다. 그런 점에서 보자면 박근혜 대통령 탄핵 정변은 3단계에서 4단계의 다단계 정변이었다.

1단계는 2016년 10월부터 2017년 3월의 탄핵 결정까지이다. 박근혜 몰아내기 단계이다. 법적으론 탄핵 심판 단계이다. 2단계는 2017년 3월부터 2017년 5월까지의 선거 기간이다. 탄핵 정변에 참여한 모든 정치 세력들이 정변의 열매를 따먹기 위해 경쟁한 정치 캠페인 단계이다. 여기서 급진 좌파인 문재인 세력이 수적으로는 41%이지만, 60%의 분열을 틈타 승자가 된 것이다.

3단계는 문재인이 2017년 5월 대통령이 되어 '적폐 청산'이라는 혁명 구호를 내걸고 2018년 말까지 탄핵 정변의 동지였던 보수 세력(=이명박 대통령 세력)을 청산하는 권력 집중 단계이다. 4단계는 문재인 정부가 촛불 혁명의 최종 목표인 북한과의 '자주, 민족, 평화 통일'을 이룩하는 단계이다.

따라서 박근혜 대통령 탄핵 심판은 탄핵 정변이라는 커다란 정치 사건의 한 부분이다. 만일 문재인 정부가 헌법이 정한 5년의 임기를 성공적으로 마치고 후임자에게 정부를 무사히 넘긴다면, 탄핵 정변은 문재인 정부의 말대로 위대한 시민 혁명, 즉 촛불 혁명으로 한국의 헌법 전문(前文)에 기재될지 모른다. 그리고 탄핵 심판도 촛불 혁명이라는 이름 아래 절차나 내용상의 불법과 모순이 덮여지고 합리화될지 모른다.

그러나 만일 문재인 정부가 5년 임기를 못 마치거나, 5년 뒤 반대 세력에 정권이 넘어가면, 탄핵 심판은 합법적인 정부를 검찰과 국회·법원·언론이 위법한 수사와 기소·재판·허위 보도·여론몰이로 전복시킨 반역사건으로 재심을 받게 될 가능성이 크다. 그때 나의 이 책은 재평가를 받게 되리라고 믿는다.

글 을 맺 으 면 서

　박근혜 대통령은 6·25전쟁이 한창이던 1952년에 박정희 장군과 육영수 여사 사이에서 장녀로 태어났다. 나이 22세인 1974년에 모친 육영수 여사가 조선인민민주공화국(=북한)의 지령을 받은 재일(在日) 조선인 청년에게 저격당하여 목숨을 잃었다. 5년 뒤인 1979년엔 부친 박정희 대통령이 심복(心服)인 중앙정보부장에게 피살당하였다.

　이렇게 20대의 젊은 나이에 부모가 모두 정치적 반대파의 총탄을 맞고 숨지는 비극을 겪은 그녀는, 그 뒤 19년간 은둔 생활을 하였다. 1998년에 갑자기 정치인으로 사회에 돌아온 그녀는, 14년 뒤 대통령 선거에서 투표자 51.6%의 지지를 얻어 48%에 그친 문재인 후보를 누르고 18대 대통령에 당선되었다.

　한국 최초로 미혼(未婚), 독신(獨身)의 여성이 부친의 뒤를 이어 대통령이 되는 영광의 대기록을 만들었다. 인간으로서 견디기 힘든 온갖 고난을, 초인적인 인내와 절제로 이겨내고 이룩한 역사적인 인간 승리의 역전 드라마였다.

그러나 2016년 12월9일, 자신의 정당 소속 국회위원의 절반이 야당과 연합하여 5년 단임 대통령 임기의 마지막 1년을 남긴 그녀를 상대로 탄핵 소추를 의결하였다. 헌법에 따라 그녀의 대통령 권한 행사가 바로 정지되었다. 40여 년 전 부모에게 일어난 정치적 배신과 비극이 그녀에게도 찾아온 것이다.

그로부터 3개월 뒤인 2017년 3월10일, 헌법재판소 재판관 8명의 탄핵 결정으로 대통령의 직위를 상실하였다. 비운(悲運)은 여기서 끝나지 않았다. 3주 뒤인 2017년 3월31일, 수백억 원의 뇌물을 받은 혐의로 재판도 하기 전에 구속되어 구치소 독방에 수감되었다. 수갑을 찬 채 법정으로 끌려가 재판을 받는 수모도 당했다.

그리고 2018년에는 하급심에서 징역 33년과 벌금 180억 원의 벌금형을 선고받았다. 현재 대법원의 최종 판결을 기다리고 있다. 비록 부모들처럼 피살되지는 않았지만, 수백억 원의 뇌물범으로 33년의 징역형을 선고받는 것은 명예를 목숨보다 더 소중히 여기는 그녀에게는 육체적 죽음보다 더 견디기 힘든 고통일지 모른다.

만일 그녀가 국회의 탄핵 소추 의결 전에 야당의 요구대로 대통령 직을 자진 사퇴하고 해외 망명이라도 하였더라면, 탄핵 소추도 없고 형사재판도 없었을지 모른다. 그러나 그녀는 진실과 정의의 법치를 믿었기 때문에 일체의 정치적 타협을 거부하였다.

하지만 불행하게도 법조인들은 박근혜 대통령의 신뢰를 완전히 저버렸다. 죄 없는 그녀를 탄핵하고 죽이기 위해 증거도 없이 사실을 인정하고, 선례(先例)도 없이 법을 만들었다. 프랑스 희곡 작가 몰리에르가 말한 대로 "먼저 사형을 시킨 후에 재판을 하였다."

촛불을 들고 혁명을 외치는 데모대의 함성 앞에 꼬리를 감추어 숨을 자리를 찾거나, 앞다투어 달려가 무릎을 꿇었다. 30년간 한국에서 살며 한국의 격동하는 정치·경제·역사의 현장을 지켜본 영국인 특파원이, 이번 탄핵 과정에 대하여 "한국의 민주주의는 법이 아닌 야수(野獸)가 된 인민이 지배한다"고 한탄하였다.

그는 박근혜 대통령의 형사재판에 대하여도 "스위스 은행에 수십억 달러가 예치되어 있거나 청와대에 시체가 숨겨져 있다면 30년 넘게 감옥에 가는 게 가능하겠지만, 나는 박 전 대통령이 뭘 잘못했는지 모르겠다. 내가 볼 때 박 전 대통령에 대한 혐의 중 증명된 것은 아무것도 없다. 내가 만일 판사라면 거리에 수백만 명이 나오든 말든 상관없이 내 할 일을 하겠다"고 말하였다.

나를 비롯하여 많은 국민들은 박근혜 대통령이 수백억 원의 뇌물을 받은 부패한 정치인이라는 검찰의 기소와 법원의 판결을 믿지 않는다. 오히려 박근혜 대통령이야말로 한국 역사에서 가장 청렴하고 정직한 대통령이라고 믿고 있다.

실제로 박근혜 대통령은 2016년 9월, 공무원과 교사 등이 5만 원 이상의 선물을 받으면 이를 신고하게 하는 내용의 강력한 부패방지법을 시행한 대통령이다. 또한 그녀는 결백증(潔白症)이라고 할 정도로 평생 자신의 사생활을 엄격하게 관리하여, 스캔들이 전혀 없는 유일한 정치인이다.

이러한 그녀를 친구 최순실과 공모하여 수백억 원의 뇌물을 기업인들로부터 받은 부패한 대통령이라는 황당한 죄명으로 탄핵하고, 33년의 징역형을 선고하는 검찰과 법관을 어떻게 신뢰할 수 있겠는가?

박근혜 대통령은 비록 비겁하고 탐욕스러운 법조인과 정치인들로부터 배신당하였지만, 많은 국민들이 박근혜 대통령을 신뢰하고 존경하며 사랑하고 있다. 박근혜 대통령은 그들에게 대한민국의 자랑이고 상징이다.

수천, 수만의 시민들이 주말마다 서울과 대도시의 도심지 여러 곳에서 태극기를 흔들며 박근혜 대통령의 석방을 외치고 있다. 수많은 시민들이 그녀의 석방을 호소하는 서명 운동에 참여하여 국제 인권 단체에 청원서를 보내고 있다. 그녀의 건강을 기원하는 수백 통의 편지가 매일 그녀가 수감된 감방으로 밀려든다. 그녀의 석방을 기원하는 빌보드가 숨은 후원자들에 의하여 세계 곳곳에 세워지고 있다.

이들에게는 박근혜가 여전히 정신적 대통령이다. 그리고 문재인은 선거에서 박근혜에게 패배하자 촛불 혁명을 일으켜 대통령 자리를 빼앗은 반칙(反則), 부정(不正) 선수이다. 박근혜는 비록 외형은 가냘프지만 정신은 어느 누구보다도 강한 철(鐵)의 여인이다. 그녀의 인생 좌우명(座右銘)은 "절망은 나를 단련시키고, 희망은 나를 전진하게 만든다"이다.

그녀의 좌우명대로 그녀가 33년의 징역형을 이겨내고 자유의 몸이 되는 그날이 하루 속히 오기를 고대한다. 그날은 그녀가 자유를 얻는 날인 동시에, 대한만국이 법치와 정의와 진실을 회복하는 날이 될 것이다.

그녀가 다시 한 번 온갖 시련을 이기고 불사조(不死鳥)처럼 살아나, 대한민국의 자랑스러운 역사를 다시 쓰는 기적을 만들기를 기원하며 이 책을 감옥에 있는 그녀에게 바친다.

2019년 2월 김평우

자료편

박근혜 대통령 탄핵 소추안 전문(全文)

더불어민주당, 국민의당, 정의당

▲ 주문

헌법 제65조 및 국회법 제130조의 규정에 의하여 대통령 박근혜의 탄핵을 소추한다.

▲ 탄핵 소추의 사유

헌법 제1조는 "대한민국은 민주공화국이다. 대한민국의 주권은 국민에게 있고, 모든 권력은 국민으로부터 나온다"라고 선언하고 있다. 대통령은 주권자인 국민으로부터 직접 선거를 통하여 권력을 위임받은 국가의 원수이자 행정부의 수반으로서 헌법을 준수하고 수호할 책무를 지며 그 직책을 성실하게 수행해야 한다(헌법 제66조 제2항, 제69조). 이러한 헌법의 정신에 의하면 대통령은 '법치와 준법의 존재'이며, "헌법을 경시하는 대통령은 스스로 자신의 권한과 권위를 부정하고 파괴하는 것"이다(헌재 2004. 5.14. 선고 2004헌나1 결정).

헌법 제65조 제1항은 대통령이 그 직무 집행에 있어서 헌법이나 법률을 위배한 때에는 국회는 탄핵의 소추를 의결할 수 있다고 규정하고 있다. 그런데 박근혜 대통령은 직무집행에 있어서 헌법과 법률을 광범위하게 그리고 중대하게 위배하였다.

아래에서 보는 것처럼 박근혜 대통령은 국민주권주의(헌법 제1조) 및 대의

민주주의(헌법 제67조 제1항), 법치국가원칙, 대통령의 헌법수호 및 헌법준수의무(헌법 제66조 제2항, 제69조), 직업공무원제도(헌법 제7조), 대통령에게 부여된 공무원 임면권(헌법 제78조), 평등원칙(헌법 제11조), 재산권 보장(헌법 제23조 제1항), 직업선택의 자유(헌법 제15조), 국가의 기본적 인권 보장 의무(헌법 제10조), 개인과 기업의 경제상의 자유와 사적자치에 기초한 시장경제질서(헌법 제119조 제1항), 언론의 자유(헌법 제21조) 등 헌법 규정과 원칙에 위배하여 헌법질서의 본질적 내용을 훼손하거나 침해, 남용하였다.

또한 박근혜 대통령은 특정범죄가중처벌 등에 관한 법률위반(뇌물)죄(특정범죄가중처벌 등에 관한 법률 제2조 제1항 제1호, 형법 제129조 제1항 또는 제130조), 직권남용권리행사방해죄(형법 제123조), 강요죄(형법 제324조), 공무상비밀누설죄(형법 제127조) 등 각종 범죄를 저질러 법률의 규정에 위배하였다.

박근혜 대통령의 위와 같은 위헌, 위법행위는 헌법수호의 관점에서 볼 때 대한민국 헌법질서의 본질적 요소인 자유민주적 기본질서를 위협하는 행위로서 기본적 인권의 존중, 권력분립, 사법권의 독립을 기본요소로 하는 법치주의 원리 및 의회제도, 복수정당제도, 선거제도 등을 기본요소로 하는 민주주의 원리에 대한 적극적인 위반임과 동시에 선거를 통하여 국민이 부여한 민주적 정당성과 신임에 대한 배신으로서 탄핵에 의한 파면결정을 정당화하는 사유에 해당한다.

이에 박근혜 대통령을 파면함으로써 헌법을 수호하고 손상된 헌법질서를 다시 회복하기 위하여 탄핵소추안을 발의한다.

구체적인 탄핵소추 사유는 다음과 같다.

1 | 헌법 위배 행위

가. 국민주권주의(헌법 제1조), 대의민주주의(헌법 제67조 제1항), 국무회의에 관한 규정(헌법 제88조, 제89조), 대통령의 헌법수호 및 헌법준수의무(헌법 제66조 제2항, 제69조) 조항 위배

박근혜 대통령은 공무상 비밀 내용을 담고 있는 각종 정책 및 인사 문건을 청와대 직원을 시켜 최순실(최서원으로 개명. 이하 '최순실'이라고 한다)에게 전달하여 누설하고, 최순실과 그의 친척이나 그와 친분이 있는 주변인 등(이하 '최순실 등'이라고 한다)이 소위 비선실세로서 각종 국가정책 및 고위 공직 인사에 관여하거나 이들을 좌지우지하도록 하였다. 그 과정에서 국무위원이 아닌 최순실에게 국무회의의 심의를 거쳐야 하는 사항을 미리 알려주고 심의에 영향력을 행사하도록 하였다. 이러한 과정을 통하여 박근혜 대통령은 최순실 등의 사익을 위하여 대통령의 권력을 남용하여 사기업들로 하여금 각 수십억 원에서 수백억 원을 갹출하도록 강요하고 사기업들이 최순실 등의 사업에 특혜를 주도록 강요하는 등 최순실 등이 국정을 농단하여 부정을 저지르고 국가의 권력과 정책을 최순실 등의 '사익추구의 도구'로 전락하게 함으로써, 최순실 등 사인(私人)이나 사조직(私組織)이 아닌 박근혜 대통령 자신에게 권력을 위임하면서 '헌법을 수호하고 국민의 자유와 복리의 증진을 위하여 대통령으로서의 직책을 성실히 수행할 것'을 기대한 주권자의 의사에 반하여 국민주권주의(헌법 제1조) 및 대의민주주의(헌법 제67조 제1항)의 본질을 훼손하고, 국정을 사실상 법치주의(法治主義)가 아니라 최순실 등의 비선조직에 따른 인치주의(人治主義)로 행함으로써 법치국가 원칙을 파괴하고, 국무회의에 관한 헌법 규정(헌법 제88조, 제89조)을 위반하고 대통령의 헌법수호 및 헌법준수의무(헌법 제66조 제2항, 제69조)를 정면으로 위반하였다.

나. 직업공무원 제도(헌법 제7조), 대통령의 공무원 임면권(헌법 제78조), 평등원칙(헌법 제11조) 조항 위배

박근혜 대통령은 청와대 간부들 및 문화체육관광부의 장, 차관 등을 최순실 등이 추천하거나 최순실 등을 비호하는 사람으로 임명하였다. 이러한 예로는 김종덕 문화체육관광부 장관(차은택의 대학원 지도교수), 김종 문화체육관광부 차관(최순실의 추천), '문고리 삼인방'(이재만, 정호성, 안봉근), 윤전추 3급 행정관(최순실의 헬스트레이너), 차은택 문화창조융합본부장, 김상률 교육문화수석(차은택의 외삼촌), 송성각 한국콘텐츠진흥원장(차은택의 지인) 등을 들 수 있다. 박근혜 대통령은 이들이 최순실 등의 사익추구를 방조하거나 조장하도록 하였는데 예를 들어 김종은 2013. 10. 최순실의 추천으로 문화체육관광부 차관으로 임명되어 2016. 10.30. 사퇴할 때까지 최순실 등의 체육계 인사 개입과 이권 장악을 도왔다. 김 전 차관은 문체부 산하 공기업 그랜드코리아레저(GKL)가 창단한 장애인 펜싱팀 대행업체로 더블루케이를 선정하도록 압박하고, 케이스포츠재단 설립 과정을 돕고, 더블루케이에 평창동계올림픽 관련 이권사업을 몰아주었다. 또한 박근혜 대통령은 최순실 등의 사익추구에 방해될 문화체육관광부의 고위 공직자들을 자의적으로 해임시키거나 전보시켰는데 이러한 예로는 2013. 4. 최순실의 딸 정유라가 한국마사회컵 승마대회에서 우승을 못하자 청와대의 지시로 문화체육관광부가 승마협회를 조사·감사하였고, 그 결과가 흡족하지 않자 박근혜 대통령은 2013. 8. 유진룡 문화체육관광부 장관에게 동 조사·감사에 관여한 노강택 국장과 진재수 과장을 두고 "나쁜 사람"이라고 언급하고 경질을 사실상 지시하였고, 그 후 이들은 산하기관으로 좌천된 일을 들 수 있다. 이와 관련하여 2014. 7. 유진룡 장관이 갑자기 면직되었고, 그 후 2014. 10. 청와대 김기춘 비서실장으로부터 문화체육관광부 김희범 차관에게 문화체육관광부 1급 공무원 6명의 일괄 사표를 받으라는 부당한 압력이 행사되었고 이들은 명예퇴직을 하게 되기도 하였다. 이와 같이 '국민 전체에 대한 봉사자로서 신분이 보장되는' 공무원을 최순실 등의 '사익에 대한 봉사자'로 전락시키고 공무원의 신분을 자의적으로 박탈시킴으로써 직업 공무원제도(헌법 제7조)의 본질적 내용을 침해하고, 대통령에게 부여된 공무원 임면권(헌법 제78조)을 남용하였다. 또 박근혜 대통령은 애초에 최순실 등을 비호하기 위한 공무원 임면을 통하여 최순실 등이 문화체육관광부로부터 동계스포츠영재센터(최순실의 조카 장시호 운영)를 통하여 6억7000만 원을, '늘품체조'(차은택이 제작)로 3억5000만 원의 예산지원을 받는 등 각종 이권과 특혜를 받도록 방조하거나 조장함으로써 '국가가 법집행을 함에 있어서 불평등한 대우를 하지 말아야 한다'는 평등원칙(헌법 제11조)을 위배하고 정부재정의 낭비를 초래하였다.

다. 재산권 보장(헌법 제23조 제1항), 직업선택의 자유(헌법 제15조), 기본적 인권보장 의무(헌법 제10조), 시장경제질서(헌법 제119조 제1항), 대통령의 헌법수호 및 헌법준수의무(헌법 제66조 2항, 제69조) 조항 위배

박근혜 대통령은 청와대 수석비서관 안종범 등을 통하여 최순실 등을 위하여 사기업에게 금품 출연을 강요하여 뇌물을 수수하거나 최순실 등에게 특혜를 주도록 강요하고, 사기업의 임원 인사에 간섭함으로써 '국민의 자유와 복리'를 증진하고 '기본적 인권을 보장할 의무'를 지니는 대통령이 오히려 기업의 재산권(헌법 제23조 제1항)과 개인의 직업선택의 자유(헌법 제15조)를 침해하고, 국가의 기본적 인권의 보장의무(헌법 제10조)를 저버리고, '개인과 기업의 경제상의 자유와 사적자치에 기초한' 시장경제질서(헌법 제119조 제1항)를 훼손하고, 대통령의 헌법수호 및 헌법준수의무(헌법 제66조 제2항, 제69조)를 위반하였다.

라. 언론의 자유(헌법 제21조 제1항), 직업선택의 자유(헌법 제15조) 조항 위배

언론의 자유는 '민주국가의 존립과 발전을 위한 기초'가 되며, 따라서 '특히 우월적인 지위'를 지닌다. 그런데 최순실 등 '비선실세'의 국정농단과 이를 통한 사익 추구를 통제해야 할 박근혜 대통령 및 그 지휘·감독을 받는 대통령비서실 간부들은 오히려 최순실 등 비선실세의 전횡을 보도한 언론을 탄압하고, 언론사주에게 압력을 가해 신문사 사장을 퇴임하게 만들었다. 일례로 세계일보는 2014. 11. '박근혜 대통령의 국회의원 시절 비서실장이자 최태민의 사위인 정윤회가 문고리 3인방을 포함한 청와대 안팎 인사 10명을 통해 각종 인사개입과 국정농단을 하고 있다'라며 '정윤회 문건'을 보도하였다. 이에 대하여 박근혜 대통령은 2014. 12.1. 비정상적인 국정 운영이 이루어지고 있다는 보도내용의 사실 여부에 대해서는 언급이 없이 '기초적인 사실 확인조차 하지 않은 채 외부로 문건을 유출하게 된 것은 국기문란'이라면서 문건의 외부 유출 및 보도가 문제라는 취지로 발언하였다. 그후 김기춘 비서실장은 2014. 12.13. 문건 수사를 '조기 종결토록 지도하라'라고 김영한 전 민정수석비서관에게 지시하였고, 우병우 당시 민정비서관은 당시 문건 유출자로 지목받던 한일 전 경위에게 '자진출두해서 자백하면 불기소 편의를 봐줄 수 있다'라고 하였으며, 김상률 청와대 교육문화수석비서관은 2015. 1. 세계일보 편집국장 한용걸을, 신성호 청와대 홍보특보는 세계일보 조한규 사장을 만나 세계일보의 추가 보도에 대하여 수습을 원하는 메시지를 전달하였다. 한편 그 무렵 청와대 고위 관계자는 세계일보의 사주(社主)인 통일교의 총재(한학자)에게 전화하여 조한규 사장의 해임을 요구하였고, 조한규 사장은 2016. 2. 세계일보 사장에서 물러났으며, 세계일보는 그 후 추가 보도를 자제하였다. 이러한 청와대의 세계일보 보도의 통제 및 언론사 사장 해임은 최순실 등의 비선실세에 대한 언론보도를 통제하고 다른 언론에도 위축효과를 가져온 것으로서, 박근혜 대통령과 최순실의 긴밀한 관계 및 박근혜 대통령의 위 2014. 12.1. 발언을 고려하면, 청와대의 세계일보 언론 탄압은 박근혜 대통령의 지시 혹은 묵인 하에서 벌어진 것이므로 박근혜 대통령은 언론의 자유(헌법 제21조 제1항) 및 직업의 자유(헌법 제15조)의 침해에 대한 책임이 있다.

마. 생명권 보장(헌법 제10조) 조항 위배

대통령은 국가적 재난과 위기상황에서 국민의 생명과 안전을 지켜야 할 의무가 있다. 그러나 이른바 세월호 참사가 발생한 당일 오전 8시 52분 소방본부에 최초 사고접수가 된 시점부터 당일 오전 10시 31분 세월호가 침몰하기까지 약 1시간 반 동안 국가적 재난과 위기상황을 수습해야 할 박근혜 대통령은 어디에도 보이지 않았다. 침몰 이후 한참이 지난 오후 5시 15분경에야 대통령은 재난안전대책본부에 나타나 "구명조끼를 학생들은 입었다고 하는데 그렇게 발견하기가 힘듭니까?"라고 말하여 전혀 상황파악을 하지 못하였음을 스스로 보여주었다. 대통령은 온 국민이 가슴 아파하고 눈물 흘리는 그 순간 국민의 생명과 안전을 책임지는 최고결정권자로서 세월호 참사의 경위나 피해상황, 피해규모, 구조진행 상황을 전혀 인지하지 못하고 있었던 것이다.

그 후 박근혜 대통령은 국민들과 언론이 수차 이른바 '세월호 7시간' 동안의 행적에 대한 진실 규명을 요구하였지만 비협조와 은폐로 일관하며 헌법상 기본권인 국민의 알 권리를 침해해 왔다. 최근 청와대는 박 대통령이 당일 오전 9시 53분경에 청와대 외교안보수석실로부터, 10시경에 국가안보실로부터 각 서면보고를 받았고, 오전 10시 15분과 10시 22분 두 차례에 걸쳐 국가안보실장에게 전화로 지시하였으며, 오전 10시 30분에는 해양경찰청장에게 전화로 지시하였다고 일방적으로 발표하였다. 그러나 이를 확인할 수 있는 근거자료는 전혀 제시하지 않았다. 만일 청와대의 주장이 사실이라 하더라도 대통령은 처음 보고를 받은 당일 오전 9시 53분 즉시 사태를 정확히 파악하고 동원 가능한 모든 수단과 방법을 사용하여 인명구조에 최선을 다했어야 한다. 또한 청와대 참모회의를 소집하고, 관계 장관 및 기관을 독려했어야 한다. 그러나 박근혜 대통령은 편면적인 서면보고만 받았을 뿐이지 대면보고조차 받지 않았고 현장 상황이 실시간 보도되고 있었음에도 방송 내용조차 인지하지 못했다. 결국 국가적 재난을 맞아 즉각적으로 국가의 총체적 역량을 집중 투입해야 할 위급한 상황에서 행정부 수반으로서 최고 결정권자이자 책임자인 대통령이 아무런 역할을 수행하지 않은 것이다. 세월호 참사와 같은 국가재난 상황에서 박 대통령이 위와 같이 대응한 것은 사실상 국민의 생명과 안전을 보호하기 위한 적극적 조치를 취하지 않은 직무유기에 가깝다 할 것이고 이는 헌법 제10조에 의해서 보장되는 생명권 보호 의무를 위배한 것이다.

2 | 법률 위배 행위

가. 재단법인 미르, 재단법인 케이스포츠 설립·모금 관련 범죄

(1) 사실관계

(가) 재단 설립에 이르게 된 경위

박근혜 대통령은 정부의 수반으로서 법령에 따라 중앙행정기관의 장을 지휘·감독하여 정부의 중요정책을 수립·추진하는 등 모든 행정업무를 총괄하는 직무를 수행하고, 대형건설 사업 및 국토개발에 관한 정책, 통화·금융·조세에 관한 정책 및 기업 활동에 관한 정책 등 각종 재정·경제 정책의 수립 및 시행을 최종 결정하며, 소관 행정 각 부의 장들에게 위임된 사업자 선정, 신규 사업의 인·허가, 금융지원, 세무조사 등 구체적 사항에 대하여 직접 또는 간접적인 권한을 행사함으로써 기업체들의 활동에 있어 직무상 또는 사실상의 영향력을 행사할 수 있는 지위에 있음을 이용하여 최순실, 안종범과 공모하여 문화발전 및 스포츠 산업 발전을 구실로 박근혜 대통령 본인 혹은 최순실 등이 지배하는 재단법인을 만들고 전국경제인연합회(이하 '전경련'이라 한다) 소속 회원 기업들로부터 출연금 명목으로 돈을 받기로 마음먹었다.

박근혜 대통령은 2015. 7.20.경 안종범에게 '10대 그룹 중심으로 대기업 회장들과 단독 면담을 할 예정이니 그룹 회장들에게 연락하여 일정을 잡으라'는 지시를 하고 안종범은 10대 그룹 중심으로 그 대상 기업을 선정한 다음 대통령의 승인을 받아 삼성 등 7개 그룹을 최종적으로 선정하여 각 그룹 회장들에게 대통령이 2015. 7.24. 예정인 창조경제혁신센터 전담기업 회장단 초청 오찬 간담회 직후 단독 면담을 원한다는 의사를 전달하고 협의를 통하여 2015. 7.24.~25. 양일간 단독 면담을 진행하기로 한 다음 그 사실을 대통령에게 보고하였다.

박근혜 대통령은 2015. 7.24. 오후 현대자동차그룹 회장 정몽구, 부회장 김용환, 씨제이그룹 회장 손경식, 에스케이이노베이션 회장 김창근을, 같은 달 25. 같은 장소에서 삼성그룹 부회장 이재용, 엘지그룹 회장 구본무, 한화그룹 회장 김승연, 한진그룹 회장 조양호 등 대기업 회장들과 순차적으로 각 단독 면담을 하고, 그 자리에서 위 대기업 회장들에게 문화, 체육 관련 재단법인을 설립하려고 하는데 적극 지원을 해달라는 취지로 발언하였다.

대기업 회장들과 단독 면담을 마친 박근혜 대통령은 안종범에게 '전경련 산하 기업체들로부터 금원을 갹출하여 각 300억 원 규모의 문화와 체육 관련 재단을 설립하라'는 취지의 지시를 하고, 안종범은 그 직후인 2015. 7. 하순경부터 8. 초순경까지 사이에 전경련 상근부회장인 이승철에게 '청와대에서 문화재단과 체육재단을 만들려고 하는데 대통령께서 회의에서 기업 회장들에게 이야기를 했다고 하니 확인을 해 보면 알고 있을 것이다'라고 하면서 재단 설립을 추진하라는 취지로 지시하였다.

박근혜 대통령은 그 무렵 최순실에게 '전경련 산하 기업체들로부터 금원을 갹출하여 문화재단을 만들려고 하는데 재단의 운영을 살펴봐 달라'는 취지의 요청을 하고, 이러한 요청을 받은 최순실은 재단의 이사장 등 임원진을 자신이 지정하는 사람들로 구성하여 재단 업무 관련 지시를 내리고 보고를 받는 등 재단의 인사 및 운영을 장악하였다.

(나) 재단법인 미르 설립 및 모금

최순실은 위와 같이 2015. 7.경 재단 설립에 대한 논의가 시작된 후 실제 기업체들의 자금 출연 등이 이루어지지 않아 재단 설립이 지체되던 중, 2015. 10. 하순경 리커창 중국 총리가 방한 예정이라는 사실을 알고 정호성 비서관에게 '리커창 중국 총리가 곧 방한 예정이고 대통령이 지난 중국 방문 당시 문화교류를 활발히 하자고 하셨는데 구체적 방안으로 양국 문화재단 간 양해각서(MOU)를 체결하는 것이 좋을 것으로 보인다. 이를 위해서는 문화재단 설립을 서둘러야 한다'라고 말하였고 정호성을 통하여 이를 전달받은 박근혜 대통령은 2015. 10.19.경 안종범에게 '2015. 10. 하순경으로 예정된 리커창 중국 총리 방한 때 양해각서를 체결하여야 하니 재단 설립을 서두르라'는 지시를 하였다.

이에 안종범은 2015. 10.19.경 이승철에게 전화하여 '급하게 재단을 설립하여야 하니 전경련 직원을 청와대 회의에 참석시켜라'고 지시하고, 청와대 경제수석비서관실 소속 경제금융비서관인 최상목에게 '300억 원 규모의 문화재단을 즉시 설립하라'라는 취지로 지시하였다.

안종범의 지시를 받은 최상목은 2015. 10.21. 청와대 경제금융비서관 사무실에서 청와대 행정관, 전경련 사회본부장, 사회공헌팀장이 참석한 회의(1

차 청와대 회의)를 주재하면서 '10월 말로 예정된 리커창 총리의 방한에 맞추어 300억 원 규모의 문화재단을 설립하여야 하고 출연하는 기업은 삼성, 현대차, 에스케이, 엘지, 지에스, 한화, 한진, 두산, 씨제이 등 9개 그룹이다'라는 취지로 지시하였고, 이에 전경련 관계자들은 급하게 재단설립 절차 등을 확인한 후 9개 그룹에 대한 출연금 분배 방안 문건 등을 준비하였다.

한편 최순실은 2015. 9.말경부터 10.경까지 문화재단에서 일할 임직원을 직접 면접을 본 후 선정하였고 같은 달 하순경 문화재단의 명칭을 '미르'라고 정하였으며, 위 재단 이사장을 '김형수', 사무총장을 '이성한'으로 정하는 등 임원진 명단과 조직표 및 정관을 마련하였다.

최순실로부터 위와 같은 경과를 들은 박근혜 대통령은 2015. 10.21. 안종범에게 '재단 명칭은 용의 순수어로 신비롭고 영향력이 있다는 뜻을 가진 미르라고 하라'라고 하면서 이사장, 이사 및 사무총장 인선 및 사무실 위치 등에 관한 지시를 하였고, 안종범은 이를 다시 최상목에게 지시하였다.

안종범의 지시를 받은 최상목은 2015. 10.22. 오후 전경련 관계자, 문화체육관광부 소속 공무원 등이 참석한 회의(2차 청와대 회의)를 주재하면서 전경련이 준비해 온 문건 등을 보고받고, '재단은 10.27.까지 설립되어야 한다. 전경련은 재단 설립 서류를 작성·제출하고, 문체부는 10.27. 개최될 재단 현판식에 맞추어 반드시 설립허가가 이루어질 수 있도록 하라'고 지시하면서 전경련이 보고한 9개 그룹의 분배 금액을 조정하여 확정하였다.

위와 같은 회의 결과에 따라 전경련 관계자들은 2015. 10.23. 아침에 삼성, 현대차, 에스케이, 엘지 등 4대 그룹 임원 조찬 회의를, 오전에 지에스, 한화, 한진, 두산, 씨제이 등 5개 그룹 임원 회의를 각 개최하여, 각 그룹 임원들에게 '청와대의 요청으로 문화 및 체육 관련 재단을 만들어야 한다. 문화 재단은 10.27.까지 설립하여야 한다. 출연금을 낼 수 있는지 신속히 확인해 달라'고 요청하면서 그룹별 출연금 할당액을 전달하였다. 한편 전경련 측은 문화관광체육부에 설립허가를 위한 서류 및 절차 등을 문의하였다.

최상목은 2015. 10.23. 다시 전경련 관계자 및 문화관광체육부 소속 공무원들이 참석한 회의(3차 청와대 회의)를 주재하면서 '아직까지도 출연금 약정서를 내지 않은 그룹이 있느냐. 그 명단을 달라'고 말하며 모금을 독촉하고, '미르'라는 재단 명칭과 주요 임원진 명단을 전경련 관계자들에게 전달하면서 '이사진에게 따로 연락은 하지 말라'라는 주의를 주었다.

같은 날(2015. 10.23.) 전경련은 9개 그룹으로부터 출연금 총 300억 원에 대한 출연 동의를 받아 설립허가 신청에 필요한 재산출연 증서 등의 서류를 받아두고, 정관(기본재산과 보통재산의 비율이 9:1), 창립총회 회의록의 작성도 마무리 중이었다.

그런데 최상목은 같은 날 전경련에 '롯데도 출연 기업에 포함시켜라'고 지시하였고, 전경련 관계자들은 롯데를 포함시키는 방안을 검토하기 시작하였다.

한편 안종범은 2015. 10.24. 전경련 관계자에게 '재단법인 미르의 출연금 규모를 300억 원에서 500억 원으로 증액하라. 출연 기업에 케이티, 금호, 신세계, 아모레는 반드시 포함시키고, 현대중공업과 포스코에도 연락해 보고, 추가할 만한 그룹이 더 있는지도 알아보라'라고 지시하였다.

이에 따라 전경련 관계자들은 500억 원 기준으로 새로운 출연금 분배안을 작성하고, 기존에 출연이 결정되어 있던 삼성, 현대차, 에스케이, 엘지, 지에스, 한화, 한진, 두산, 씨제이 등 9개 그룹에는 증액을, 안종범이 추가로 출연 기업으로 포함시키라고 지시한 롯데, 케이티, 금호, 신세계, 아모레, 현대중공업, 포스코 등 7개 그룹과 전경련이 추가한 엘에스와 대림 등 2개 그룹에는 '청와대의 지시로 문화 재단을 설립한다. 출연 여부를 결정하여 달라'고 요청하였다.

위와 같은 요청을 받은 18개 그룹 중 현대중공업(재무상태가 극도로 악화)과 신세계(문화 분야에 이미 거액 투자)를 제외한 16개 그룹은 재단의 사업계획서 등에 대한 사전 검토절차도 제대로 거치지 아니한 채 출연을 결정하게 되었다.

2015. 10.26. 서울 서초구 소재 팔레스호텔에서 재단법인 미르의 이사로 내정된 사람들이 상견례를 하는 한편, 전경련 관계자들은 500억 원을 출연하는 각 그룹사 관계자들을 불러 재산출연 증서 등 서류를 제출받고, 전경련에서 준비한 정관 및 마치 출연기업 임원들이 재단 이사장 등을 추천한 것처럼 작성된 창립총회 회의록에 법인 인감을 날인 받았다.

그러던 중 안종범은 최상목을 통해 전경련 측에 '재단법인 미르의 기본재산과 보통재산 비율을 기존 9:1에서 2:8로 조정하라'는 취지의 지시를 하였고, 팔레스호텔에서 기업 회원사의 날인을 받고 있던 전경련 관계자는 급히 지시에 따라 정관과 창립총회 회의록 중 기본재산과 보통재산 비율 부분을 수정한 후 이미 날인을 한 회원사 관계자들에게 다시 연락하여 위와 같이 수정한 정관과 창립총회 회의록에 날인해 줄 것을 부탁하였으나, 결국 발기인으로 참여한 19개 법인 중 1개 법인(에스케이 하이닉스)으로부터는 날인을 받지 못하였다.

다급해진 전경련 측은 문화체육관광부 하윤진 대중문화산업과장에게 연락하여 법인설립허가 신청서류를 서울에서 접수할 수 있도록 협조해 달라고 요청하고, 세종특별자치시 소재 문체부 대중문화산업과 사무실에 있던 하윤진은 소속 주무관에게 지시하여 서울로 출장을 가서 전경련으로부터 신청서류를 접수받도록 하였다.

한편 관련 법령에 의하면 정상적으로 법인을 설립하기 위해서는 발기인 전원이 날인한 정관과 창립총회 회의록이 구비서류로 제출되어야 함에도 불구하고, 전경련 측은 청와대에서 지시한 시한(10.27.)까지 설립 허가를 마치기 위하여 서울 용산구 소재 문체부 서울사무소에서 문화관광체육부 주무관에게 에스케이 하이닉스의 날인이 없는 정관과 창립총회 회의록 등 설립허가 신청서류를 접수하였고, 이와 같은 하자가 있음에도 위 주무관은 같은 달 26. 20:07경 재단법인 미르의 설립허가에 관한 기안을 하였고 문화관광체육부는 다음날 09:36경 내부 결재를 마치고 설립허가를 해주었다.

결국, 위 16개 그룹 대표 및 담당 임원들은 박근혜 대통령과 최순실, 안종범의 요구에 따라 2015. 11.경부터 2015. 12.경까지 위와 같이 결정한 출연약정에 따라 재단법인 미르(2015. 10.27. 설립)에 합계 486억 원의 출연금을 납부하였다.

(다) 재단법인 케이스포츠 설립 및 모금

최순실은 2015. 12. 초순경 스포츠재단에 대한 사업계획서를 작성하고 재단법인 케이스포츠에서 일할 임직원을 면접을 거쳐 선정한 다음 임원진 명단을 이메일로 정호성에게 보냈다.

최순실로부터 위와 같은 내용을 들은 박근혜 대통령은 같은 달 11. 및 20. 안종범에게 임원진 명단을 알려주고 재단의 정관과 조직도를 전달하면서 서울 강남에 사무실을 구하라는 지시를 하였다.

안종범은 2015. 12. 중순경 전경련 관계자에게 전화하여 '예전에 말한 대로 300억 원 규모의 체육재단도 설립해야 하니 미르 때처럼 진행하라'고 지시하였고, 전경련 관계자들은 재단법인 미르 설립 과정에서 연락했던 그룹 명단 및 각 그룹의 매출액을 기초로 출연금액을 할당하고, 각 그룹의 담당 임원들에게 '청와대 요청에 따라 300억 원 규모의 체육재단도 설립하여야 한다. 할당된 출연금을 납부하라'고 전달하였다.

전경련 관계자들은 2015. 12.21. 청와대 행정관으로부터 재단법인 케이스포츠 정관, 주요 임원진 명단 및 이력서를 팩스로 송부받고 재단법인 미르 때와 마찬가지로 마치 출연기업 임원들이 재단 이사장 등을 추천한 것처럼 창립총회 회의록을 작성한 다음, 2016. 1.12. 전경련회관으로 해당 기업 관계자들을 불러 재산출연 증서 등 서류를 제출받고 정관과 창립총회 회의록에 날인을 받았다.

결국 현대자동차 등 재단법인 케이스포츠에 자금을 출연하기로 한 16개 그룹은 박근혜 대통령과 최순실, 안종범의 요구에 따라 2016. 2.경부터 2016. 8.경까지 재단법인 케이스포츠(2016. 1.13. 설립)에 합계 288억 원의 출연금을 납부하였다.

(2) 법률적 평가

(가) 특정범죄가중처벌 등에 관한 법률위반(뇌물)죄

대통령은 정부의 수반으로서 중앙행정기관의 장을 지휘·감독하여 정부의 중요정책을 수립·추진하는 등 모든 행정업무를 총괄하는 직무를 수행하고, 대형건설 사업 및 국토개발에 관한 정책, 통화·금융·조세에 관한 정책 및 기업 활동에 관한 정책 등 각종 재정·경제 정책의 수립 및 시행을 최종 결정하며, 소관 행정 각 부의 장들에게 위임된 사업자 선정, 신규 사업의 인·허가, 금융지원, 세무조사 등 구체적 사항에 대하여 직접 또는 간접적인 권한을 행사함으로써 기업체들의 활동에 있어 직무상 또는 사실상의 영향력을 행사할 수 있는 지위에 있다. 또한 뇌물죄는 직무집행의 공정과 이에 대한 사회의 신뢰에 기하여 직무행위의 불가매수성을 그 직접의 보호법익으로 하고 있고, 뇌물성을 인정하는 데에는 특별히 의무위반행위의 유무나 청탁의 유무 등을 고려할 필요가 없는 것이므로 뇌물은 대통령의 직무에 관하여 공여되거나 수수된 것으로 족하고 개개의 직무행위와 대가적 관계에 있을 필요가 없으며, 그 직무행위가 특정된 것일 필요도 없다. (대법원 1997. 4.17. 선고 96도3377 전원합의체 판결[특정범죄가중처벌 등에 관한 법률위반(뇌물·뇌물방조·알선수재)·특정경제범죄가중처벌 등에 관한 법률

위반(저축관련부당행위)·뇌물공여·업무방해] 참조)

그런데 박근혜 대통령은 2015. 7.24.~25. 위와 같이 7개 그룹 회장과 각각 단독면담을 하기 전 안종범에게 지시하여 각 그룹으로부터 '각 그룹의 당면 현안을 정리한 자료'를 제출받도록 하였다. 이때 제출된 내용은 '오너 총수의 부재로 인해 큰 투자와 장기적 전략 수립이 어렵다'(에스케이 및 씨제이), '삼성물산과 제일모직의 합병에 헤지펀드 엘리엇의 반대가 심하다'(삼성), '노사 문제로 경영환경이 불확실하다'(현대차) 등의 내용이다. 안종범은 이러한 내용을 정리하여 대통령에게 전달하였다. 민원적 성격을 가진 위의 '당면 현안'은 대통령의 사면권, 대통령 및 경제수석비서관(안종범)의 재정·경제·금융·노동 정책에 관한 권한과 직·간접적으로 관련이 있는 것이다.

실제로 기업들이 두 재단법인에 출연금 명목의 돈을 납부한 시기를 전후하여 박근혜 대통령은 위 '당면 현안'을 비롯하여 출연 기업들에게 유리한 조치를 다수 시행하였다.

삼성 그룹의 경우, 박근혜 대통령의 지휘·감독을 받는 문형표 보건복지부 장관은 2015. 6. 국민연금 의결권행사 전문위원들에게 전화를 하여 삼성물산과 제일모직의 합병에 찬성해달라는 취지의 요청을 하였다. 국민연금공단은 보건복지부 산하 공공기관이며 대통령은 공단 이사장에 대한 임면권을 가지고 있다(국민연금법 제30조 제2항). 합병 결의를 위한 주주총회일(2015. 7.17) 직전인 2015. 7.7.에는 국민연금 기금운용본부장 홍완선이 내부 반발에도 불구하고 삼성 이재용 부회장과 면담을 했다. 홍 본부장은 외부 전문가 9명으로 구성된 의결권 전문행사위원회가 아닌 자신이 위원장을 겸했던 투자위원회에서 삼성물산 합병에 찬성키로 결정하기도 했다. (삼성 그룹 출연액 204억 원)

에스케이 그룹의 경우, 박근혜 대통령은 2015. 8.13. 에스케이 최태원 회장을 특별사면했다. 또한 에스케이 그룹은 대규모 면세점을 경영해왔는데 2015. 11.경 면세점 특허권 심사에서 탈락해서 사업권을 상실했다가 2016. 3. 기획재정부가 개선방안을 발표하고 이에 따라 2016. 4. 관세청이 서울시내에 면세점 4개소 추가 선정 계획을 밝히자 사업권 특허 신청을 하였다. (에스케이 그룹 출연액 111억 원)

롯데그룹의 경우, 대규모 면세점을 경영해왔는데 2015. 11.경 각각 면세점 특허권 심사에서 탈락해서 사업권을 상실했다가 2016. 3. 기획재정부가 개선방안을 발표하고 이에 따라 2016. 4. 관세청이 서울시내에 면세점 4개소 추가 선정 계획을 밝히자 사업권 특허 신청을 하였다. 또한 롯데 그룹은 경영권 분쟁 및 비자금 등의 문제로 2005. 12.경부터 그룹 내부 인사들 사이 및 시민단체로부터의 고소·고발로 검찰의 수사대상이었고 2016. 6.10. 그룹 정책본부, 신동빈 회장 자택, 신격호 총괄회장 집무실 등에 대하여 검찰로부터 압수수색을 당한 이래 계속 수사를 받아왔으며 2016. 10.19에는 신동빈 회장이 기소되었다. 박근혜 대통령은 민정수석비서관을 통하여 검찰이 수사 중인 주요 사건에 대한 보고를 받을 뿐 아니라 검찰사무의 최고 감독자로서 일반적으로 검사를 지휘·감독하고 구체적 사건에 대하여는 검찰총장을 지휘·감독하는 법무부장관에 대한 임명권 및 지휘·감독권을 가지고 있다. 또한 아래에서 보는 것과 같이 박근혜 대통령과 최순실, 안종범은 롯데 그룹에 대한 수사가 진행 중이던 때에 추가로 70억 원을 받았다가 압수수색 등 본격적인 강제수사가 시작되기 하루 전 그 돈을 반환하기도 하였다. (롯데그룹 출연액 45억 원)

위에서 본 것과 같이 대통령의 광범위한 권한, 기업 대표와 단독 면담을 갖고 민원사항을 들었던 점, 재단법인 출연을 전후한 대통령 및 정부의 조치를 종합하여 보면 출연 기업들 중 적어도 경영권 승계와 관련한 국민연금의 의결권 행사, 특별사면, 면세점 사업권 특허신청, 검찰 수사 등 직접적 이해관계가 걸려 있었던 삼성, 에스케이, 롯데그룹으로부터 받은 돈(합계 360억 원)은 직무관련성이 인정되는 뇌물이라고 보아야 할 것이다.

또한 위에서 본 것과 같이 재단법인 미르와 재단법인 케이스포츠 재단은 박근혜 대통령과 최순실이 인사, 조직, 사업에 관한 결정권을 장악하여 사실상 지배하고 있으므로 박근혜 대통령의 행위는 형법상의 뇌물수수죄(형법 제129조 제1항)에 해당한다. 만일 재단법인에 대한 지배력이 인정되지 않는다고 하더라도 재단법인에 뇌물을 출연하게 한 것은 형법상의 제3자 뇌물수수죄에 해당한다. 어느 경우든지 수뢰액이 1억 원 이상이므로 결국 박근혜 대통령의 위와 같은 행위는 특정범죄가중처벌 등에 관한 법률위반(뇌물)죄(특정범죄가중처벌 등에 관한 법률 제2조 제1항 제1호, 형법 제129조 제1항 또는 제130조)에 해당한다. 이는 법정형이 무기 또는 10년 이상의 징역에 해당하는 중죄다.

(나) 직권남용권리행사방해죄, 강요죄

위에서 본 바와 같이 대통령은 정부의 수반으로서 중앙행정기관의 장을 지휘·감독하여 정부의 중요정책을 수립·추진하는 등 모든 행정업무를 총괄하는 직무를 수행하고, 대형건설 사업 및 국토개발에 관한 정책, 통화·금융·조세에 관한 정책 및 기업 활동에 관한 정책 등 각종 재정·경제 정책의 수립 및 시행을 최종 결정하는 등 국정 전반에 걸쳐 광범위한 권한을 가지고 있다. 또한 대통령과 공모한 안종범은 2014. 6.경부터 2016. 5.경까지 사이에 정부조직법과 대통령령인 대통령비서실 직제에 따라 대통령의 직무를 보좌하는 차관급 정무직 공무원인 대통령비서실 경제수석비서관으로 재직하면서 대통령을 보좌하여 산하에 경제금융비서관·농축산식품비서관·해양수산비서관을 두고 재정·경제·금융·산업통상·중소기업·건설교통 및 농림해양수산 정책 등을 포함한 국가정책에 관한 사무를 관장하였고, 2016.

5.경부터 2016. 10.경까지는 정책조정수석비서관으로 재직하면서 대통령을 보좌하여 산하에 기획비서관·국정과제비서관·재난안전비서관을 두고 대통령의 국정 전반에 관한 주요상황 파악·분석·관리, 국정과제 추진 관리, 이행점검, 주요 국정과제 협의·조정 등의 사무를 관장했다.

이와 같이 막강한 권한을 행사하는 박근혜 대통령과 안종범으로부터 재단법인에 출연금을 납부하라는 요구를 받고, 위에서 본 것과 같이 위법과 탈법을 불사하면서 관계 공무원 및 전경련과 기업 관계자 등을 동원하여 초고속으로 재단 설립 및 출연금 납부에 따른 행정조치를 취하는 것을 본 위 16개 그룹 대표 및 담당 임원들로서는 위와 같은 대통령의 요구에 응하지 않을 경우 세무조사나 인허가의 어려움 등 기업활동 전반에 걸쳐 직·간접적으로 불이익을 받을 것을 두려워하게 되었다. 박근혜 대통령이 안종범, 최순실과 함께 이러한 두려움을 이용하여 기업들로부터 출연금 명목으로 재단법인에 돈을 납부하게 한 것은 대통령의 직권과 경제수석비서관의 직권을 남용함과 동시에 기업체 대표 및 담당임원들의 의사결정의 자유를 침해해서 의무 없는 일을 하게 한 것으로서 형법상의 직권남용권리행사방해죄(형법 제123조) 및 강요죄(형법 제324조)에 해당한다.

나. 롯데그룹 추가 출연금 관련 범죄

(1) 사실관계

최순실은 재단법인 케이스포츠에 대한 인사 및 운영을 실질적으로 장악한 후, 재단법인 케이스포츠가 향후 추진하는 사업과 관련된 각종 이권에 개입하는 방법으로 이익을 취하기 위하여, 2016. 1.12. 스포츠 매니지먼트 등을 목적으로 하는 주식회사 더블루케이(이하 '더블루케이'라고 한다)를 설립하였다.

이후 최순실은 재단법인 케이스포츠 직원에게 더블루케이가 이익을 창출할 수 있는 사업을 기획하라고 지시하여 2016. 2.경 '5대 거점 체육인재 육성사업'이라는 제목으로 전국 5대 거점 지역에 체육시설을 건립하고 체육시설의 관리 등 이권사업은 더블루케이가 담당하는 사업안을 마련하게 한 다음 체육시설 건립을 위한 자금은 기업으로부터 일단 재단법인 케이스포츠로 지원받은 후 더블루케이에 넘겨주는 방식으로 조달하기로 하고, 그 무렵 위와 같은 사업계획을 박근혜 대통령에게 전달하였다.

박근혜 대통령은 2016. 3.14.경 롯데그룹 신동빈 회장과 단독 면담을 가진 후 안종범에게 롯데그룹이 하남시 체육시설 건립과 관련하여 75억 원을 부담하기로 하였으니 그 진행상황을 챙겨보라는 지시를 하였다.

한편 신동빈은 대통령과의 면담 이후 회사로 복귀하여 부회장인 망 이인원에게 대통령의 위와 같은 자금지원 요청 건에 대한 업무처리를 지시했고, 이인원은 임직원들에게 자금지원 업무를 진행하도록 지시하였다.

최순실은 2016. 3. 중순경 더블루케이 이사 고영태 등에게 '이미 롯데그룹과 이야기 다 되었으니 롯데그룹 관계자를 만나 지원 협조를 구하면 돈을 줄 것이다'라고 지시하였고, 고영태 등은 2016. 3.17. 및 3.22. 두 번에 걸쳐 롯데 그룹 임직원들을 만나 '하남 거점 체육시설 건립에 75억 원이 소요되니 이를 후원해 달라'면서 75억 원을 요구하였다.

그 사이 안종범은 박근혜 대통령의 지시를 이행하기 위하여 케이스포츠 사무총장으로부터 관련 자료를 송부받거나 롯데그룹 임직원들과 수시로 전화 통화를 하는 등 롯데그룹의 재단법인 케이스포츠에 대한 75억 원의 지원 여부 및 진행상황을 점검하였다.

롯데그룹 임직원들은 재단법인 미르와 재단법인 케이스포츠 등에 이미 많은 자금을 출연하였거나 출연하기로 하였을 뿐만 아니라 더블루케이 측이 제시하는 사업계획도 구체성과 실현가능성이 떨어진다는 이유로 '75억 원을 출연해 주기는 어렵고 35억 원만 출연하면 안 되겠느냐'는 의사를 재단법인 케이스포츠 측에 전달하고 이를 이인원에게 보고하였다.

그러나 이인원은 위와 같은 요구에 불응할 경우 기업활동 전반에 걸쳐 직·간접적으로 불이익을 받게 될 것을 두려워한 나머지 임직원들에게 '기왕에 그쪽에서 요구한 금액이 75억 원이니 괜히 욕 얻어먹지 말고 전부를 출연해 주는 것이 좋겠다'라고 말하며 재단법인 케이스포츠에 75억 원을 교부해 주라고 지시하였다.

결국 롯데그룹은 6개 계열사(롯데제과, 롯데카드, 롯데건설, 롯데케미칼, 롯데캐피탈, 롯데칠성음료)를 동원하여 2016. 5.25.부터 같은 달 31.까지 사이에 재단법인 케이스포츠에 70억 원을 송금하였다.

(2) 법률적 평가

(가) 특정범죄가중처벌 등에 관한 법률위반(뇌물)죄

대통령이 정부의 수반으로서 중앙행정기관의 장을 지휘·감독하여 정부의 중요정책을 수립·추진하는 등 모든 행정업무를 총괄하는 직무를 수행하고 대형건설 사업 및 국토개발에 관한 정책, 통화·금융·조세에 관한 정책 및 기업 활동에 관한 정책 등 각종 재정·경제 정책의 수립 및 시행을 최종 결정하며, 소관 행정 각 부의 장들에게 위임된 사업자 선정, 신규 사업의 인·허가, 금융지원, 세무조사 등 구체적 사항에 대하여 직접 또는 간접적인 권한을 행사함으로써 기업체들의 활동에 있어 직무상 또는 사실상의 영향력을 행사할 수 있는 지위에 있다는 점과, 위에서 본 것과 같이 롯데 그룹은 대규모 면세점을 경영해왔는데 2015. 11.경 면세점 특허권 심사에서 탈락해서 사업권을 상실했다가 2016. 3. 기획재정부가 개선방안을 발표하고 이에 따라 2016. 4. 관세청이 서울시내에 면세점 4개소 추가 선정 계획을 밝히자 사업권 특허 신청을 했던 점을 종합하면 박근혜 대통령이 롯데그룹으로부터 출연금 명목으로 받은 돈은 직무관련성이 인정되는 뇌물이라고 하지 않을 수 없다.

또한 위에서 본 것처럼 롯데그룹이 경영권 분쟁 및 비자금 등의 문제로 2005. 12.경부터 그룹 내부 인사들 사이 및 시민단체로부터의 고소·고발로 검찰의 수사 대상이었고 2016. 6.10. 그룹 정책본부, 신동빈 회장 자택, 신격호 총괄회장 집무실 등에 대하여 검찰로부터 압수수색을 당한 이래 계속 수사를 받아왔으며 2016. 10.19에는 신동빈 회장이 기소되었던 점, 박근혜 대통령은 민정수석비서관을 통하여 검찰이 수사 중인 주요 사건에 대한 보고를 받을 뿐 아니라 검찰사무의 최고 감독자로서 일반적으로 검사를 지휘·감독하고 구체적 사건에 대하여는 검찰총장을 지휘·감독하는 법무부장관에 대한 임명권 및 지휘·감독권을 가진 점, 롯데 그룹이 압수수색을 당하기 하루 전인 2016. 6.9. 케이스포츠 측이 갑작스럽게 출연금 명목으로 받은 70억 원을 반환하겠다는 의사를 표시하고 그 후 3~4일에 걸쳐 실제로 반환한 점을 종합해볼 때도 이는 직무관련성이 인정되는 뇌물이라고 하지 않을 수 없다.

그렇다면 위에서 본 박근혜 대통령의 행위는 특정범죄가중처벌 등에 관한 법률위반(뇌물)죄(특정범죄가중처벌 등에 관한 법률 제2조 제1항 제1호, 형법 제129조 제1항 또는 제130조)에 해당한다.

(나) 직권남용권리행사방해죄, 강요죄

위에서 본 바와 같이 막강한 권한을 행사하는 박근혜 대통령과 안종범으로부터 체육시설 건립에 필요한 자금을 재단법인에 출연금 명목으로 납부하라는 요구를 받은 롯데 그룹의 대표와 임직원들은 대통령의 요구에 응하지 않을 경우 면세점 특허 심사 과정에서의 어려움이나 검찰 수사 등 기업활동 전반에 걸쳐 직·간접적으로 불이익을 받을 것을 두려워하게 되었다. 박근혜 대통령이 안종범, 최순실과 함께 이러한 두려움을 이용하여 롯데 그룹 소속 기업들로부터 출연금 명목으로 재단법인에 돈을 납부하게 한 것은 대통령의 직권과 경제수석비서관의 직권을 남용함과 동시에 기업체 대표 및 담당임원들의 의사결정의 자유를 침해해서 의무 없는 일을 하게 한 것으로서 형법상의 직권남용권리행사방해죄(형법 제123조) 및 강요죄(형법 제324조)에 해당한다.

다. 최순실 등에 대한 특혜 제공 관련 범죄

(1) 케이디코퍼레이션 관련 특정범죄가중처벌 등에 관한 법률위반(뇌물)죄, 직권남용권리행사방해죄, 강요죄

최순실은 2013. 가을경부터 2014. 10.경까지 딸 정유라가 졸업한 초등학교 학부형으로서 친분이 있던 문화경으로부터 남편인 이종욱이 운영하는 주식회사 케이디코퍼레이션(이하 '케이디코퍼레이션'이라고 한다)이 해외 기업 및 대기업에 납품을 할 수 있도록 도와달라는 부탁을 받고 여러 차례에 걸쳐 정호성을 통해 케이디코퍼레이션에 대한 회사소개 자료를 박근혜 대통령에게 전달해 오던 중, 2014. 10.경 케이디코퍼레이션에서 제조하는 원동기용 흡착제를 현대자동차에 납품할 수 있도록 도와달라는 부탁을 받고 정호성을 통해 케이디코퍼레이션에 대한 사업소개서를 대통령에게 전달하였다.

박근혜 대통령은 2014. 11.27.경 안종범에게 '케이디코퍼레이션은 흡착제 관련 기술을 갖고 있는 훌륭한 회사인데 외국 기업으로부터 부당한 대우를 받고 있으니 현대자동차에서 그 기술을 채택할 수 있는지 알아보라'는 지시를 하였다. 이에 그 무렵 안종범은 대통령이 함께 있는 가운데 현대자동차 그룹 정몽구 회장 및 그와 동행한 김용환 부회장에게 '케이디코퍼레이션이라는 회사가 있는데, 효용성이 높고 비용도 낮출 수 있는 좋은 기술을 가지고 있다고 하니 현대자동차에서도 활용이 가능하다면 채택해 주었으면 한다'고 말을 하였다.

김용환은 2014. 12.2.경 안종범에게 케이디코퍼레이션의 대표자 이름과 연락처를 다시 확인한 다음 잘 챙겨보겠다는 취지로 답하고 즉시 현대자동차 구매담당 부사장에게 케이디코퍼레이션과의 납품계약을 추진해 보라고 지시하고, 이후 안종범은 케이디코퍼레이션과 현대자동차와의 납품계약 진행상황을 계속 점검하면서 '특별 지시사항 관련 이행상황 보고'라는 문건을 작성하여 박근혜 대통령에게 보고하였다.

정몽구와 김용환은 위와 같은 요구에 불응할 경우 세무조사를 당하거나 인허가의 어려움 등 기업 활동 전반에 걸쳐 직·간접적인 불이익을 받게 될 것을 두려워한 나머지, 케이디코퍼레이션은 현대자동차 그룹의 협력업체 리스트에 들어있지 않은 업체이고 인지도나 기술력 또한 제대로 검증되지 않은 업체임에도 불구하고 협력업체 선정을 위해 거쳐야 하는 제품성능 테스트와 입찰 등의 정상적인 절차를 생략한 채 수의계약으로 현대자동차 및 기아자동차가 케이디코퍼레이션의 제품을 납품받기로 결정하였다.

그 후 현대자동차와 기아자동차는 2015. 2.3.경 케이디코퍼레이션과 원동기용 흡착제 납품계약을 체결하고, 케이디코퍼레이션으로부터 그 무렵부터 2016. 9.경까지 합계 10억5991만9000원 상당의 제품을 납품받았다. 최순실은 2016. 5.경 박근혜 대통령의 프랑스 순방시 이종욱이 경제사절단으로 동행할 수 있도록 도와주었다.

한편, 케이디코퍼레이션의 대표 이종욱은 최순실에게 위와 같은 계약체결의 부탁이나 계약성사의 대가 명목으로 2013. 12.경 시가 1162만 원의 상당의 샤넬백 1개, 2015. 2.경 현금 2000만 원, 2016. 2.경 현금 2000만 원 합계 5162만 원 상당을 주었다.

대통령이 정부의 수반으로서 중앙행정기관의 장을 지휘·감독하여 정부의 중요정책을 수립·추진하는 등 모든 행정업무를 총괄하는 직무를 수행하고 대형건설 사업 및 국토개발에 관한 정책, 통화, 금융, 조세에 관한 정책 및 기업 활동에 관한 정책 등 각종 재정·경제 정책의 수립 및 시행을 최종 결정하며, 소관 행정 각 부의 장들에게 위임된 사업자 선정, 신규 사업의 인·허가, 금융지원, 세무조사 등 구체적 사항에 대하여 직접 또는 간접적인 권한을 행사함으로써 기업체들의 활동에 있어 직무상 또는 사실상의 영향력을 행사할 수 있는 지위에 있다는 점에 비추어보면 위와 같은 경위로 최순실이 케이디코퍼레이션 측으로부터 받은 돈은 박근혜 대통령의 직무와 관련성이 인정되는 뇌물이라고 하지 않을 수 없다. 이는 특정범죄가중처벌 등에 관한 법률위반(뇌물)죄(특정범죄가중처벌 등에 관한 법률 제2조 제1항 제2호, 형법 제130조)에 해당한다.

또한 박근혜 대통령은 최순실, 안종범과 공모하여 대통령의 직권과 경제수석비서관의 직권을 남용함과 동시에 이에 두려움을 느낀 피해자 현대자동차 그룹 회장 정몽구 등으로 하여금 케이디코퍼레이션과 제품 납품계약을 체결하도록 함으로써 의무 없는 일을 하게 하였다. 이는 형법상의 직권남용권리행사방해죄(형법 제123조) 및 강요죄(형법 제324조)에 해당한다.

(2) 플레이그라운드 관련 직권남용권리행사방해죄, 강요죄

최순실은 2015. 10.경 광고제작 등을 목적으로 하는 주식회사 플레이그라운드커뮤니케이션즈(이하 '플레이그라운드'라고 한다)를 설립하고, 자신의 측근인 미르 재단 사무부총장 김성현 등을 이사로 선임한 다음 기업으로부터 광고수주를 받아 이익을 취하기로 계획하였고, 2015. 10.경부터 2016. 1. 초순경까지 사이에 김성현으로 하여금 플레이그라운드의 회사소개 자료를 작성하도록 하였다.

박근혜 대통령은 2016. 2.15. 안종범에게 플레이그라운드의 회사소개 자료를 건네주면서 '위 자료를 현대자동차 측에 전달하라'는 지시를 하고, 그즈음 안종범은 서울 종로구 소재 안가에서 정몽구 회장과 함께 대통령과의 단독 면담을 마친 김용환 부회장에게 플레이그라운드의 회사소개 자료가 담긴 봉투를 전달하며 '이 회사가 현대자동차 광고를 할 수 있도록 잘 살펴봐 달라'고 말하여 현대자동차의 광고를 플레이그라운드가 수주할 수 있도록 해 달라는 취지로 요구하였다.

또한, 박근혜 대통령은 2016. 2.15.~22. 사이에 진행된 대통령과 현대자동차 그룹 등 8개 그룹 회장들과의 단독 면담이 모두 마무리될 무렵 안종범에게 '플레이그라운드는 아주 유능한 회사로 미르 재단 일에도 많은 도움을 주고 있어 기업 총수들에게 협조를 요청하였으니 잘 살펴보라'는 취지의 지시를 하였다.

안종범으로부터 위와 같은 요구를 받은 김용환은 2016. 2.18.경 현대자동차 김걸 부사장에게 플레이그라운드 소개자료를 전달하면서 '플레이그라운드가 현대·기아차 광고를 할 수 있게 해보라'라고 지시하고, 김걸 등의 검토 결과 2016. 12.31.까지는 현대자동차 그룹 계열 광고회사인 주식회사 이노션과 3개의 중소 광고회사에 대해서만 광고물량을 발주해주기로 확정된 상태임에도 불구하고, 위와 같은 요구에 불응할 경우 각종 인허가 등에 어려움을 겪거나 세무조사를 당하는 등 기업 활동 전반에 직·간접적으로 불이익을 입게 될 것을 두려워한 나머지 주식회사 이노션에 양해를 구하고 그 자리에 플레이그라운드를 대신 끼워 넣어 광고를 수주할 수 있도록 해주었다.

이에 따라 현대자동차 그룹에서는 2016. 4.경부터 2016. 5.경까지 사이에 플레이그라운드로 하여금 발주금액 합계 70억6627만 원 상당의 광고 5건을 수주받게 하여 9억1807만 원 상당의 수익을 올리도록 하였다.

결국 박근혜 대통령은 최순실, 안종범과 공모하여 대통령의 직권과 경제수석비서관의 직권을 남용함과 동시에 이에 두려움을 느낀 피해자 현대자동차 그룹 부회장 김용환 등으로 하여금 플레이그라운드와 광고발주 계약을 체결하도록 함으로써 의무 없는 일을 하게 하였다. 이는 형법상의 직권남용권리행사방해죄(형법 제123조) 및 강요죄(형법 제324조)에 해당한다.

(3) 주식회사 포스코 관련 직권남용권리행사방해죄, 강요죄

최순실은 재단법인 케이스포츠 직원인 박헌영 과장 등에게 재단이 추진하는 사업을 통해 더블루케이가 이익을 창출할 수 있는 방안을 기획하라고 지시하여 2016. 2. 경 '포스코를 상대로 배드민턴팀을 창단하도록 하고 더블루케이가 그 선수단의 매니지먼트를 담당한다'라는 내용의 기획안을 마련하게 하였다.

박근혜 대통령은 2016. 2.22. 서울 종로구 삼청동 소재 안가에서 포스코 회장 권오준과 단독 면담을 하면서 '포스코에서 여자 배드민턴팀을 창단해 주면 좋겠다. 더블루케이가 거기에 자문을 해 줄 수 있을 것이다'는 요청을 하였고, 안종범은 위와 같이 대통령과 단독 면담을 마치고 나온 권오준에게 미리 준비한 더블루케이 조성민 대표의 연락처를 전달하면서 조성민을 만나보라고 하였다.

이에 권오준은 위와 같은 취지를 포스코 황은연 경영지원본부장에게 지시하고, 황은연은 2016. 2.25. 더블루케이 및 재단법인 케이스포츠 관계자들을 만나 창단 비용 46억 원 상당의 여자 배드민턴팀 창단 요구를 받았으나, 포스코가 창사 이래 처음으로 적자를 기록하는 등의 어려운 경영 여건, 이미 포스코에서 다양한 체육팀을 운영하고 있는 상황 등을 이유로 추가로 여자 배드민턴팀을 창단하는 것은 부담스럽다는 의사를 표시하였다.

최순실은 조성민 등으로부터 포스코가 여자 배드민턴팀 창단 제의를 거절하였다는 보고를 받고 그 다음날인 2016. 2.26. 재단법인 케이스포츠 사무총장 등으로 하여금 안종범을 만나 '황은연 사장이 더블루케이의 여자 배드민턴팀 창단 요구를 고압적이고 비웃는 듯한 자세로 거절하고 더블루케이 직원들을 잡상인 취급하였다'라고 보고하도록 하였다.

안종범은 '포스코 회장에게 전달한 내용이 사장에게 제대로 전달되지 않은 것 같다. 포스코에 있는 여러 체육팀을 모아 통합 스포츠단을 창단하도록 조치하겠다. 다만 포스코가 더블루케이의 여자 배드민턴팀 창단 요구를 거절한 사실을 브이아이피께 보고하지 말아달라'고 답변한 다음, 황은연에게 전화하여 '더블루케이 측에서 불쾌해 하고 있으니 오해는 푸는 것이 좋겠다. 청와대 관심사항이니 더블루케이와 잘 협의하고 포스코에 있는 여러 종목을 모아서 스포츠단을 창단하는 대안도 생각해 보라'고 말하였다.

이에 황은연은 청와대의 요구에 불응할 경우 세무조사를 당하거나 인허가의 어려움 등 기업활동 전반에 걸쳐 직·간접적으로 불이익을 받게 될 것을 두려워한 나머지 조성민에게 전화하여 사과를 하고 내부적으로 통합 스포츠단 창단 방안에 대하여 검토를 시작하였으며, 최순실은 2016. 3. 초순경 박헌영 등에게 포스코가 운영하고 있는 5개 종목 기존 체육팀에 여자 배드민턴팀, 남·여 펜싱팀, 남·여 태권도팀을 신설하여 총 8개 체육팀을 포함한 통합 스포츠단을 창단하되 그 매니지먼트를 더블루케이가 담당하는 개편안을 준비하도록 하여 이를 포스코 측에 전달하였다.

포스코 측은 위 개편안은 과도한 비용이 소요되어 도저히 수용하기 어렵다고 결정하고 2016. 3.15. 포스코 양원준 상무 등은 직접 더블루케이 사무실을 방문하여 고영태 등에게 여자 배드민턴팀이나 통합 스포츠단을 창단하기 어려운 사정을 설명하고 대신에 계열사인 포스코 피앤에스 산하에 2017년도부터 창단 비용 16억 원 상당의 펜싱팀을 창단하고 그 매니지먼트를 더블루케이에 맡기도록 하겠다는 내용으로 최종 합의하였다.

결국 박근혜 대통령은 최순실, 안종범과 공모하여 대통령의 직권과 경제수석비서관의 직권을 남용함과 동시에 이에 두려움을 느낀 피해자 포스코그룹 회장 권오준 등으로 하여금 2017년도에 펜싱팀을 창단하고 더블루케이가 매니지먼트를 하기로 하는 내용의 합의를 하도록 하는 등 의무 없는 일을 하게 하였다. 이는 형법상의 직권남용권리행사방해죄(형법 제123조) 및 강요죄(형법 제324조)에 해당한다.

(4) 주식회사 케이티 관련 직권남용권리행사방해죄, 강요죄

최순실은 대기업 등으로부터 광고계약을 수주할 생각으로 차은택 및 김홍택과 함께 2015. 1.경 모스코스를 설립하고 2015. 10.경 플레이그라운드를 설립하는 한편, 대기업들로부터 광고계약의 원활한 수주를 위하여 자신의 측근을 대기업의 광고업무 책임자로 채용되게 하려는 계획을 세웠다.

최순실은 위와 같은 계획 하에 2015. 1.경부터 2015. 7.경까지 사이에 차은택 등으로부터 대기업 채용 대상자로 차은택의 지인인 이동수와 신혜성 등을 추천받았다.

박근혜 대통령은 2015. 1.경 및 2015. 8.경 안종범에게 '이동수라는 홍보전문가가 있으니 케이티에 채용될 수 있도록 케이티 회장에게 연락하고, 신혜성도 이동수와 호흡을 맞출 수 있도록 하면 좋겠다'라는 지시를 하였고, 안종범은 케이티 회장인 황창규에게 연락하여 '윗선의 관심사항인데 이동수는 유명한 홍보전문가이니 케이티에서 채용하면 좋겠다. 신혜성은 이동수 밑에서 같이 호흡을 맞추면 좋을 것 같으니 함께 채용해 달라'고 요구하였다.

황창규는 이러한 요구를 받아들여 2015. 2.16.경 이동수를 전무급인 '브랜드지원센터장'으로, 2015. 12. 초순경 신혜성을 '아이엠씨본부 그룹브랜드지원 담당'으로 채용하였다.

그 후 박근혜 대통령은 2015. 10.경 및 2016. 2.경 안종범에게 '이동수, 신혜성의 보직을 케이티의 광고 업무를 총괄하거나 담당하는 직책으로 변경하게 하라'는 지시를 하였고, 안종범은 황창규에게 연락하여 이동수를 케이티의 아이엠씨 본부장으로, 신혜성을 아이엠씨 본부 상무보로 인사발령을 내줄 것을 요구하였고, 황창규는 안종범의 요구대로 이동수와 신혜성의 보직을 변경해 주었다.

박근혜 대통령은 2016. 2.경 안종범에게 '플레이그라운드가 케이티의 광고대행사로 선정될 수 있도록 하라'는 지시를 하였고, 이에 따라 안종범은 그 무렵 황창규와 이동수에게 전화를 걸어 '브이아이피 관심사항이다. 플레이그라운드라는 회사가 정부 일을 많이 하니 케이티의 신규 광고대행사로 선정해 달라'라고 요구하였다.

이에 황창규 등은 위와 같은 요구에 불응할 경우 세무조사를 당하거나 각종 인허가의 어려움 등 기업 활동 전반에 걸쳐 직·간접적으로 불이익을 받게 될 것을 두려워한 나머지, 신규 설립되어 광고제작 실적이 부족한 플레이그라운드가 공개 경쟁입찰에서 광고대행사로 선정될 수 있도록 기존 심사기준에서 '직전년도 공중파 TV/CATV 광고실적' 항목을 삭제하고 플레이그라운드 명의로 제출된 포트폴리오 중 일부가 실제 플레이그라운드의 포트폴리오가 아닌 것으로 확인되는 등 심사결격 사유가 발견되었음에도 2016. 3.30. 플레이그라운드를 케이티의 신규 광고대행사로 최종 선정하고 2016. 3.30.부터 2016. 8.9.까지 플레이그라운드로 하여금 발주금액 합계 68억 1767만6000원 상당의 광고 7건을 수주받게 하여 5억1669만6500원 상당의 수익을 올리도록 하였다.

결국 박근혜 대통령은 최순실, 안종범과 공모하여 대통령의 직권과 경제수석비서관의 직권을 남용함과 동시에 이에 두려움을 느낀 피해자 케이티 회장 황창규 등으로 하여금 플레이그라운드를 광고대행사로 선정하고 광고제작비를 지급하게 하는 등 의무 없는 일을 하게 하였다. 이는 형법상의 직권남용권리행사방해죄(형법 제123조) 및 강요죄(형법 제324조)에 해당한다.

(5) 그랜드코리아레저 관련 직권남용권리행사방해죄, 강요죄

최순실은 2016. 1. 중순경 기업들에게 스포츠 선수단을 신규 창단하도록 하고 선수단의 창단, 운영에 관한 업무대행은 더블루케이가 맡는 내용의 용역계약을 체결함으로써 이익을 취하기로 계획하고, 케이스포츠 부장 노승일과 박헌영에게 위와 같은 용역계약 제안서를 작성하도록 하였다.

최순실은 2016. 1.20.경 위와 같은 용역계약을 체결할 대상 기업으로 문화체육관광부 산하 한국관광공사의 자회사인 그랜드코리아레저 주식회사(이하 '그랜드코리아레저'라고 한다)를 정한 후, 정호성에게 '대통령께 그랜드코리아레저와 더블루케이 간 스포츠팀 창단·운영 관련 업무대행 용역계약을 체결할 수 있도록 주선해 줄 것을 요청해 달라'고 하였다.

박근혜 대통령은 2016. 1.23. 안종범에게 '그랜드코리아레저에서 장애인 스포츠단을 설립하는데 컨설팅할 기업으로 더블루케이가 있다. 그랜드레저코리아에 더블루케이라는 회사를 소개하라'라고 지시하면서 더블루케이 대표이사 조성민의 연락처를 알려주었다.

안종범은 박근혜 대통령의 지시에 따라 2016. 1.24.경 그랜드코리아레저 대표이사 이기우에게 전화하여 조성민의 전화번호를 알려주며 스포츠팀 창단·운영에 관한 업무대행 용역계약 체결을 위해 조성민과 협상할 것을 요구하였다.

또한 박근혜 대통령은 그 무렵 안종범에게 '케이스포츠가 체육 인재를 양성하고자 하는 기관이니 사무총장을 문화체육관광부 김종 차관에게 소개하라'는 지시를 하였고, 이에 따라 안종범은 2016. 1.26. 김종을 케이스포츠 정현식 사무총장과 위 조성민에게 소개시켜 주었고 김종은 그 자리에서 케이스포츠와 더블루케이의 향후 사업 등에 대한 조언과 지원을 약속하였다.

최순실은 조성민과 더블루케이 이사 고영태에게 2016. 1.28. 그랜드코리아레저 대표이사 이기우를 만나도록 지시하였고, 그들을 통해 이기우에게 그랜드코리아레저 측이 배드민턴 및 펜싱 선수단을 창단할 것과 창단·운영 관련 매년 80억 원 상당의 업무대행 용역계약을 체결할 것을 요구하였다.

이기우는 더블루케이 측이 요구하는 용역계약의 규모가 너무 커 계약체결이 곤란한 상황임에도 불구하고, 이러한 요구에 불응할 경우 기업활동 전반에 걸쳐 직·간접으로 불이익을 받을 것을 두려워한 나머지 더블루케이와 협상을 계속 진행할 수밖에 없었다.

김종은 위 용역계약의 체결이 지연되자 2016. 2.25. 계약금액을 줄인 장애인 선수단 창단·운영에 대한 용역계약을 체결하는 조정안을 제시하였고, 이기우와 조성민은 김종의 조정안에 따라 협상을 진행하여, 결국 2016. 5.11.경 더블루케이가 선수의 에이전트로서의 권한을 갖는 그랜드코리아레저-선수-더블루케이 3자간 '장애인 펜싱 실업팀 선수위촉계약'을 체결하였다.

그랜드코리아레저는 2016. 5.24.경 위 계약에 따라 선수들 3명에 대한 전속계약금 명목으로 각 2000만 원씩 합계 6000만 원을 지급하였고, 그 무렵 더블루케이는 위 선수들로부터 전속계약금의 절반인 3000만 원을 에이전트 비용 명목으로 지급받았다.

결국 박근혜 대통령은 최순실, 안종범과 공모하여 대통령의 직권과 경제수석비서관의 직권을 남용함과 동시에 이에 두려움을 느낀 피해자 이기우로 하여금 위와 같은 계약을 체결하게 함으로써 의무 없는 일을 하게 하였다. 이는 형법상의 직권남용권리행사방해죄(형법 제123조) 및 강요죄(형법 제324조)에 해당한다.

라. 문서 유출 및 공무상 취득한 비밀 누설 관련 범죄

박근혜 대통령은 2013. 10.경 서울 종로구 청와대로 1로에 있는 대통령 부속 비서관실에서 정호성 비서관으로부터 2013. 10.2.자 국토교통부장관 명의의 '복합 생활체육시설 추가대상지(안) 검토' 문건을 전달받고 관련 내용을 보고받았다.

위 문건에는 '수도권 지역 내 복합 생활체육시설 입지선정과 관련하여 추가 대상지로 경기도 하남시 미사동 등 3개 대상지를 검토하였으며, 그 중 경기도 하남시 미사동이 접근성, 이용수요, 설치비용 모두 양호하여 3개 대상지 중 최상의 조건을 갖추었다'라는 등의 내용이 기재되어 있는데, 위 문건의 내용 및 국토교통부와 대통령 비서실에서 수도권 지역 내 복합 생활체육시설 부지를 검토하였다는 사실 등은 직무상 비밀에 해당한다.

박근혜 대통령은 그 무렵 정호성에게 지시하여, 위 '복합 생활체육시설 추가대상지(안) 검토' 문건을 정호성과 최순실이 공동으로 사용하는 외부 이메일에 첨부하여 전송하는 방법으로 최순실에게 전달하였다.

박근혜 대통령은 이를 비롯하여 2013. 1.경부터 2016. 4.경까지 정호성에게 지시하여 총 47회에 걸쳐 공무상 비밀 내용을 담고 있는 문건 47건을 최순실에게 이메일 또는 인편 등으로 전달하였다. 박근혜 대통령의 이러한 행위는 형법상의 공무상비밀누설죄(형법 제127조)에 해당한다.

3 | 중대성의 문제

박 대통령에 대한 파면결정이 정당화되기 위해서는 파면결정을 통하여 헌법을 수호하고 손상된 헌법질서를 다시 회복하는 것이 요청될 정도로 대통령의 법위반 행위가 헌법수호의 관점에서 중대한 의미를 가져야 하고 대통령에게 부여한 국민의 신임을 임기 중 다시 박탈해야 할 정도로 대통령이 법위반 행위를 통하여 국민의 신임을 저버린 경우여야 한다. 이러한 경우에 한하여 대통령에 대한 탄핵사유가 존재하는 것으로 볼 수 있을 것이다.

그런데 박 대통령은 앞서 살펴본 것과 같이 국민의 신임을 받은 행정부 수반으로서 정부 행정조직을 통해 국가정책을 결정하고 집행하여야 함에도 최순실 등 비선조직을 통해 공무원 인사를 포함한 국가정책을 결정하고 이들에게 국가기밀에 해당하는 각종 정책 및 인사자료를 유출하여 최순실 등이 경제·금융·문화·산업 전반에서 국정을 농단하게 하고, 이들의 사익추구를 위해서 국가권력이 동원되는 것을 방조하였다. 그 결과 최순실 등이 고위 공무원 등의 임면에 관여하였으며 이들에게 불리한 언론보도를 통제하고 이에 응하지 않는 언론인을 사퇴하게 하는 등 자유민주국가에서 허용될 수 없는 불법행위를 가하였다. 박 대통령의 이러한 행위는 자유민주적 기본질서를 위협하고 국민주권주의, 대의민주주의, 법치국가원리, 직업공무원제 및 언론의 자유를 침해하여 우리 헌법의 기본원칙에 대한 적극적인 위반행위에 해당하는 바, 박 대통령의 파면이 필요할 정도로 헌법수호의 관점에서 중대한 법위반에 해당한다.

나아가 박 대통령은 최순실, 안종범과 공모하여 사기업들로 하여금 강제로 금품 지급 또는 계약 체결 등을 하거나 특정 임원의 채용 또는 퇴진을 강요하고 사기업으로부터 부정한 청탁을 받고 최순실 등을 위해 금품을 공여하거나 이를 약속하게 하는 부정부패행위를 하였는데, 박 대통령의 이러한 행위는 헌법상 권한과 지위를 남용하고 국가조직을 이용하여 국민의 기본권을 침해하고 부정부패행위를 한 것으로서 국가와 국민의 이익을 명백히 해하는 행위에 해당한다. 따라서 대통령의 직을 유지하는 것이 더 이상 헌법수호의 관점에서 용납될 수 없거나 대통령이 국민의 신임을 배신하여 국정을 담당할 자격을 상실한 정도에 이른 것이다.

4 | 결론

최순실 등의 국정농단과 비리 그리고 공권력을 이용하거나 공권력을 배경으로 한 사익의 추구는 그 끝을 알 수 없을 정도로 광범위하고 심각하다.

국민들은 이러한 비리가 단순히 측근에 해당하는 인물이 아니라 박근혜 대통령 본인에 의해서 저질러졌다는 점에 분노와 허탈함을 금치 못하고 있다. 박근혜 대통령과 최순실 등의 그러한 행위는, 박근혜 대통령이 자인하였듯이, 대한민국 국민들에게 "이루 말할 수 없는 큰 실망"을 주었으며, 대통령을 믿고 국정을 맡긴 주권자들에게 "돌이키기 힘든 마음의 상처"를 가져왔다(2016. 11.4.자 대국민 사과문).

더욱이 박근혜 대통령은 검찰 수사에 응하겠다고 공개적으로 국민들에게 약속하였다가 검찰이 자신을 최순실 등과 공범으로 판단한 수사결과를 발표하자 청와대 대변인을 통하여 "검찰의 (최순실 등에 대한 기소는) 객관적인 증거는 무시한 채 상상과 추측을 거듭해서 지은 사상누각일 뿐"이라고 말하면서 검찰 수사에 불응하였다. 국정의 최고·최종 책임자인 대통령이 국가 기관인 검찰의 준사법적 판단을 이렇게 폄하하는 것은 그 자체가 국법질서를 깨는 일일 뿐만 아니라, 공개적인 대국민 약속을 상황이 자신에게 불리해졌다고 해서 불과 며칠 만에 어기고 결과적으로 거짓말로 만들어버린 것은 국민들이 신임을 유지할 최소한의 신뢰도 깨어버린 것이다.

2016. 11. 박근혜 대통령에 대한 지지율은 3주 연속 4~5%의 유례없이 낮은 수치로 추락하였으며 2016. 11.12. 및 같은 달 26. 서울 광화문에서만 100만이 넘는 국민들이 촛불집회와 시위를 하며 대통령 하야와 탄핵을 요구하였다. 박근혜 대통령을 질타하고 더 이상 대통령 직책을 수행하지 말라는 국민들의 의사는 분명하다. 주권자의 뜻은 수많은 국민들이 세대와 이념과 출신지역에 상관없이 평화롭게 행하는 집회와 시위에서 충분히 드러났다.

박근혜 대통령의 탄핵소추와 공직으로부터의 파면은 대통령의 직무수행의 단절로 인한 국가적 손실과 국정 공백을 훨씬 상회하는 '손상된 근본적 헌법질서의 회복'을 위한 것이다. 이미 박근혜 대통령은 국민들의 신임을 잃어 정상적인 국정운영이 불가능하며 주요 국가정책에 대하여 국민의 동의와 지지를 구하기 어려운 상태다. 박근혜 대통령에 대한 탄핵소추와 파면은 국론의 분열을 가져오는 것이 아니라 오히려 국론의 통일에 기여할 것이다. 이 탄핵소추로서 우리는 대한민국 국민들이 이 나라의 주인이며 대통령이라 할지라도 국민의 의사와 신임을 배반하는 권한행사는 결코 용납되지 않는다는 준엄한 헌법원칙을 재확인하게 될 것이다.

이에 국민의 뜻을 받들어 박근혜 대통령에 대한 탄핵소추를 발의한다.

(2016. 12.9.)

〈증거 기타 조사상 참고자료〉

1. 최순실, 안종범, 정호성에 대한 공소장

2. 차은택, 송성각, 김영수, 김홍탁, 김경태에 대한 공소장

3. 2004년 5월14일 대통령(노무현) 탄핵 관련 헌법재판소 결정문[2004헌나1 결정]

4. 1997년 4월17일 일해재단 설립 전두환, 노태우 사건 관련 대법원 판결문[96도 3377]

5. 2015년 10월27일 경제활성법안, 5대 노동개혁법 처리 등을 내용으로 하는 박근혜 대통령 시정연설 국회 본회의회의록

6. 2016년 11월4일 박근혜 대통령 대국민 담화문

7. 최순실, 김종덕–김상률 인사 개입 관련 기사

8. 김종, 최순실·장시호 이권개입 지원 관련 기사

9. 유진룡, 문화체육관광부 승마협회 조사·감사 관련 인터뷰 기사

10. 장시호, 동계스포츠 영재센터 예산 지원 관련 기사

11. 차은택, 늘품체조 예산 지원 관련 기사

12. 씨제이 이미경 부회장 퇴진, 박근혜 대통령 지시한 것이라는 조원동 전 수석 인터뷰 기사

13. 정윤회 수사 축소 관련 고 김영한 전 민정수석 비망록 기사

14. 정윤회 국정 농단 의혹 관련 한일 전 경위 인터뷰 기사

15. 정윤회 문건보도 보복 관련 조한규 전 세계일보 사장 인터뷰 기사

16. 박 대통령, 각 그룹의 당면 현안 정리한 자료 요청 관련 기사

17. 국민연금, 삼성물산과 제일모직의 합병 찬성 관련 기사

18. 홍완선 국민연금 기금운용본부장, 삼성 이재용 부회장과 면담 관련 기사

19. 2015년 '광복 70주년 특별사면' 실시 보도자료

20. 에스케이와 롯데, 면세점 추가 설치 특혜 관련 기사

21. 케이스포츠재단, 수사정보 사전 인지 의혹 관련 기사

자료 2

헌법재판소 탄핵 선고 결정문 요지(要旨)

지금부터 2016헌나1 대통령 박근혜 탄핵사건에 대한 선고를 시작하겠습니다.

선고에 앞서 이 사건의 진행경과에 관하여 말씀드리겠습니다. 저희 재판관들은 지난 90여 일 동안 이 사건을 공정하고 신속하게 해결하기 위하여 온 힘을 다하여 왔습니다. 지금까지 대한민국 국민들께서도 많은 번민과 고뇌의 시간을 보내셨으리라 생각합니다.

저희 재판관들은 이 사건이 재판소에 접수된 지난해 12.9. 이후 오늘까지 휴일을 제외한 60여 일간 매일 재판관 평의를 진행하였습니다. 재판과정 중 이루어진 모든 진행 및 결정에 재판관 전원의 논의를 거치지 않은 사항은 없습니다.

저희는 그간 세 차례의 준비기일과 17차례에 걸친 변론기일을 열어 청구인 측 증거인 갑 제174호증에 이르는 서증과 열두 명의 증인, 5건의 문서송부촉탁 결정 및 1건의 사실조회 결정, 피청구인 측 증거인을 제60호증에 이르는 書證(서증)과 열일곱 명의 증인(안종범 중복하면 17명), 6건의 문서송부촉탁결정 및 68건의 사실조회결정을 통한 증거조사를 하였으며 소추위원과 양쪽 대리인들의 변론을 경청하였습니다. 증거조사된 자료는 4만8000여 쪽에 달하며, 당사자 이외의 분들이 제출한 탄원서 등의 자료들도 40박스의 분량에 이릅니다.

대한민국 국민 모두 아시다시피, 헌법은 대통령을 포함한 모든 국가기관의 존립근거이고, 국민은 그러한 헌법을 만들어 내는 힘의 원천입니다. 재판부는 이 점을 깊이 인식하면서, 역사의 법정 앞에 서게 된 당사자의 심정으로 이 선고에 임하려 합니다. 저희 재판부는 국민들로부터 부여받은 권한에 따라 이루어지는 오늘의 선고가 더 이상의 국론분열과 혼란이 종식되기를 바랍니다. 또한, 어떤 경우에도 법치주의는 흔들려서는 안 될 우리 모두가 함께 지켜 가야 할 가치라고 생각합니다. 지금부터 선고를 시작하겠습니다.

먼저, 이 사건 탄핵소추안의 가결절차와 관련하여 흠결이 있는지 살펴보겠습니다. 소추의결서에 기재된 소추사실이 구체적으로 특정되지 아니하였다는 점에 대하여 보겠습니다. 헌법상 탄핵소추사유는, 공무원이 그 직무집행에서 헌법이나 법률을 위배한 사실이고 여기서 법률은 형사법에 한정되지 않습니다. 그리고 탄핵결정은 대상자를 공직으로부터 파면하는 것이지 형사상 책임을 묻는 것은 아닙니다. 따라서 피청구인이 방어권을 행사할 수 있고 심판대상을 확정할 수 있을 정도로 사실관계를 기재하면 됩니다. 이 사건 소추의결서의 헌법 위배행위 부분이 분명하게 유형별로 구분되지 않은 측면이 없지 않지만, 법률 위배행위 부분과 종합하여 보면 소추사유를 특정할 수 있습니다.

다음으로, 이 사건 탄핵소추안을 의결할 당시 국회 법사위의 조사도 없이 공소장과 신문기사 정도만 증거로 제시되었다는 점에 대하여 보겠습니다. 국회의 의사절차의 자율권은 권력분립의 원칙상 존중되어야 합니다. 국회법에 의하더라도 탄핵소추발의 시 사유조사 여부는 국회의 재량으로 규정하고 있으므로 그 의결이 헌법이나 법률을 위배한 것이라고 볼 수 없습니다.

다음 이 사건 소추의결이 아무런 토론 없이 진행되었다는 점에 관하여 보겠습니다. 의결 당시 상황을 살펴보면, 토론 없이 표결이 이루어진 것은 사실이나, 국회법상 반드시 토론을 거쳐야 한다는 규정은 없고 미리 찬성 또는 반대의 뜻을 국회의장에게 통지하고 토론할 수는 있습니다. 그런데 당시 토론을 희망한 의원은 한 사람도 없었으며, 국회의장이 토론을 희망하는데 못하게 한 사실도 없었습니다.

탄핵사유는 개별 사유별로 의결절차를 거쳐야 함에도 여러 개 탄핵사유 전체에 대하여 일괄하여 의결한 것은 위법하다는 점에 관하여 보겠습니다. 소추사유가 여러 개 있을 경우 사유별로 표결할 것인지, 여러 사유를 하나의 소추안으로 표결할 것인지는 소추안을 발의하는 국회의원의 자유로운 의사에 달린 것이고, 표결방법에 관한 어떠한 명문규정도 없습니다.

8인 재판관에 의한 선고가 9인으로 구성된 재판부로부터 공정한 재판을 받을 권리를 침해하였다는 점에 관하여 살펴보겠습니다. 헌법재판소는 헌법상 아홉 명의 재판관으로 구성되어 있습니다. 그런데 현실적으로 재판관의 공무상 출장이나 질병 또는 재판관 퇴임 이후 후임재판관 임명까지 사이의 공백 등 여러 가지 사유로 일부 재판관이 재판에 관여할 수 없는 경우는 발생할 수밖에 없습니다. 헌법과 법률에서는 이러한 경우에 대비한 규정을 마련해 놓고 있습니다. 탄핵의 결정을 할 때에는 재판관 6인 이상의 찬성이 있어야 하고, 재판관 7인 이상의 출석으로 사건을 심리한다고 규정하고 있습니다. 아홉 명의 재판관이 모두 참석한 상태에서 재판을 할 수 있을 때까지 기다려야 한다는 주장은, 현재와 같이 대통령 권한대행이 헌법재판소장을 임명할 수 있는지 논란이 되고 있는 상황에서는 결국 심리를 하지 말라는 주장으로서, 탄핵소추로 인한 대통령의 권한정지 상태라는 헌정위기 상황을 그대로 방치하는 결과가 됩니다. 여덟 명의 재판관으로 이 사건을 심리하여 결정하는 데 헌법과 법률상 아무런 문제가 없는 이상 헌법재판소로서는 헌정위기 상황을 계속해서 방치할 수는 없습니다. 그렇다면 국회의 탄핵소추 가결 절차에 헌법이나 법률을 위배한 위법이 없으며, 다른 적법요건에 어떠한 흠결도 없습니다.

이제 탄핵사유에 관하여 살펴보겠습니다. 우선 탄핵사유별로 피청구인의 직무집행에 있어 헌법이나 법률을 위배하였는지 살펴보겠습니다. 공무원 임면권을 남용하여 직업공무원제도의 본질을 침해하였다는 점에 관하여 보겠습니다. 문화체육관광부 노 국장과 진 과장이 피청구인의 지시에 따라 문책성 인사를 당하고, 노 국장은 결국 명예퇴직하였으며, 장관이던 유진룡은 면직되었고, 대통령비서실장 김기춘이 제1차관에게 지시하여 1급 공무원 여섯 명으로부터 사직서를 제출받아 그 중 세 명의 사직서가 수리된 사실은 인정됩니다. 그러나 이 사건에 나타난 증거를 종합하더라도, 피청구인이 노 국장과 진 과장이 최서원의 사익(私益) 추구에 방해가 되었기 때문에 인사를 하였다고 인정하기에는 부족하고, 유진룡이 면직된 이유나 김기춘이 여섯 명의 1급 공무원으로부터 사직서를 제출받도록 한 이유 역시 분명하지 아니합니다.

언론의 자유를 침해하였다는 점에 관하여 보겠습니다. 청구인은 피청구인이 압력을 행사하여 세계일보 사장을 해임하였다고 주장하고 있습니다. 세계일보가 청와대 민정수석비서관실에서 작성한 정윤회 문건을 보도한 사실과 피청구인이 이러한 보도에 대하여 청와대 문건의 외부유출은 국기문란 행위이고 검찰이 철저하게 수사해서 진실을 밝혀야 한다고 하며 문건 유출을 비난한 사실은 인정됩니다. 그러나 이 사건에 나타난 모든 증거를 종합하더라도 세계일보에 구체적으로 누가 압력을 행사하였는지 분명하지 않고 피청구인이 관여하였다고 인정할 만한 증거는 없습니다.

다음 세월호 사건에 관한 생명권 보호의무와 직책성실의무 위반의 점에 관하여 보겠습니다. 2014. 4.16. 세월호가 침몰하여 304명이 희생되는 참사가 발생하였습니다. 당시 피청구인은 관저에 머물러 있었습니다. 헌법은 국가는 개인이 가지는 불가침의 기본적 인권을 확인하고 이를 보장할 의무를 진다고 규정하고 있습니다. 세월호 침몰사건은 모든 국민들에게 큰 충격과 고통을 안겨 준 참사라는 점에서 어떠한 말로도 희생자들을 위로하기에는 부족할 것입니다. 피청구인은 국가가 국민의 생명과 신체의 안전 보호의무를 충실하게 이행할 수 있도록 권한을 행사하고 직책을 수행하여야 하는 의무를 부담합니다. 그러나 국민의 생명이 위협받는 재난상황이 발생하였다고 하여 피청구인이 직접 구조 활동에 참여하여야 하는 등 구체적이고 특정한 행위의무까지 바로 발생한다고 보기는 어렵습니다. 또한 피청구인은 헌법상 대통령으로서의 직책을 성실히 수행할 의무를 부담하고 있습니다. 그런데 성실의 개념은 상대적이고 추상적이어서 성실한 직책수행의무와 같은 추상적 의무규정의 위반을 이유로 탄핵소추를 하는 것은 어려운 점이 있습니다. 헌법재판소는 이미, 대통령의 성실한 직책수행의무는 규범적으로 그 이행이 관철될 수 없으므로 원칙적으로 사법적 판단의 대상이 될 수 없어, 정치적 무능력이나 정책 결정상의 잘못 등 직책수행의 성실성 여부는 그 자체로는 소추사유가 될 수 없다고 하였습니다. 세월호 사고는 참혹하기 그지없으나, 세월호 참사 당일 피청구인이 직책을 성실히 수행하였는지 여부는 탄핵심판 절차의 판단대상이 되지 아니한다고 할 것입니다.

지금부터는 피청구인의 최서원에 대한 국정개입 허용과 권한남용에 관하여 살펴보겠습니다. 피청구인에게 보고되는 서류는 대부분 부속비서관 정호성이 피청구인에게 전달하였는데, 정호성은 2013년 1월경부터 2016년 4월경까지 각종 인사자료, 국무회의 자료, 대통령 해외순방일정과 미국 국무부 장관 접견자료 등 공무상 비밀을 담고 있는 문건을 최서원에게 전달하였습니다. 최서원은 그 문건을 보고 이에 관한 의견을 주거나 내용을 수정하기도 하였고, 피청구인의 일정을 조정하는 등 직무활동에 관여하기도 하였습니다. 또한 최서원은 공직 후보자를 추천하기도 하였는데, 그 중 일부는 최서원의 이권 추구를 도왔습니다. 피청구인은 최서원으로부터 케이디코퍼레이션이라는 자동차 부품회사의 대기업 납품을 부탁받고 안종범을 시켜 현대자동차그룹에 거래를 부탁하였습니다. 피청구인은 안종범에게 문화와 체육 관련 재단법인을 설립하라는 지시를 하여, 대기업들로부터 486억 원을 출연 받아 재단법인 미르, 288억 원을 출연 받아 재단법인 케이스포츠를 설립하게 하였습니다. 그러나 두 재단법인의 임직원 임면, 사업 추진, 자금 집행, 업무 지시 등 운영에 관한 의사결정은 피청구인과 최서원이 하였고, 재단법인에 출연한 기업들은 전혀 관여하지 못했습니다. 최서원은 미르가 설립되기 직전에 광고회사인 플레이그라운드를 설립하여 운영했습니다. 최서원은 자신이 추천한 임원을 통해 미르를 장악하고 자신의 회사인 플레이그라운드와 용역계약을 체결하도록 하여 이익을 취하였습니다. 그리고 최서원의 요청에 따라, 피청구인은 안종범을 통해 케이티에 특정인 2명을 채용하게 한 뒤 광고 관련 업무를 담당하도록 요구하였습니다. 그 뒤 플레이그라운드는 케이티의 광고대행사로 선정되어 케이티로부터 68억여 원에 이르는 광고를 수주했습니다. 또 안종범은 피청구인 지시로 현대자동차그룹에 플레이그라운드 소개자료를 전달했고, 현대와 기아자동차는 신생 광고회사인 플레이그라운드에 9억여 원에 달하는 광고를 발주했습니다.

한편, 최서원은 케이스포츠 설립 하루 전에 더블루케이를 설립하여 운영했습니다. 최서원은 노승일과 박헌영을 케이스포츠의 직원으로 채용하여 더블루케이와 업무협약을 체결하도록 했습니다. 피청구인은 안종범을 통하여 그랜드코리아레저와 포스코가 스포츠팀을 창단하도록 하고 더블루케이가 스포츠팀의 소속 선수 에이전트나 운영을 맡기도록 하였습니다. 최서원은 문화체육관광부 제2차관 김종을 통해 지역 스포츠클럽 전면 개편에 대한 문화체육관광부 내부 문건을 전달받아, 케이스포츠가 이에 관여하여 더블루케이가 이득을 취할 방안을 마련했습니다. 또 피청구인은 롯데그룹 회장을 독대하여 5대 거점 체육인재 육성 사업과 관련해 하남시에 체육시설을 건립하려고 하니 자금을 지원해 달라고 요구하여 롯데는 케이스포츠에 70억 원을 송금했습니다.

다음으로 피청구인의 이러한 행위가 헌법과 법률에 위배되는지를 보겠습니다. 헌법은 공무원을 '국민 전체에 대한 봉사자'로 규정하여 공무원의 공익실현 의무를 천명하고 있고, 이 의무는 국가공무원법과 공직자윤리법 등을 통해 구체화되고 있습니다. 피청구인의 행위는 최서원의 이익을 위해 대통령의 지위와 권한을 남용한 것으로서 공정한 직무수행이라고 할 수 없으며, 헌법, 국가공무원법, 공직자윤리법 등을 위배한 것입니다. 또한, 재단법인 미르와 케이스포츠의 설립, 최서원의 이권 개입에 직간접적으로 도움을 준 피청구인의 행위는 기업의 재산권을 침해하였을 뿐만 아니라, 기업경영의 자유를 침해한 것입니다. 그리고 피청구인의 지시 또는 방치에 따라 직무상 비밀에 해당하는 많은 문건이 최서원에게 유출된 점은 국가공무원법의 비밀엄수 의무를 위배한 것입니다.

지금까지 살펴본 피청구인의 법위반 행위가 피청구인을 파면할 만큼 중대한 것인지에 관하여 보겠습니다. 대통령은 헌법과 법률에 따라 권한을 행사하여야 함은 물론, 공무 수행은 투명하게 공개하여 국민의 평가를 받아야 합니다. 그런데 피청구인은 최서원의 국정개입 사실을 철저히 숨겼고, 그에 관한 의혹이 제기될 때마다 이를 부인하며 오히려 의혹 제기를 비난하였습니다. 이로 인해 국회 등 헌법기관에 의한 견제나 언론에 의한 감시 장치가 제대로 작동될 수 없었습니다. 또한, 피청구인은 미르와 케이스포츠 설립, 플레이그라운드와 더블루케이 및 케이디코퍼레이션 지원 등과 같은 최서원의 사익(私益) 추구에 관여하고 지원하였습니다. 피청구인의 헌법과 법률 위배행위는 재임기간 전반에 걸쳐 지속적으로 이루어졌고, 국회와 언론의 지적에도 불구하고 오히려 사실을 은폐하고 관련자를 단속해 왔습니다. 그 결과 피청구인의 지시에 따른 안종범, 김종, 정호성 등이 부패범죄 혐의로 구속 기소되는 중대한 사태에 이르렀습니다. 이러한 피청구인의 위헌·위법행위는 대의민주제 원리와 법치주의 정신을 훼손한 것입니다.

한편, 피청구인은 對국민 담화에서 진상 규명에 최대한 협조하겠다고 하였으나 정작 검찰과 특별검사의 조사에 응하지 않았고, 청와대에 대한 압수수색도 거부하였습니다. 이 사건 소추사유와 관련한 피청구인의 일련의 언행을 보면, 법위배 행위가 반복되지 않도록 할 헌법수호 의지가 드러나지 않습니다. 결국 피청구인의 위헌·위법행위는 국민의 신임을 배반한 것으로 헌법수호의 관점에서 용납될 수 없는 중대한 법위배 행위라고 보아야 합니다. 피청구인의 법 위배행위가 헌법질서에 미치는 부정적 영향과 파급효과가 중대하므로, 피청구인을 파면함으로써 얻는 헌법수호의 이익이 압도적으로 크다고 할 것입니다. 이에 재판관 전원의 일치된 의견으로 주문을 선고합니다.

주문, 피청구인 대통령 박근혜를 파면한다.

이 결정에는 세월호 참사 관련하여 피청구인은 생명권 보호의무를 위반하지는 않았지만, 헌법상 성실한 직책수행의무 및 국가공무원법상 성실의무를 위반하였고, 다만 그러한 사유만으로는 파면 사유를 구성하기 어렵다는 재판관 김이수, 재판관 이진성의 보충의견이 있습니다. 또한 이 사건 탄핵심판은 보수와 진보라는 이념의 문제가 아니라 헌법질서를 수호하는 문제로 정치적 폐습을 청산하기 위하여 파면결정을 할 수밖에 없다는 재판관 안창호의 보충의견이 있습니다. 이것으로 선고를 마칩니다.

(2017. 3.10.)

자료 3

탄핵 재판 일지

	탄핵 심판	형사재판(구속, 기소)
2016. 11. 3.		최서원(최순실) 구속
2016. 11. 6.		안종범 청와대 수석 구속 정호성 청와대 비서관 구속
2016. 11. 10.		송성각 한국콘텐츠 진흥원장 구속
2016. 11. 11.		차은택 창조경제추진단장 구속
2016. 11. 21.		장시호(최서원 조카) 구속 김종 전 문화체육관광부 2차관 구속
2016. 12. 3.	민주당·국민의당·정의당, 무소속 의원 172명 탄핵소추안 발의	
2016. 12. 9.	국회 본회의에서 국회의원 234명의 찬성으로 탄핵소추안 가결 및 탄핵소추의결서 헌법재판소에 제출. 헌법재판소, 주심으로 강일원 재판관 선정	
2016. 12. 14.	헌법재판소, 이정미·이진성·강일원 재판관을 수명재판관으로 지정	
2016. 12. 16.	박근혜 대통령 변호인단, 답변서를 제출	
2016. 12. 22.	제1차 준비 기일 재판부, 국회 탄핵소추 사유 다섯 가지로 유형별 정리 재판부, 박 대통령 '세월호 7시간' 시간대로 소재·행위 석명 지시	
2016. 12. 27.	제2차 준비 기일 재판부, 국회의 탄핵소추안 의결 절차는 심판 쟁점으로 인정하지 않는다고 발표.	
2016. 12. 30.	제3차 준비기일 변론 기일 지정, 증인 채택	
2016. 12. 31.		문형표 국민연금공단 이사장 구속
2017. 1. 1.	박 대통령, 탄핵 사유 부인	
2017. 1. 3.		류철균 이화여대 교수 구속
2017. 1. 3.	제1회 변론 기일	

2017. 1. 5.	제2회 변론 기일 증인 신문: 윤전추, 이영선	
2017. 1. 10.		남궁곤 전 이화여대 입학처장 구속
2017. 1. 10.	제3회 변론 기일 증인 불출석	
2017. 1. 12.		김종덕 문화체육관광부 장관 구속 정관주 문화체육관광부 1차관 구속 신동철 청와대 정무비서관 구속
2017. 1. 12.	제4회 변론 기일 증인 신문: 유희인, 조현일, 조한규, 이영선	
2017. 1. 16.	제5회 변론 기일 증인 신문: 최순실, 안종범	
2017. 1. 17.	제6회 변론 기일 증인 신문: 유진룡 재판부, 수사기록 중 진술과정이 전부 영상녹화된 경우, 진술과정에 변호인이 입회하여 확인한 경우에는 부동의한 조 서도 증거능력한다고 결정	
2017. 1. 18.		김경숙 이화여대 학장 구속
2017. 1. 19.	제7회 변론 기일 증인 신문: 김상률, 정호성	
2017. 1. 21.		김기춘 전 청와대 비서실장 구속 조윤선 문화체육관광부 장관 구속 이인성 이화여대 교수 구속
2017. 1. 23.	제8회 변론 기일 증인 신문: 김종, 차은택, 이승철	
2017. 1. 25.	박근혜 대통령, 정규재TV와의 단독 인 터뷰, 탄핵의 부당함 지적	
2017. 1. 25.	박한철 헌재소장, 2017. 3. 10. 이정미 재 판관 퇴임 전에 재판 끝나야 한다.	
2017. 1. 25.	제9회 변론 기일 증인 신문: 유진룡	
2017. 1. 31.	박한철 헌재소장 퇴임, 이정미 재판관 소장직무대행	
2017. 2. 1.	제10회 변론 기일 증인 신문: 김규현, 유민봉, 모철민	
2017. 2. 4.		박채윤 와이제이콥스 메디컬 대표 구속
2017. 2. 7.	제11회 변론 기일 증인 신문: 정현식, 김종덕	
2017. 2. 9.	제12회 변론 기일 증인 신문: 조성민, 문형표, 박헌영, 노승일	

2017. 2. 14.	제13회 변론 기일 증인 신문: 이기우	
2017. 2. 15.		최경희 전 이화여대 총장 구속
2017. 2. 16.	제14회 변론 기일 증인 신문: 정동춘	
2017. 2. 17.		이재용 삼성전자 부회장 구속
2017. 2. 20.	제15회 변론 기일 증인 신문: 방기선	
2017. 2. 22.	제16회 변론 기일 증인 신문: 안종범 김평우 변호사, 국회소추절차의 위헌주 장하고 증인 신청하였으나 헌재는 모두 기각 강일원 재판관에 대한 기피신청서 제출 하였으나 기각	
2017. 2. 27.	제17회 변론 기일(최종 변론 기일) 김평우 변호사 등, 국회소추 사유의 부 당성 변론, 각하 결정 호소 변론 재개 신청서 제출 박근혜 대통령 최종 의견 제출	
2017. 3. 8.	헌법재판소, 탄핵심판 선고기일을 3월 10일로 결정	
2017. 3. 10.	헌법재판소, 8명 재판관 전원일치로 박 근혜 대통령 파면 결정	
2017. 3. 31.		박근혜 전 대통령 구속

대통령의 변호인

지은이 | 金平祐
펴낸이 | 趙甲濟
펴낸곳 | 조갑제닷컴
초판 1쇄 | 2019년 12월 13일
초판 2쇄 | 2019년 12월 26일

주소 | 서울 종로구 새문안로3길 36, 1423호
전화 | 02-722-9411~3
팩스 | 02-722-9414
이메일 | webmaster@chogabje.com
홈페이지 | chogabje.com

등록번호 | 2005년 12월2일(제300-2005-202호)
ISBN 979-11-85701-67-7-03300

값 12,000원

*파손된 책은 교환해 드립니다.